中越地震から3800日

～復興しない被災地はない～

中越防災安全推進機構・復興プロセス研究会 著

ぎょうせい

目次

第2部　中越地震からの復興……57

はじめに

受け継がれる復旧・復興の知恵

阪神・淡路大震災（一九九五年）から間もなく一〇年を迎えようとしていた二〇〇四年一〇月二三日、新潟県中越地震（新潟県は中越大震災と命名した。）が発生した。中越地震は過疎・高齢化が進行する中山間地域を襲った大規模な地震災害という、日本社会が初めて経験する災害だった。私はかつて林学を学び、国土における中山間地の役割や課題等を承知していた。だから被災した山古志村や川口町（いずれも現在は長岡市）などの山間部から送られてくる地すべりやがけ崩れといった地盤災害の映像を見ながら、その影響の大きさとともに、復旧・復興の困難さに思いを馳せざるを得なかった。

私は政府が設置した「阪神・淡路復興委員会」の一人として、阪神・淡路大震災で復旧・復興の過程を自分の目で見てきた。被災地では住民をはじめ企業や自治体、国など、主体ごとに、また、時間の経過とともにさまざまな課題が見えてくる。そうした課題に対して、ボランティアとして被災地に駆けつけた市民が、研究者が、企業人が、被災者支援を展開しながら、同時に行政とともに自分たちの持てる知恵を出し合い、さまざまな復興方策を生みだした。それはたとえば「協働のまちづくり」であり「中間支援組織」、「阪神・淡路大震災復興基金」などである。

阪神・淡路大震災で見いだされたこうした「知見」は、一九九九年に発生した台湾大地震（集集大地震）に受け継がれた。阪神・淡路大震災の被災地で活動した多くの研究者が台湾に入り、また台湾から多くの研究者や復興に携わる人々が阪神・淡路大震災の被災地を訪れた。経験に裏打ちされた「知恵」が、国境を越えて受け継がれ活用された。もちろん神戸という大都市が被災した阪神・淡路大震災と、台湾中部の中山間地が被災した台湾大震災では、災害の規模も目指すべき方向性も異なる。したがって神戸の知恵は、台湾の社会や被災地の状況に合わせて、形を変えながら活用されてきたのである。

そして中越地震からの復旧・復興では、阪神・淡路大震災から多くの「知見」を受け継いだだけでなく、同じ中山間地である台湾大地震からも多くを学び、中越地域に最適な復旧・復興方策を検討・模索しながら展開されてきたのである。

災害復興に求められるスピードと復興ビジョンの共有

人口減少・高齢化が進行する日本のなかで中山間地域のそれは速い。災害はそれを加速する。復旧に時間がかかってしまうと、山に帰る住民が減少し、復興への歩みも遅くなりかねない。その意味では、災害復興にはスピードが重要である。中越地域では、復旧（ハード）の局面では国の支援が大きかったが、復興過程の生活再建やコミュニティの再生などのソフト面では、新潟県や被災市町村といった住民に近い行政機関がイニシアチブを持つことになる。逆説的な言い方になるが、この現場で意思決定していくことこそが、中越地域の復興にスピード感をもたらした一因となっている。

また、被災地がどのような未来に向かうのかという将来像を早期に、しかも住民・行政・支援組織が共有することが重要である。中越地域では被災から四か月後の二〇〇五年三月一日には、「新潟県中越大震災復興ビジョン」を公表し、「安全・安心な地域づくり」とともに「持続可能な中山間地域づくり」が将来像として示され、被災地はもとより、関係者のコンセンサスとなった。

中越地震にあって最大の被災地である中山間地の災害復興においては、住宅再建や生活再建によって災害前の暮らしを取り戻すだけではなく、その後の「持続可能な山の暮らし」、「新たな日常の獲得」につながる地域や集落（コミュニティ）の復興と再生が重要となる。そのためには個人の生活再建とともに、「集落機能」や「互助の仕組み」といった「地域復興支援」が欠かせない。こうした考え方に立って、地域復興支援員や多種多様な基金メニューなど復興のためのさまざまな方策や事業が構築・展開されていった。

中越地震からの一〇年の復興プロセスを記録

中越地震から一〇年余が過ぎた旧山古志村の人口は、五割減となり、高齢化率も五割に達しようとしている。だからと言って、山古志は疲弊していると言う人はいない。地域の人たちと、今もその関係性を維持している外部からの来訪者との「協働」によって、地域資源の発掘が行われ、文化的価値の再評価が行われ、資源の磨き上げが行われている。

中越におけるこの一〇年の復興の歩みを支えたものに「中間支援組織」の存在がある。発災直後から被災地に入り、住民に寄り添いながら復旧・復興に取り組んできたＮＰＯ団体やボランティアたちだ。そこには新潟県内外の大学や研究機関の研究者も多数参加している。本書はそうした中間支援組織とともに被災地で活動を展開し、被災地と向き合ってきた研究者たちがとらえた、中越地震からの復興プロセスを取りまとめたものである。

防災は、土木や建設などのハードだけでなく、都市工学や社会学などのソフト分野の研究者が連携して取り組む学際的領域であるべき、というのが私の持論だが、今回の執筆者はさまざまな分野の研究者が参画しており、中越地震からの復興の過程で何が起こっていたのか、課題をどのように乗り越えてきたのか、被災地は今どうなっているのか、そしてどこに向かおうとしているのかを、多角的に俯瞰することができる。その意味では、これからの震災復興施策、中山間地再生施策を検討する上で、少なからぬヒントがある。

「復興しない被災地はない」、しかし、どのような復興を目指し、どのように実現していくのか。その復興プロセスこそが重要である。

中越地震を契機に二〇〇六年に産官学民の防災ネットワーク組織「公益社団法人中越防災安全推進機構」が誕生した。縁あって私が初代の理事長を務めてきたが、中越地震から一〇年の節目の年を一つの区切りとして、中越防災安全推進機構の理事長を辞すこととした。今後とも、中越防災安全推進機構が市民や研究者、行政関係者と連携し、中越の被災地が持続可能な地域づくりを進めるとともに、防災に関する情報や人材育成の拠点として大きな役割を果たすことを祈念している。

二〇一五年三月

公益社団法人中越防災安全推進機構

特別顧問　伊藤　滋

第１部

中越地震からの復興を読み解く

1章　新潟県中越地震発生

1　新潟地震四〇周年の年に

二〇〇四年は新潟地震の発生（一九六四年六月一六日一三時一分すぎ。M七・五。死者二六人）から四〇周年にあたる年であった。この年、新潟地震発生の六月の前後には国、新潟県、新潟市などを中心に地震への注意喚起を促す各種の集会やシンポジウム等が開催された。筆者もこれらのイベントに参加した。

新潟地震は、我が国社会が都市化社会に向かう入口で起きた。この地震で発生した「地盤の液状化」は我が国の土木、建築関係者を驚愕させた。液状化により信濃川にかかる昭和大橋の落橋、コンビナート地帯の石油タンク火災、コンクリート造四階建て建物の倒壊をはじめとする各種の建物破壊、堤防決壊と津波襲来による市街地浸水などが発生した。一九六〇年代に入り我が国の都市の成長と近代化は急速に進んだが、新潟地震は都市災害の原点を示す地震であった。いわば我が国の「都市成長への警鐘地震」の第一号であった。

新潟県では日本海における地震だけでなく、内陸直下における地震の危険性も指摘されていた。新潟県中越地方（以下「中越地方」という。）についていえば、長岡平野西縁断層帯でのM八級の巨大地震の発生が危惧されていた。内陸直下の地震といった時、誰もが思い浮かべるのは阪神・淡路大震災での大都市被災であった（一九九五年一月一七日発生）。長岡平野西縁断層帯は、中越地方の中心都市である長岡市（二〇〇四年当時の人口一九万人、県下第二位）と柏崎市（同人口九万人）の中間にあった。都市規模は阪神・淡路地域よりはるかに小さかったが、内陸直下地震が人々に連想させたのはやはり都市型被災であった。加えて柏崎市と刈羽村には一発電所としては世界最大出力の全七基からなる東京電力の「柏崎刈羽原発」があった。大きな声とはならなかったが、地震と原発は人々の抱いていた一抹の不安でもあった。(注1)

だが、二〇〇四年一〇月二三日夕刻、新潟県中越地震（以下「中越地震」という。）は人々の意表を突いた場所で発生し、戦後（一九四五年以降）の地震では経験したことのない被災様相を呈した。

2 中山間地大地崩落ともいうべき激甚被害発生

中越地震の震源地は旧川口町（現長岡市）の中山間地直下であった。中越地方の誰も予想していない、そして地震学者からも危険性の指摘はなかった場所での発生であった。

中越地方は地すべり常襲地帯である。泥と砂からなる地盤は弱く、絶えずズルズルと動いている状態である。しかも、地震発生前に台風二三号が本土に上陸し、兵庫県豊岡市などでは大水害が発生していた。中越地方は台風の直撃は免れたものの大量の降雨があった。泥と砂からなる大地はたっぷりと水を含んでいた。そこを地震が揺さぶったため、大地はひとたまりもなかった。

中越地方に限らず、我が国の内陸の地方都市は都市部（町場）、郊外部（平場）、中山間地（山場）の三重構造からなる。中越地震の震源地は中山間地直下であったために、中山間地では大地崩壊ともいうべき激甚な被害が発生した。中山間地では道路が寸断され六一集落が孤立した。河道閉塞による巨大な水没地も生まれた。日本の原風景ともいえる棚田、養鯉池、自然の山々で形成されていた美しい景観も無残な姿となった。

全一四集落が孤立した旧山古志村では、当時の長島忠美村長（現衆議院議員）の決断により、全村民約二、二〇〇人が自衛隊のヘリコプターにより隣接する長岡市に避難した。長岡市と小千谷市の間の旧国道一七号では大規模な土砂崩壊が起こり、母子三人が乗る自動車が巻き込まれた。二歳の男児が九二時間後に救出されたが、この模様は全国にテレビ放映されて人々の感動を生んだ。

地盤災害を主体とする被害は、中山間地にとどまらず郊外部、都市部にも及んだ。この地震による被害は、死者六八人、負傷者四、五八六人、住宅全壊三、一九五棟、大規模半壊一、七二三棟、半壊九、五八六棟であった。

なお、中越地震は我が国に計測震度が導入されて初めての大規模地震であった。阪神・淡路大震災までは、震度七は全壊率三〇％以上とされていたために被害状況調査の必要があった。このために震度七だったとの発表には約一週間を要した。この反省から迅速な震度判定を行うために計測震度が導入された。旧川口町役場では震度七を計測していた。しかし、通信施設が破壊されてこの記録を送信できなかったために、当初は中越地震の最大震度は六強とされていた。旧川口町役場の送信が可能となったのは約一週間後であり最大震度は七と訂正された。旧川口町は被害が最も激甚な被災地の一つであったが、被災状況の把握、支援の開始は最も遅れた。被害が大きい所こそ、被災状況把握と支援が遅れるという事態は中越地方でも起こった。

中越地震の特徴は本震の後に大きな余震が続いたことである。本震の揺れにより被害を受けた地盤がその後

の余震により さらに大きな被害へと広がることが各所で起こった。また、余震多発は被災者に屋内での避難生活に恐怖感を与え、自動車で寝泊まりする車中泊を行う避難者が多数出たが、これはエコノミークラス症候群の発生という医療上の問題を引き起こした(注2)。阪神・淡路大震災ではクラッシュ症候群(注3)が多発したが、災害時には思わぬ医療上の問題が起こることを中越地震も示した。

3　我が国の中山間地の息の根を止める最初の地震となる可能性

中越地方は日本でも有数の豪雪地である。中山間地では冬季の積雪は三m以上に及び、郊外部や都市部でも七〇cm程度の積雪が冬期間続くということは珍しくない。

冬季の中山間地の生活維持は厳しい。幹線道路や集落間の除雪は公的に行われるものの、自宅周辺の除雪や放置すれば家屋破壊をもたらす屋根雪の処理は自力で行わなければならない。これは大変な労力を必要とする。

中越地方の中山間地でも過疎・高齢化による人口減少、棚田や山林の放棄など、いわゆる衰退は確実に進んでいた。中山間地の居住者、特に高齢者には「いつかはヤマを下りなければならないかもしれない」という思いが常に付きまとっている。中越地震の被災状況を目のあたりにした居住者のなかには「もうムラには帰って来られないかもしれない」と思った人も少なくなかった。

地震のない生活のなかでも、離村者はポツポツと発生する。「ヤマを下りるか、留まるか」はそれぞれの世帯ごとの熟慮の末に決まる。いわばみんな執行猶予状態にあるが、一斉に離村するというようなことは起こらない。だが、中越地震は執行猶予を許さない事態を引き起こした。村に残るか去るかの決断を集落全員に一斉に迫ることになった。自発的にあるいは集団で山の暮らしを放棄することが各所で発生することも十分に考えられた。無人になるほか数世帯しか残らない集落が多数発生し、棚田や山林は荒れ放題になるかもしれない。

中越地震は我が国において中山間地の持続可能性を断ち切り、息の根を止める最初の地震となる可能性があった。新潟地震は我が国の都市成長時代の入り口で起こった地震であったが、中越地震は地方の低成長・減速時代への入り口で起こった地震であった。(注4)新潟の二つの地震は次の時代への入り口で起こった。

2章　中山間地の再生・復興の初期準備段階

1　豪雪来襲まで二か月しかない

中越地震発生直後、中山間地のみならず都市部、郊外部も含めて住民が思ったことは、「あと二か月で雪が降る」ということであった。雪国独特の不思議な社会的合意であった。居住不可能となった中山間地の住民は都市部、郊外部で避難生活を送らざるを得ない。しかし、居住のみならず行政、商業、工業等の都市活動は維持しなければならない。都市あるいは地域全体の機能マヒは引き起こしてはならなかった。

雪が降る前にしなければならないことは次の三つであった。三つは同時並行的に進めて何としても二か月以内に完了させる必要があった。

応急仮設住宅の建設、ライフライン応急復旧、除雪体制の確立

地震により住宅を失う、あるいは住めない状況に陥り、高校の体育館等で避難所生活を送る人々のための応急仮設住宅を提供する必要があった。旧長岡市についてみればＪＲ跡地やニュータウンの未利用地等建設場所は豊富にあった。新潟県は一〇月末にはすでに建設を始め、一三市町村（合併前）からの要望すべてに対応すべく三、四六〇戸の建設を進めた。一か月後の一一月末には入居が始まり、一二月末までには全戸が完成し希望者全員の入居が実現した。

電気、ガス、上下水道、通信等のライフライン確保も都市機能マヒの回避には必要不可欠であった。特に急がれたのは上下水道、ガス等の地下埋設物の応急復旧であった。地盤の液状化も各所で発生しており、地下埋設物の被害は大きかった。これらライフラインの応急復旧はほぼ一か月で目処が立ち、年内にはほぼ完了した。

除雪体制も二か月以内に確立する必要があった。除雪車両通行、除雪機の自由な移動のために主要幹線のみならず中小の道路も含めて舗装の必要があった。また、消雪パイプや住民の自主的除排雪のための流雪溝補修も必要であった。こうした除雪体制も仮復旧によって年内には整えられた。

河道閉塞（せき止め湖）の危険性除去

中越地震では斜面崩壊による河道閉塞が各所で発生した。多くは重機による河道回復が可能であったが、旧山古志村では魚野川の支流である芋川の二か所で巨大なせき止め湖ができ、東竹沢では集落が水没する事態となった。せき止め湖に通じる道路は大被害を受けており、機械力の大量動員は不可能であった。特に東竹沢における河道閉塞は巨大であり、閉塞場所で決壊が起これば大量の土砂が下流域の人家を襲う恐れがあった。

そこで、河道閉塞場所に通じる国道二九一号の緊急用車両の通行の確保とともにヘリによる人員、機材の投入が行われ緊急排水が実施された。懸命の作業により、東竹沢地区における開水路形式の仮排水路、もう一か所における表面排水路が一二月末まではでき上がった。これにより融雪期の出水にも対応できる目処が立った。

首都圏―新潟県の物流の確保

中越地方には信濃川と魚野川の二大河川がある。西の長野県を走る千曲川が新潟県に入ると信濃川と名前を変え、南の谷川岳から魚沼丘陵の間を走る魚野川と旧川口町で合流する。合流点はいわば扇の要の位置にあたり、そこから扇を開いたように長岡扇状地が形成され、その下流部に広大な越後平野が広がる。新潟市は最下流部に位置する。

首都圏と新潟県を結ぶ主要交通幹線は関越自動車道と国道一七号、ＪＲの新幹線と上越線であるが、これらの主要交通幹線はすべて魚野川に沿って走っている。中越地震は扇の要の位置で起こったために、交通幹線も高架部分の橋脚、トンネル、路盤等に大被害を受け首都圏と新潟県を結ぶ人流と物流がすべてストップした。業務、商工業、農林水産業に与える被害は甚大であった。

関越自動車道は一三日後の一一月五日には片側一車線の通行止めが解除され、約一か月後の一一月二六日には全線四車線が確保された。国道一七号は一一月二日には全線で一車線が確保され、トンネル復旧に時間を要したが一二月二六日には全面復旧した。上越新幹線では脱線事故が発生したが、奇跡的にも死傷者はゼロであった。新幹線の運転再開は一二月二八日であり、上越線の単線開通が一二月二七日であった。上越線の上下線復旧は翌年三月末であった。

道路と鉄道の交通幹線も二か月で復旧することができた。なお、日本航空と全日空は地震発生翌日から羽田空港—新潟空港の間に臨時便を開設し、一日に八～一〇往復程度を年内一杯運航させた。新幹線は東京駅—越後湯沢駅間の折り返し運転を行った。首都圏—新潟間の交通幹線がストップしている間に代替機能を果たしたのは、西は長野県まわりの、東は福島県まわりの高速道路と鉄道であった。

2　特別法は実現せずも復興基金が実現

中越地震は阪神・淡路大震災以後初めての広域大規模被災をもたらし、その復旧・復興には国も全面的に支援した。国の非常災害対策本部は地震後すぐに立ち上げられ、「新潟県中越地震復旧・復興支援会議」が設置された。また、内閣府には「山古志村復旧・復興支援関係省庁連絡会議」も設置されることになった。中越地震で大きな被害を受けたのは旧山古志村だけではなかったことを考えると、一村だけの名前を掲げた支援のための会議を設けるのはきわめて異例であった。そして、地震発生から一か月もしないうちに、国土交通省は旧山古志村の国道二九一号の復旧と河道閉塞の危険性除去のための砂防事業を国の直轄事業とすることとした。新潟県知事と中越地方の市町村長は、国に特別法の制定を要請したがこれは実現しなかった。しかし、通常の激甚災害を超えての支援はいくつもなされることとなった。

特別法は実現しなかったが、中越地震からの復興に大きな意味を持ったのが、「復興基金」であった。これは、新潟県が市中銀行から三、〇〇〇億円を調達し、これを年利二％で一〇年間運用して復興財源とするというものである。年間六〇億円、一〇年間で六〇〇億円の額になる。なお、県の市中銀行からの借入金の利子は国の交付税措置によって賄われるため、一〇年間で六〇〇億円の復興基金を確保できることとなった。この交付税措置は二〇一一年末の国の補正予算で正式に認められた。復興基金制度は、雲仙普賢岳災害（一九九一年）の島原市、深江町の復興に始まり、北海道南西沖地震（一九九三年）で津波により大きな被害を受けた奥尻島の復興、阪神・淡路大震災の復興に次ぐ四例目であった。

特別法が制定されず復興基金が設置されたことは、新潟県および被災した地元自治体にとってはある面プラスであった。それは、国が「中越の地震災害は特別なものではなく、通常の地震災害だから特別な扱いはしません。口も出しません。その代わり基金を用意したので復興は新潟県と地元でやってください」と言ったのと同じことであった。地方による復興に任せたということであった。

震災から二か月の間に豪雪を乗り切る体制は整えられ、復興のための資金も確保されたが、中越地方に本格的に雪が降り始めたのは例年より遅い一二月二二日であった。

年が明けて中越地方は一九年ぶりの大雪となった。中越の被災地はすっぽりと雪に覆われた。

3章　新潟県中越大震災復興ビジョンの策定

1 「新潟県中越大震災復興ビジョン策定懇話会」の特色

豪雪を乗り切る体制が整い復興基金が確定した二〇〇四年一二月二七日に、第一回の「新潟県中越大震災復興ビジョン策定懇話会」が開催された。懇話会のメンバーは学識経験者、民間諸団体の代表者、被災中越地方の市町村長等であり、懇話会の下には学識経験者からなる「専門家作業グループ」が設けられた。筆者はその両方に属することとなった。

ビジョン策定につき、泉田裕彦新潟県知事の方針は「県行政の意見を聞くことは結構ですが、それに縛られる必要は全くありません」ということであった。つまり、「自由に議論をしてビジョンを作成してください」ということ、「学識経験者、民間、地元自治体に任せます」ということであった。

2 どのようなビジョンを描くのか

ビジョン策定にあたって泉田知事からついた注文はただ一つ、「複数の復興シナリオを作ってください」ということであった。では、中山間地の複数の復興シナリオとはどのようなものか？

阪神・淡路大震災の復興でもそうであったように、都市の大災害の復興については、再開発、区画整理、住宅整備、商工業施策等、さまざまな事例があり、それに基づく提案もある。学問的、理論的蓄積も豊富である。阪神・淡路大震災ではこれらが復興事業として実施された。だが、中山間地の大規模被災は戦後初めてといってよい体験であり、事例もなく学問的蓄積もなかった。「かくあるべし」という主張はなかった。どのような復興シナリオを描けばよいのか。

ビジョン策定が本格化した二〇〇五年一月は阪神・淡路大震災の一〇周年にあたっていた。この一〇周年にあたり、兵庫県や神戸市をはじめとする諸都市、大学、民間諸機関は一〇年の記録や検証等を発表していた。これを見て筆者たちが思ったことがある。それは、「そうだ、中越地震にも一〇周年は必ず来る。その時に私たちはどのような記録を作るのだろうか」ということであった。まだ、中越地震の発生から三か月しか経っていなかった。「ならば、今の時点で一〇年後の記録を作ってみよう」。

この発想から生まれたのが「記録一」と「記録二」であった。

記録一は「ワースト記録」ともいうべきもので、こうした記録を残すようなことがあってはならないという「絶対回避シナリオ」であった。このシナリオでは、道路や河川等の「原形復旧」が急ピッチで進められ、被災者個々の住宅や生活の再建は進んだが、その後の豪雨等による地盤災害の多発や復旧・復興をめぐる地域の不協和音などにより地域は次第に衰退し、荒れ果てた無人の集落が各所に生まれるという将来像が示された。

記録二は「ベスト記録」ともいうべきもので、一〇年後はかくありたいという「実現希求シナリオ」であった。これはまた目指すビジョンでもあった。このシナリオでは、新しい地域イメージとして「最素朴と最新鋭が絶妙に組み合わさり、都市と川と棚田と山が一体となって光り輝く中越」が掲げられ、六つの基本方針を設定し、それらを共有して復興を進めるとされた。そして、単に旧に戻るのではなく、地域資源を活かした産業や交流を生み出し、市民自治の確立により持続可能な自立した地域づくりが実現するという将来像が示された。

記録一と記録二を主体とする復興ビジョンは策定委員の賛同を得て、知事も了承した。こうして「新潟県中越大震災復興ビジョン」は二〇〇五年三月一日に公表された。地震発生からほぼ四か月後であった。

ビジョンに基づき、地元市町村はそれぞれにシナリオ（復興計画）を作り、被災者もまたそれぞれに地元シナリオ（集落復興計画）を作るという図式ができ上がった。

復興期間は一〇年で、第一期三年が「復旧期」、第二期三年が「再生期」、第三期四年が「発展期」として設定された。

４章　震災復興の一〇年を支えた三極構造と中越大震災復興基金

１　阪神・淡路大震災復興で生まれた三極構造の協働のまちづくり

公は官民で担う

「自助・共助・公助」は阪神・淡路大震災で生まれたキーワードの一つである。このなかで特に強調されたのが共助の重要性であった。突然の大地震に対しては、自助による対応には限界があったし、行政も機能マヒに陥って災害対応力を回復するには時間がかかった。自助と公助の対応力の弱さを補ったのが、コミュニティの力とボランティアなど外部からの支援による「共助」であった。

阪神・淡路大震災では、震災前に強いコミュニティが形成されていた所とそうでない所では、人的・物的被害の程度や復旧・復興の進み具合に大きな差があった。また、阪神・淡路大震災では被災地内外から多数のボランティアが駆け付けて困窮した被災者の支援を各方面で行い、一九九五年はボランティア元年とまでいわれた。

	公	私
官	官の公	
民	民の公	

図１−１　公私と官民の関係

コミュニティもボランティアも、言葉としてはなじみが薄かったとしても我が国の災害ではこの両者は大きな力を発揮してきた。関東大震災（一九二三年）をはじめ、戦後の災害でも福井地震（一九四八年）、伊勢湾台風（一九五九年）、新潟地震（一九六四年）などでも相互扶助の強さやボランティアの活動に関しては多くの記録が残されている。

阪神・淡路大震災の死者数は六、〇〇〇人を超えたが、我が国での自然災害で死者数が五、〇〇〇人を超えたのは伊勢湾台風以来四六年ぶりであったし、死者数が一、〇〇〇人を超える事故・災害も伊勢湾台風以降はなかった。それだけに、阪神・淡路大震災が与えた社会への影響は大きく、人々を突き動かして長く眠っていた、あるいは忘れ去られたかに見えた相互扶助やボランティア精神が蘇ったといえる。

ボランティアと共助が我が国の社会に与えた意味は、公は官と民が担うものだということを思い起こさせたということであろう。

「公私」と「官民」はマトリクスで考えるべきものである。

官＝公ではない。公は官の専有物ではない。官のなかにも常に私が入り込む。それは、汚職、権力争いなど日常的に見聞きすることである。また、民＝私ではない。民のなかにも脈々と公の精神が引き継がれている。「ご奉公」という言葉は長く民のなかにも引き継がれた精神であった。

この観点からすると、「自助—共助—公助」は「自助—共助—官助」というべきであろう。

協働の復興まちづくりへ

「協働の復興まちづくり」も阪神・淡路大震災で生まれたキーワードの一つである。大震災直後から「阪神大震災復興市民まちづくり支援ネットワーク（以下「復興支援ネットワーク」という。代表世話人は小林郁雄氏）」が生まれた。これは、コンサルタント、プランナー、建築家、大学研究者などからなる復興に向けた市民のまちづくりを支援していくためのネットワークであった。この支援ネットワークは、地元被災者、行政とともに「まちづくり協議会」を生み出していった。

我が国社会は基本的には地元市民―行政という「二極構造」であった。しかしながら、まちづくり協議会には外部からの専門家、支援者が入ることにより、地元市民―行政―外部支援者という「三極構造」が生まれることとなった。

二極構造では、両者の間に良い関係が生まれればことはスムースに進むが、関係が悪化すると険悪な対立を生み不毛な結果をもたらすことになる。だが、三極構造では三者の関係が決定的に悪化することはほとんどなく、二―一あるいは一―一―一の関係が継続的に維持され、問題の解決につながっていく。阪神・淡路大震災の復興では、この三極構造が「協働の復興まちづくり」を生んだ。協働の復興まちづくりが本格化するのは、大震災直後からの緊急期、混乱期の諸活動が一段落した三～四か月後あたりからであり、その後も息の長い活動が続けられた。外部支援者の活動は「民の公」活動でもあった。

ところで、活動には資金が必要である。無償では長期にわたる活動継続はできない。

官の公には当然のことながら「官金（税金）」があてられる。しかしながら、民の公には官金はあてられない。民の金すなわち「民金」が必要となる。阪神・淡路大震災では各種の財団、企業・団体、私立大学等からの多額の民金が動いた。支援ネットワーク活動を支えた民金のなかで注目されたものの一つに、「ＨＡＲ基金（阪神・淡路ルネッサンス基金）」があった。これは完全に民間からの寄附による基金、しかも使い切り型の基金で、一九九五年九月に創設されその後の五年間で総額四、三七〇万円がまちづくり活動を行う九五団体に助成金として支出された。

２「協働の復興中山間地づくり」～三極構造の一翼を担った中間支援組織～

阪神・淡路大震災（一九九五年一月一七日）から中越地震（二〇〇四年一〇月二三日）の間は約一〇年である。この一〇年の間に起こった大きな社会変化は中間支援組織の台頭であった。阪神・淡路大震災当時は、中間支援組織という言葉の社会的馴染みは薄かったが、一〇年の間に行政と市民の間に立つ組織として社会的認知を得るまでに成長していた。この中間支援組織を生んだのは非営利組織ＮＰＯ（Nonprofit Organization）とＩＴ（情報通信技術）であった。

まずＮＰＯであるが、一九九〇年代後半になると「民の公」に関する社会的認知の動きは急速に高まった。災害救援という面では、阪神・淡路大震災から約二年後（一九九七年一月）に日本海でロシア船籍のタンカー・ナホトカ号の重油流出事故が起こり、日本海側一〇府県の海岸に流出重油が押し寄せた。この時には全国から数十万人のボランティアが集まり、真冬の日本海の海岸で手作業の重油回収作業を行った。ボランティアという社会奉仕活動が展開されたのは災害発生後だけではなかった。防火、防犯、交通安全等に関しては日常的にボランティア活動が展開されていた。一九八〇年代後半には地球環境問題が浮上した。また、大型店の郊外立地により中心商店街が衰退し、まちづくりの動きも活発になった。教育、医療・福祉、さらには学術・文化・スポーツ等の分野でもボランティア活動は展開されていた。このような社会的背景のもとに、一九九八年に「特定非営利活動促進法（ＮＰＯ法）」が成立した。この法律により、個々人の自由意思に基づいて行われていた各種の社会奉仕活動、ボランティア活動は制度的裏付けを持ち、社会的認知を受けることができるようになった。

次にＩＴであるが、阪神・淡路大震災当時は携帯電話、メール、パソコン等の利用は社会の一部に限られていた。インターネットという言葉もまだ普及していなかった。パソコン通信という通信方式が話題になっていたが、メールの利用はごく一部であった。このＩＴに関し大きな変革が起こるのは阪神・淡路大震災以後である。マイクロソフトのウィンドウズ95の発売は、その名の通り一九九五年の年末であった。これ以降、我が国社会ではＩＴが急速に普及していくことになった。阪神・淡路大震災当時、筆者自身が携帯電話を持つなど思いもしなかったが、中越地震発生時には携帯電話を持ち、メールやパソコンを利用するようになっていた。さらに大人だけでなく中高生までもが携帯電話を持ち通話やメールで情報をやり取りする時代になっていた。

中越地震発生時の二〇〇四年には、中越地方のみならず日本全国にわたってＩＴを駆使するＮＰＯあるいはＮＰＯ的な組織、団体、グループすなわち中間支援組織が数多く存在していた。そして、これらの中間支援組織は、地震発生と同時に即座に支援に動いた。地震直後からの避難所生活、さらには仮設住宅生活、帰村、帰村後の集落再生さらには中山間地活性化等、一〇年にわたり中越の震災復旧・復興を支え続けた。

中間支援組織はある分野において目的あるいは志を同じくするものの集まりであり、「共感」と「同志的結合」が活動の原点である。ＩＴは瞬時にして地縁を超えて共感と同志的結合を生み出した。中越地震はＮＰＯとＩＴが結び付いた我が国最初の地震災害であったといっていいであろう。

阪神・淡路大震災ではまだ被災地の一部でしかなかった被災者―行政―中間支援組織の「三極構造」が、中越では被災地全域にわたって生み出され「協働の復興中山間地づくり」が展開された。

3 中越大震災復興基金

民の公の活動を支えるのは「民金」であるが、この民金の役割を担ったのが「中越大震災復興基金」であった。震災復興にあたり、新潟県は市中銀行から三、〇〇〇億円を調達し、これを年利二％で一〇年間運用する「復興基金」を確保したことはすでに述べたが、新潟県はこの基金を県の金として使うのではなく、財団法人中越大震災復興基金を作り、この財団法人に無利子で貸し付けるという形で基金の運用を任せることとした。財団は年間六〇億円、一〇年間六〇〇億円の復興事業の資金源となったわけである。この財団の理事長は新潟県知事であり、理事には学識経験者、民間団体代表、地元の市長等が就任した。財団法人は民間法人であるし、中間支援組織の一つである。年間六〇億円、一〇年間六〇〇億円の使い方は財団法人の理事会で決定されることになった。官金が民金に変換されたわけである。官金（税金）の場合は、その使い方に関しては行政内や議会の同意が必要であったが、財団法人の場合はそのような手続きを踏む必要はなく、理事会決定により迅速で機動的で柔軟な使い方が可能である。復興基金の設立には財団方式と条例方式があったが、条例方式では予算の執行に議決が必要で時間がかかるため、雲仙普賢岳、北海道奥尻島、阪神・淡路大震災、中越の四例中、奥尻島以外の三例は財団法人方式がとられた。(注5) 財団法人方式による官金から民金への転換に関しては「マネー・ロンダリング（資金洗浄）」との指摘もあり、まさに資金の質的転換なのであるが、中越の復興基金までは復興基金＝公金＝官金＝行政予算という図式で使われた。しかし中越では復興基金は民金として使われた。

中越の中山間地の復興の最大の特徴は、官金つまり行政予算による「行政主体復興」と、民金つまり復興基金による「地元発意復興」の二本立てで進められたことである。

行政主体復興は所掌部局ごとに粛々と進めることができる。たとえば道路復旧である。行政の道路担当者はそのために全力をあげるが、あくまで道路担当である。道路を復旧すればいいのであって、それによって中山間地がどうなるか、集落がどうなるかは問われない。結果としてペンペン草が生い茂るなかを立派な道路が走るだけの状況が生まれたとしても、道路担当者としては立派に職責を果たしたのである。あるいは住宅再建である。何戸が被害を受けて何戸が再建できたか、再建できない世帯のために災害公営住宅を何戸供給できたかが実績として問われる。中山間地の元の集落のコミュニティがどうなったかは問われない。しかしながら、被災した地元としては被災地全体としての数字合わせには関心はない。自分が住もうとする家、場所、集落、目の前の道路がどうなるかが問題なのである。そして何よりも大きな問題は自分の費用負担である。

地元復興のためには、地元を精神的に鼓舞し、金銭的に支援する仕組みが必要である。この地元発意復興を促したのが復興基金事業であった。復興基金事業のメニューは一〇年間で一四〇以上に及んだが、これに関しては別章で詳述するので、ここでは地元発意復興を支えた例として「手づくり田直し支援」、「地域コミュニティ等施設再建支援」の二事業をあげておく。

農地が被災した場合、国庫補助の対象となるのは一か所につき四〇万円以上の事業であり、それ未満は補助対象にならない。つまり、四〇万円以上の事業が「官の公」なのである。四〇万円未満は「民事業」＝「私事業」なのであって、私有財産問題だから官は関与しないということである。しかし、中越地震では復旧に大機械力は必要なく自力でしかも四〇万円未満で復旧可能な棚田被害が多発した。被災した地元では、住民から自分たちで直したいという強い声が上がった。小規模の復旧でも、それは中山間地の大地の保全、水系維持、景観形成という面からみれば「民の公」事業ではないのか。復興基金の手づくり田直し支援事業は「民の公」のために四〇万円を上限として支援する事業であった。これは被災農家にとっては現金収入にもなるし生活の張り合いも生み、地震の翌年の二〇〇五年には事業が始まった。もしもこの事業を市町村独自の官金（税金）で行うとしたら、新規予算を組まなければならず都市住民や議員の賛同が得られたかどうかわからないし、実現できたとしても二〇〇五年にはとても間に合わず、しかも支援額は市町村バラバラになっていたことであろう。そもそもそれが「官の公」の事業にふさわしいかという入口段階で議論が紛糾していたであろう。県事業として行う場合も、一律性は確保できるとしても県行政内部さらには県議会の賛同が得られたかどうかわからない。しかし、財団の復興基金事業では「民の公」として必要だという理事会合意ができれば実行できた。

「地域コミュニティ施設等再建支援」では鎮守、神社、堂、祠等の建て替え、修理も対象事業となった。神社等の復旧・再建は集落の維持には必要不可欠との地元の声が強かった。しかし、これらは宗教施設である。宗教施設は「官の公」の施設としては認めることはできず、官金支出による支援は絶対にできないことであった。しかし、歴史的にみればこれらの施設は「民の公」施設ではないのか。そう位置付ければ、民金の復興基金ではこれらをコミュニティ施設の一つとして支援対象とすることには問題はなかった。この事業の補助率・補助金限度額は四分の三以内、二、〇〇〇万円であった。神社等の修理、再建に四〇〇〇万円必要な場合、二〇

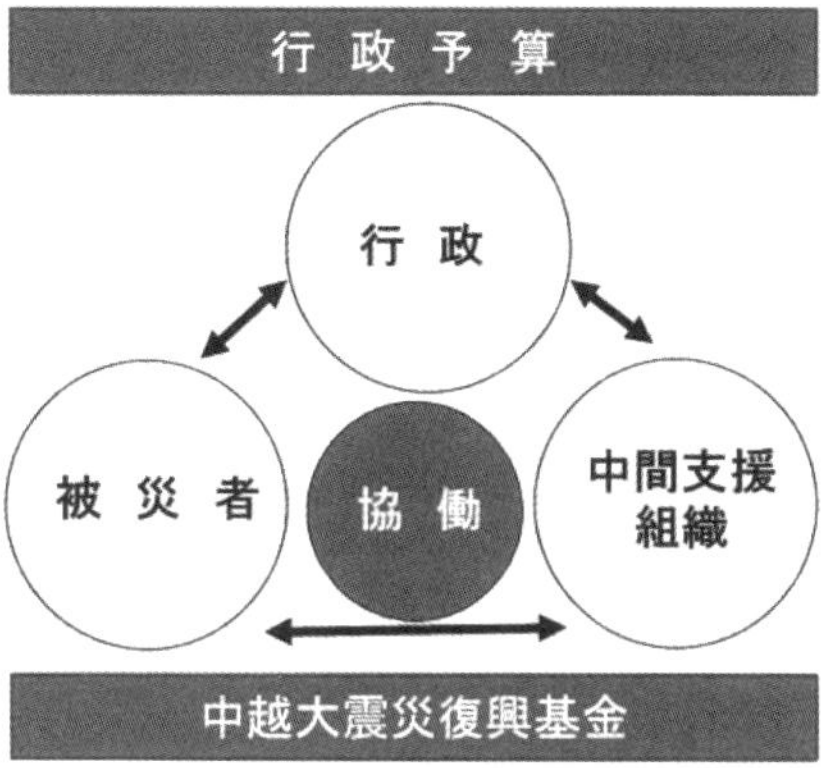

図１−２　中越の10年間の震災復興模式図

戸の集落では一戸二〇万円の負担となるが、基金事業なら負担は五万円ですむ。一戸二〇万円負担と言われれば再建の気持ちも萎えるが、五万円でいいのなら話は別になる。中越の被災中山間地集落では鎮守、神社、堂、祠の再建、修理は多数行われ、集落再生、復興の大きな力となった。

中越の一〇年間の震災復興を模式的に示せば図1-2のようになる。すなわち、被災者―行政―中間支援組織の三極構造によって「協働の復興中山間地づくり」が展開されたが、これを資金面にみれば上部から規定したのが行政予算であり、土台で支えたのは中越大震災復興基金であった。この構造は、震災直後から生まれ、一〇年間継続されてきた。

4　阪神から台湾へ、そして中越へ

阪神の「協働のまちづくり」はそのままストレートに中越につながったのではない。実は、その間に台湾大地震があり、阪神と台湾の復興の過程が中越につなげられてきたからこそ、中越の「協働の復興中山間地づくり」が生まれた。

台湾では一九九九年九月二一日一時四七分にM七・三（台湾中央気象局）の大地震が発生した。震源地は台湾中部の南投県集集（チチ）で、集集地震と呼ばれている。台湾はフィリピン海プレートとユーラシアプレートがぶつかり合う線上に乗っているために地震発生の危険性は非常に高い。南北には標高三、〇〇〇m超の山々が連なる中央山脈がある。このために歴史的にも繰り返し地震に襲われてきた。集集地震では、死者約二、五〇〇人、負傷者約一万一、〇〇〇人、全壊四万戸という大被害が発生した。台湾中部の中心都市である台中市にも被害が発生したが、激甚被災地は台中市の東部の山岳地帯であった。山岳地帯には数多くの先住民族が居住している。

台湾は九州とほぼ同面積であるが、人口は台湾二、三〇〇万人、九州は一、三〇〇万人である。わかりやすくいえば、台北市が福岡市に、台中市が熊本市に、高雄市が鹿児島市にあたり、集集地震とは熊本県中央部で発生して阿蘇山をはじめとする山間地に大被害を与え熊本市にも被害がおよんだが、福岡市、鹿児島市はほとんど無傷というような地震であったと考えればよいであろう。

筆者は二〇〇一年に台湾に行く機会があった。集集大地震から二年後、中越地震発生の三年前であった。それは、筆者の友人の陳亮全氏（当時台湾大学副教授）が集集大地震の復興に従事していたからである。陳氏は、長く早稲田大学に留学して建築・都市計画を学び、筆者が東京で暮らしていた時代から付き合いがあり、台湾帰国後も何かにつけ連絡を取り合っていた。陳氏は、阪神・淡路大震災で生まれた「協働の復興まちづくり」を台湾に導入して「社区営造」を進めていた。社区とはコミュニティのことであり、「協働のコミュニティづくり」といえた。この活動は都市部を中心に進められていたが、阪神以後の四年間の活動実績を集集大地震の山岳地復興に生かそうとしており、前述の阪神復興支援ネットワークを中心に神戸の学者、研究者、プランナーも陳氏と連絡を取り合い積極的に応援していた。陳氏は阪神復興支援ネットワークの代表世話人の小林郁雄氏とも密接に連絡を取り合っていた。

筆者は、台湾の被災山岳地帯を訪れて驚いたが、それは以下の四点についてであった。

第一は地元被災者の元気さである。台湾の被災山岳地帯には先住民族問題もあり、疲弊しているのではないかと思っていた。しかし、被災者は筍や果物、お茶、貴重な昆虫生物、景観、さらにはかつて盛んだった紅茶やコーヒーなどの「地元資源」の再評価、発掘、新規生み出し、磨き上げ、広報・ＰＲにより地域活性化に活発に取り組んでいた。元気そのものであった。

第二は中間支援組織の活躍である。被災山岳地帯には、台中のみならず台北の学者、研究者、学生が多数はりつき、地元被災者と一体となって復興に取り組んでいた。

第三は「民の公」、「民金」の力強さである。台湾は民間が寄附を募り、被災者救援や支援活動を精力的に行う。なかでも宗教団体「治済会」は有名である。二〇一一年三月一一日に発生した我が国の東日本大震災では、台湾からの義援金は諸外国・地域のなかでも突出して二〇〇億円以上に達した。民間組織、団体は人手を出すだけでなく、仮設住宅建設や小中学校の再建などを自ら行って被災者に提供する。なかでも筆者が驚いたのは、（財）九二一震災重建基金會であった。重建は復興を意味する。この財団は義援金一四〇億元（一元は日本円にすると約三円）を基金とする使い切り型の財団であり、被災者の住宅再建を最大の任務としていたが、社区営造も支援していた。財団は政府、行政に協力するが、場合によっては意に反することも平然と行う。理事長は大学の教授であり、筆者は理事長と会う機会があり、「政治的に大変なのではありませんか？」と尋ねたが、理事長は「政治的でない人などいますか」とこともなげに答えた。

第四は被災地保存である。集集地震では断層の長さは南北八〇㎞に及び、最大で水平移動は一〇ｍ、垂直移動は一一mに及んだ。台中市の東部の中学校では校庭に一・二mの段差が生じ、校舎は見るも無残に壊されていたが、これらはそのまま保存され後に「地震記念博物館」となった。また、土台が大破壊状態のコンクリート造のお寺はそのまま残されており、隣接する広場には観光バスがとまり、果物や土産物が売られる観光名所となっていた。台湾の被災地にはある種のたくましさがあった。

二〇〇一年の訪台以来、筆者は陳氏と連絡を取り、阪神と台湾のつながりの強さも実感していた。また、台湾の震災復興についてはわが国の建築学会や都市計画学会も大きな関心を寄せていた。二〇〇四年に中越地震が発生した時、筆者は復興の手本は台湾にあると思った。そこで新潟県中越大震災復興ビジョンでもそのことを強調した。以下はその内容である。

「中越地方はこの中山間地復興では、台湾から多くのことを学んだ。台湾大地震は一九九九年に発生し、山間地に大被害を与えただけでなく、その後の台風、豪雨は恐ろしい土砂災害を引き起こした。復興にあたっては、地元民自らの復興による生活・生業支援が最優先された。台湾の人々は、素朴な工法で山間地復興を進めるなかで植生、動物、昆虫への理解を深め、地元の観光資源に目覚めた。復興は環境学習、教育の場となるとともに、国民の防災意識を高めた。台湾は防災先進地ではなかったかもしれないが、その後の復旧・復興では日本が見習う先進地となった。」

筆者は中越地震発生時は長岡造形大学の教授であったが、同僚の澤田雅浩講師（現在は准教授）や大学院生などとともに二〇〇四年一二月に「大地復興推進会議」を立ち上げた。この会議には長岡市の大学や研究機関（長岡造形大学、長岡技術科学大学、長岡大学、長岡高専、雪氷防災研究センター）だけでなく、長岡市、長岡商工会議所、地元市民グループ、さらには東京や阪神の研究者、プランナー等もメンバーになった。この大地復興推進会議は半年ごとに中越の震災復旧・復興の現状報告と討論会を開催し、この活動を三年間続けた。この会には毎回、阪神や東京からもメンバーが参加してくれた。大地復興推進会議は二〇〇五年春に台湾から陳氏に来てもらい、中越を見てもらうとともに会議に参加して色々なアドバイスをもらった。

こうして、中越―台湾―神戸の交流が始まった。台湾からは被災者や地元リーダーに来てもらうとともに、大地復興推進会議のメンバーは台湾を訪れた。森民夫長岡市長も台湾を視察した。筆者は市長には同行しなかったが、市長がしみじみと「復興は人づくりなんだ」と述べたと聞いた。

阪神の「協働の復興まちづくり」は台湾の「社区営造（協働のコミュニティづくり）」につながり、そして中越の「協働の復興中山間地づくり」につながった。

5　新潟県知事の制度設計の巧みさ

中越の震災復興は官金で行うトップダウン型の行政主体復興と、民金で支えるボトムアップ型の地元発意復興の二本立てで進んだ。新潟県の行政トップは泉田裕彦新潟県知事であり、地元復興を支えた復興基金事業のトップも同じく新潟県知事であった。一人のなかに二役が存在した。中越の震災復興は、対照的な二制度を同時並行的に進めるという制度設計で進められたことに大きな特徴があった。

この制度設計は泉田知事のキャラクターに負うところが大きいとしかいいようがない。泉田知事と中越地震は不思議な出会い方をしている。泉田知事は二〇〇四年一〇月一七日の新潟県知事選挙において、当時全国最年少の四二歳で当選し、一〇月二五日に平山郁夫知事から泉田次期知事に移行することになっていた。中越地震発生は一〇月二三日土曜日の夕刻、次期知事就任の三〇時間前であった。泉田次期知事は、地震発生から一五分後には県庁の危機管理監室を訪れ、「知事を呼んでください」といい、その後は現地に向かって飛び出している。県庁では平山知事が登庁した一九時には第一回の災害対策本部会議が開催され、二〇時に第二回、二二時に第三回が開催されている。しかし、県庁で得られる情報はテレビ報道くらいしかなく、新潟市はほとんど無傷であったものの現地の状況はつかめず、実質的な対応策は打てなかったという。一方、次期知事は長岡市、小千谷市に向かい、避難者でごった返すいくつもの避難所や母子三人の車が飲み込まれた斜面大崩落現場を訪れ、長岡市役所で市長と会うなど、現場の把握を行うとともに、中越の市町村長や自衛隊をはじめとする関係機関とも連絡を取り合っている。しかし、次期知事ではあってもこの時点では「ただの人」であり、連絡や要請は「公式」に扱われることはなかった。連絡や要請を受けた方も、取扱いに困ったことは想像に難くない。一〇月二五日の午前零時、新知事体制となるとともに県の災害対策本部が開催された。この時も、「なぜこんな真夜中に」と思った職員は少なくなかったはずである。

泉田知事は中越の加茂市出身であり、京都大学から通商産業省（現経済産業省）に進み、中央官庁のコースを歩んでいる。途中で岐阜県への出向の経験もある。生まれも育ちも新潟県であるとはいえ、新潟県政から見れば落下傘でただ一人入ってきた人である。県政には人脈やしがらみはなかったはずである。しかし、だからこそ突然に直面した震災問題に思い切った対応ができたのかもしれない。泉田知事は震災対応や震災復興には外部の経験や知恵を積極的に取り入れた。震災直後に関西から駆け付けた兵庫県や人と防災未来センターのアドバイスを受け入れている。次に何が起こるか、どんな対応が必要かなどの時系列対応に関しては、阪神・淡路大震災の経験は非常に役立つものであった。震災復興のビジョン策定に関しても外部の人材の重視は変わらなかった。震災対応、震災復興というような異常時対応に関しては、何よりも大事なのは「地元」であり「現場」であることを知っていたようである。

しかし、知事だけが地元、現場重視をいってもそれを具体化する実働部隊がなければ復興は進まない。この実働部隊となったのが新潟県の震災復興支援課であった。この課は震災発生後に設置されたが、知事の意向を受けて現場を動き回った。夜間、土日を問わず課長以下職員は地元に出向き、被災者や中間支援組織の話を聞き議論をし、飲み会や地元のイベントにも参加した。筆者も何回も彼らと会い話をした。彼らはこうした活動のなかから地元発意を支える復興基金事業メニューを生み出していった。また、実働部隊は現場を歩くだけでなく、広く意見を募るパブリックコメントによっても広く現場のニーズと復興方策案の収集に努めた。

行政主体復興と地元発意復興という二本立ては、泉田知事のキャラクターが生み、県の実働部隊が支えた特異ですぐれた制度設計であった。

５章　第一期・復旧期―創造的復旧

中越の震災復興は、ほぼビジョン通りの段階を踏んで進んだ。

第一期三年のキャッチフレーズは「創造的復旧」であった。

我が国の災害復旧は「原形復旧」つまり元の形に戻すというのが基本である。しかし、これに関しては阪神・

淡路大震災の神戸港コンテナふ頭の復旧が苦い教訓として指摘されていた。震災時の神戸コンテナふ頭の水深は一二～一四mであり、その水深で原形復旧された。しかし、世界ではもはやその水深では対応できず一五～一六mの時代になっていた。震災時にはコンテナ取扱量では日本一で世界でも一桁の地位にあった神戸港は、現在では国内でも東京港、横浜港、名古屋港に後れを取り、世界でも五〇位圏外となった。原形復旧にこだわれば将来取り返しのつかない禍根を残すことになる。「創造的復旧」には原形復旧にとらわれない大胆な「改良復旧」の実施をという思いがあった。また、当時は「復興」には国からお金は出ないということもあった。

第一期に行われた主要なものは、「仮設住宅におけるコミュニティ維持と話し合いや議論」、「平成の大合併と市町村・県の復興計画の作成」、「中山間地の社会インフラの復旧・再建」、「順次帰村者の住宅・生活・生業再建開始」、「中核的中間支援組織の形成」であった。

1　仮設住宅におけるコミュニティ維持と話し合いや議論

中越の震災復興では、阪神・淡路大震災の教訓もあり、集落単位のコミュニティ維持が何よりも重視された。旧山古志村民は、ヘリコプター空輸により旧長岡市内の高校の体育館等の避難所に緊急避難したが、集落入り乱れての避難所収容となった。これを解消すべく、集落単位の避難所となるように再編成が行われた。避難所に続く仮設住宅でも入居は集落単位で行われた。また、集会所や談話室、高齢者等のサポート拠点が設置され、場所によっては農作業用地も設けられた。サポート拠点は統合相談機能、デイサービス、居宅サービス、配食サービス、ボランティア等の活動拠点でもあり、東日本大震災の仮設住宅でもその導入は積極的に進められた。

また復興基金事業として生活支援相談員という人的配置もなされた。

仮設住宅地の集会所では、住民同士、住民と支援者、住民とコンサルタントと行政などの間でも話し合い、討論、時には激論などさまざまな議論が展開された。ここで被災者は自分の家族、隣近所、集落の将来について熟慮することができた。コミュニティを維持しながら話し合いを続け、合意を形成したことがその後の復興に大きな意味を持った。

また、中越地方が豪雪地帯であることも、話し合い、熟慮、合意形成という面ではプラスに作用した。雪に閉ざされる冬季三か月間は中山間地ではみんなじっとしている。その間は話し合う、考えること以外にはやることはないのであり、それが思考の質を高めたともいえる。

２　平成の大合併と市町村・県の復興計画の作成

大合併により被災二六市町村が五市に

中越地震は、中越地方で平成の大合併が進められている最中に起きた。地震によって市町村には大きな被害が発生したが、大合併は予定通り進められた。震災復興が大きなテーマとなった地域には二六市町村があった。

二〇〇四年一一月一日には魚沼市（六町村合併）、南魚沼市（二町合併、二〇〇五年一〇月一日に一町が加わる。）が誕生し、二〇〇五年四月一日には長岡市（長岡市＋五町村、二〇〇六年四月一日に四市町が加わり、二〇一〇年三月三一日に一町が加わる。）と十日町市（十日町市＋四町村）が生まれた。これにより、二六市町村は長岡市、十日町市、魚沼市、南魚沼市と合併のなかった小千谷市の五市になった。長岡市の人口は地震発生時には約一九万人であったが、合併により約二八万人となった。

震災復興という面では平成の大合併はプラスに作用した。二六市町村が乱立した状態では、復興計画の作成や復旧・復興事業の進捗においても、市町村間に軋轢を生じた可能性がある。また、被災地内の人々のみならず被災地外から見たときも、どこがどのような状態にあるのかはきわめて理解しにくいものになっていたであろう。さらに県の立場からしても、二六市町村と連絡し合わなければならなかったのが、五市との連絡だけで済むようになったので事務処理上でも大きなメリットであった。

また、県の復興ビジョンは新しい地域イメージとして「最素朴と最新鋭が絶妙に組み合わさり、都市と川と棚田と山が一体となって光り輝く中越」を掲げたが、この地域イメージを共有する上でも大合併は大きな意味を持った。

物流分野でハブ・アンド・スポークという言葉がある。これは、多数の拠点が分散している時、中核拠点（ハブ）に荷物を集中させそこから各拠点（スポーク）に分散させれば輸送効率が格段に向上するというものである。平成の大合併は、新市役所がハブとなりそこからスポーク状に旧市町村ごとの支所（かつての役場）に分散させるというハブ・アンド・スポークの効果を生んだともいえる。

また、平成の大合併は住民と中間支援組織の間を結び付ける役目も果たした。大合併前は、旧市町村の首長や議員、職員は困りごとや心配ごとの相談相手であり、不平や不満や陳情をぶつける相手でもあった。しかし、平成の大合併により旧市町村の住民はそういった相手を失った。彼らにとって中間支援組織は、新市の首長、議員、職員との間をつないでくれる役割を果たしてくれるものであった。

なお、二〇一四年一〇月一日時点での五市の人口は、長岡市二七・六万人、小千谷市三・七万人、十日町市五・六万人、魚沼市三・八万人、南魚沼市五・九万人で計四六・六万人である。

市町、県の復興計画の作成

二〇〇五年四月、新年度に入ると合併した五市およびこの時点ではまだ合併していなかった町は復興計画作成に着手した。ビジョンをもとに各市町がそれぞれに復興のシナリオを描くことになった。市町の復興計画は八月までにほぼ明らかになってきた。新潟県は市町の復興計画を受け、八月には県としての復興計画を作成し公表した。

異彩を放った旧山古志村の復興ビジョンと復興新ビジョン

多くの市町が二〇〇五年の新年度に入って復興計画に着手するなかで、旧山古志村は二〇〇四年一二月の半ばには「山古志復興ビジョン」の作成に着手していた。長岡市との合併を前にして山古志村の意志をビジョンに落とし込もうとしていたのである。しかも、仮設住宅生活が始まって間もない住民に向かって「帰ろう山古志へ」を合言葉に、行政主導型でビジョンづくりが進められた。だからといって丁寧さを欠いていたかといえば、そうともいえない。

一方、時を同じくして産官学の有識者を集めて「山古志復興新ビジョン」を描いていた会議体があった。事務局を務めていたのは（社）北陸建設弘済会である。ここでは山古志復興には①山古志に帰りたいを叶える、②日本の美しさ、ふるさとの原風景を保持する、③「山古志の復興」は日本全体の課題・中山間地の災害復興のお手本になる、の三つの意義を掲げ、山古志の住民すべてが株主であり社員であり、山古志のすべてが商品であるような「株式会社　山古志村」を起業するという構想を打ち出していた。新ビジョン公表は二〇〇五年五月であったが、長岡市に編入合併される三月にはでき上がっていた。ここで注目しておく必要があるのは、「山古志復興新ビジョン研究会」が、仮設住宅に入った山古志村民にアンケート調査をしたことである。しかも、長岡市に所在する長岡技術科学大学・長岡造形大学・長岡大学の学生を駆り出して、豪雪といわれた冬期間、仮設住宅の老人世帯に足を運び聞き取り調査をして取りまとめたことである。アンケートはほぼ全世帯から回収し、帰村を希望した世帯は九三％を超えた。

その帰村希望率を知った旧山古志の自己主張は強烈であった。そこには、合併後に大長岡市の中に埋没してしまうようなことにはならないという強い意志が感じられた。旧山古志村には美しい棚田、千年以上といわれる歴史を誇る闘牛（牛の角突き）、世界商品ともなり旧山古志村が発祥の地と言われる「錦鯉」など独自の文化やライフスタイルを持っていた。この旧山古志村につき、筆者が驚いたのが民俗学者・宮本常一と思わぬつながりを持っていたことであった。

宮本常一は日本の離島、農山村などいわば「僻地」を歩いて生活や文化、歴史を記録し写真を撮り続けただけでなく、そうした地域の活性化を目指した人である。離島振興法の成立に彼が果たした役割は大きかったといわれている。彼は昭和四〇年代半ば（一九七〇年頃）に山古志村を訪れて当時の村長と親交を結び、村の職員や若者と勉強会を開いて「清流のなかを錦鯉が泳ぎ、花が咲き乱れるような美しい村」を作ろうと説いている。彼が新潟県で訪れたのは旧山古志村と佐渡島の二か所であった。佐渡島では彼の力もあり鬼太鼓が復活した。中越地震は彼の勉強会から三〇年以上経過して発生しており、当時の若者たちは地震発生時には六〇～七〇歳代になっていたが、彼の薫陶は生きていた。地震後、筆者は「宮本先生の話を思い出した」という村民に何人も会った。震災復興で「新しい村を」という思いがここで蘇ったともいえよう。

旧山古志村の「復興ビジョン」は、自分たちが育んできた文化と守り続けてきた生活に対する誇りに裏打ちされていた。

3　社会インフラの復旧・再建

インフラの復旧に関しては、原形復旧ではない改良復旧が積極的に行われた。国道二九一号については、被害激甚であった旧道路の一部は放棄されてトンネル掘削により新路線が建設され、地震発生から二年もしない二〇〇六年九月初旬に全面開通した。河道閉塞地も原形復旧は不可能であり、一定の湛水は許容することとし安全を確保するための排水路が整備された。各所の斜面崩壊箇所の法面工事も行われた。農地に関しては、一部ではあったが被災農地だけでなく隣接する非被災農地も含めて区画形質の変更を行う「農地災害関連区画整備事業」が実施された。被害が大きかった旧町村役場も復旧されて合併後は支所になり、小中学校等も復旧、再建された。

これらの社会インフラ、社会基盤の復旧・再建により、被災者は順次帰村が可能となった。

4　順次帰村者の住宅・生活・生業再建開始

住宅再建と順次帰村

住宅被害は、中山間地だけでなく都市部、郊外部でも数多く発生しており、その再建は中越全体から見ても非常に大きな対応課題であった。

「住宅は私有財産であり、公費（官費）による支援にはなじまない。再建は自助努力が原則である」というのが長く続いた我が国政府の方針であった。これは阪神・淡路大震災の時も変わらなかった。しかしながら、大震災以後、住宅に対する再建支援を求める声が高まり、一九九八年五月に「被災者生活再建支援法」が成立し、全壊家屋の世帯には最大一〇〇万円の支援がなされることになった。しかし、あくまで「生活再建」に対する支援であり、「住宅再建」に対する支援ではないという建前は崩されることはなかった。

しかし、一〇〇万円という支援は少なすぎた。二〇〇〇年一〇月に鳥取県西部地震が発生し、当時の片山善博知事は最大三〇〇万円の支援を県の単費として支出した。この地方自治体の対応は国としても無視できず、二〇〇四年三月に被災者生活再建支援法は改正されて全壊家屋に対して最大三〇〇万円の支援がなされることとなった。中越地震の発生は法改正の七か月後であり、改正法の広域災害における初めての適用事例となったが、実際に適用してみると被害認定や手続きの細かさ、煩雑さなどさまざまな問題が生じた。このために、二〇〇七年一一月に二度目の法改正が行われて定額渡し切り方式になり、この年に発生した能登半島地震、新潟県中越沖地震には遡及適用された。なお、中越地震と中越沖地震では、新潟県も全壊家屋に対して一〇〇万円の支援を行ったので、支援額は最大四〇〇万円となった。

仮設住宅生活を送っていた中山間地被災者は、道路の復旧や避難指示の解除に応じて順次帰村していった。仮設住宅生活が最も長かったのは旧山古志村であり、希望者全員の帰村まで三年を要した。旧山古志村の場合は帰村人口は地震前人口の六五％であったが、被災中山間地全体では七〇％であった。地震がなく自然推移の場合には、三〇％の人口減少には三〇年近くを要したであろうが、地震はわずか三年でそれだけの人口減少をもたらした。地震等の大災害は時代の流れを加速することがここでも示された。

集団移転

中越地方の中山間地は冬季の積雪が三～四ｍに達する豪雪地帯であり、地すべり常襲地帯でもあることから、集団移転を選択した集落もあった。九地区約一〇〇世帯が防災集団移転促進事業で集団移転した。旧山古志村では、小規模住宅地区改良事業により二集落二〇世帯が集団移転した。

集団移転に関しては、中越地震では国の補助対象要件が一〇戸以上から五戸以上に拡大された。これは集団移転をしやすくするためのものであったが、集落分断という事態を引き起こした例もあった。集落から歯抜け状態で集団移転が起こると、残された集落では共同作業やコミュニティ維持に大きな困難が生じた。残る世帯に対する支援に関しては、中越の震災復興は有効な方策は見いだせなかった。

また、中越の震災復興に関し、集団移転や個別移転により中山間地を離れて長岡市や小千谷市等での「まちなか居住」を選択した被災者へのフォローが十分ではなかった点は大きな反省点である。移転者の新しいコミュニティ形成、元の集落との関係づくりなど、今後も検証しなければならない課題である。

個別移転にせよ集団移転にせよ、都市部への移住者のなかには通い農業という形で中山間地との関わりを持ち続ける人たちも少なからずいた。

5 中核的中間支援組織の形成

中越地震では、地震発生直後からNPOあるいはNPO的な組織、団体、グループが中間支援組織として活動を始めたが、こうした中間支援組織がカバーする分野やその組織規模は多種多様であった。NPOとして認証される分野は二〇もあり、正式には認定されていないが有志的に集まるグループは、市民、企業、大学等さまざまであった。大合併後の長岡市、小千谷市、十日町市、魚沼市、南魚沼市の五市には、このような中間支援組織は数百の数に上ったであろう。それぞれが勝手に動けば「百家争鳴」状態になり、まとまりのある活動はできなかったであろう。しかし、中越の場合は、中核的中間支援組織が生まれた。

まず生まれたのが二〇〇五年五月の中越復興市民会議（稲垣文彦氏、阿部巧氏等）であった。中心となったのはボランティア活動から出発した市民グループであった。このグループは地元の三大学、大阪大学と密接に連絡を取り合いながら活動を展開していたので民学主体でスタートした。次に生まれたのが二〇〇六年九月の(社)中越防災安全推進機構（理事長：伊藤滋東京大学名誉教授）であった。これは産官学民で構成されたが、中心となったのは地元三大学と(社)北陸建設弘済会であり学民主体でスタートした。そして二〇〇七年四月に(財)山の暮らし再生機構（理事長：豊口協長岡造形大学理事長）が生まれた。これも産官学民の構成であったが、主導的役割を担ったのが長岡市であり、それを地元三大学と東洋大学が支援するという形であったので官学主体でスタートしたといえる。東洋大学は長島忠美・旧山古志村長の出身校であるという縁があり、地震直後から中越復興に関わり続けた。この三つの組織は相互に密接に協力し合いながら中間支援組織の中核組織として活動を続けた。中越復興市民会議は、後に中越防災安全推進機構と合流し、同機構の復興デザインセンターとなった。なお、二つの機構は現在はそれぞれに公益社団法人、公益財団法人となっている。

平成の大合併は行政面で「ハブ・アンド・スポーク」効果を生んだと述べたが、同じことが中間支援組織でも起こった。

6章　第二期・再生期

第二期・再生期のキャッチフレーズは「活力に満ちた新たな持続可能性の獲得」であった。「復興とは何か」は中越地震以後、研究者の間でも繰り返し議論されてきたが明快な答えは出なかった。地震によって中越の中山間地集落は存続の危機すなわち持続可能性の喪失の危機に陥った。新たな、しかも活力に満ちた持続可能性を獲得しなければならない。キャッチフレーズは中越における「復興の定義」でもあった。

第二期に実施された主要なものは「地元インフラの復旧・再建」と「地元資源の活用模索と地元発意事業の

立ち上がり」であったが、これらの多くは復興基金事業として行われた。

1 地元インフラの復旧・再建

中山間地の生活、生業はハード、ソフト両面で多くの共用的なインフラによって支えられており、これらの地元インフラも地震により大きな被害を受けていた。

ハード共用インフラは、集会所（通常の集会所などに加え、神社等も含む。）や、集落内及び農地内の小道路、水利施設などである。これらに関しては、特に水利に関しては、農業用と同時に豪雪時の融雪のためには、その復旧・再建は必要不可欠であった。

ソフトインフラは祭りや各種イベントである。旧山古志村や小千谷市の闘牛、盆踊り、賽の神（どんど焼き）等も復活した。人口減により単独での盆踊りが難しくなった集落同士が合同で開催するようにもなってきた。

また、第一期後半から、農業の営農体制の再建のための農業者の組織化や機械・施設整備等の導入が進み生産組織の設立も進んだ。これらも新しいソフトインフラの整備であった。

2 地元資源の活用の模索と地元発意事業の立ち上がり

中越の中山間地は、山、谷、川、棚田、米、野菜、きのこ、そば、手掘りトンネル、闘牛、錦鯉、花火、スキー、温泉などの多様な観光資源に恵まれている。こうした資源は一部のファンには知られていたが、リピーターも含めて幅広く人を引き付ける力が欠けていた。

帰村者が震災復興を進めるなかで、人々は地元の資源の再評価、発掘、新規生み出し、磨き上げ、さらには広報・ＰＲの重要性に気づき始めた。こうした地元資源の活用の模索において大きな役割を果たしたのが地域復興支援員配置と地域復興デザイン策定の二事業であった。始まったのは第一期最後の二〇〇七年度であった。

地域復興支援員の配置

地域復興支援員の業務は、「地域復興のネットワークづくり支援」、「各種復興イベント等の企画、実施支援」、「住民と行政の連絡調整」、「被災者への福祉的見守り、訪問相談、情報提供」等であった。地域復興支援員は長岡、小千谷、十日町、魚沼、南魚沼の五市の中山間地に約五〇名配置された。彼らはＩＴを駆使し、三極構造の一極を担う重要な役割を果たした。当初の地域復興支援員の派遣元は、長岡市と十日町市と南魚沼市は（財）山の暮らし再生機構が、小千谷市は（財）小千谷市産業開発センターが、魚沼市は（財）魚沼市地域づくり振興公社がそれぞれに担い、全体の人材育成と情報交換に関しては（社）中越防災安全推進機構が担った。彼らの任期は当初は五年であったが、震災一〇周年の二〇一四年度末まで二年間延長され、さらにそれ以降も三年間延長されることになった。

地域復興デザイン策定

地域復興デザイン策定とは、被災した地域の自立的復興のための地域特性を活かした復興プランの策定であり、地域の将来像を描き、住民起業や地域連携への動きを加速させようとするものである。住民による復興シナリオの作成ということでもあった。

ここでは、地元資源活用の模索と復興基金事業による地元発意事業の立ち上がりを旧山古志村を例に見てみる。第一期半ばから旧山古志村で帰村が始まり、一般人も自由に立ち入れるようになると、まず始まったのは復旧・復興に関心を持つ技術者、研究者、行政関係者等の視察であった。こうした人々にとって旧山古志村はまさに教材であった。視察の拠点となったのが、旧山古志村役場（現山古志支所）に隣接する旧村民会館と土砂に埋まった民家が残る河道閉塞現場であった。旧村民会館には地域復興支援員が常駐するサテライトが置かれ、ここで地震時の被災状況やその後の復旧・復興経過につき写真やＤＶＤを見、地域復興支援員から説明を受けることができた。もう一つの河道閉塞地における残存民家は土砂災害のすさまじさを実感させた。視察は海外からもあった。四川大地震（二〇〇八年）で山間部に大被害が発生した中国は三回にわたり使節団を派遣してきたし、ＪＩＣＡ（国際協力機構）は、砂防が大きな国家的課題である東南アジアからの研修生を送り込んだ。二拠点からなる視察・見学ルートは一般の人々の関心を呼ぶようになり、土日にはルート沿いに地元産品を並べた直売所があちこちにでき、よく売れるようになってきた。旧山古志村民には何ということはなかったものが、外来者には魅力的なものだということが実感できるようになってきた。「かぐらなんばん」というピーマンの一種の唐辛子が長岡市内だけでなく東京でも評判になってきた。直売所は、売り上げは大きなものではなかったとしても住民に楽しみと生きがいを与えた。

地元発意事業の第一号はコミュニティ・バスの運行であった。地震により人口減となったために、長岡市内と旧山古志村を結んでいた民間バスが撤退した。高齢者や高校生は市内に通う足を失った。このために第二期初年の二〇〇八年七月に旧村の世帯のほとんどが会員となったコミュニティ・バスである「クローバー・バス」が運行を開始した。運営主体はＮＰＯであった。

第二期半ばには、アルパカ牧場と農家レストランがオープンしたが、この二施設は旧山古志村への来訪者の質を一変させた。一つの集落で米国の篤志家から寄贈された三頭のアルパカを柵で囲って遊ばせる無料の小さな牧場がオープンすると、若いカップルや子ども連れ家族が押し寄せるようになった。集落の高齢者にはアルパカの世話をし、来訪者の話し相手になり、地元産品を直販することが楽しみと生きがいになった。アルパカは現在四〇頭を超え、旧山古志村の別の集落で分散飼育されるとともに、各地のイベントに出張参加を依頼されるまでになった。農家レストランは地元の主婦四人が共同出資してオープンしたものである。この店の地元食材を使った郷土料理は評判を呼び、多くの人を引き付けるようになった。二施設は、災害研究、復旧・復興問題にそれほど関心を持たない人々を引き付けた。

中山間地の人員派遣に関し、国（総務省）は二〇〇八年度から集落支援員制度、二〇〇九年度から地域おこし協力隊制度を始めた。これは全国対象の制度であったが、中越では十日町市が地域おこし協力隊員を導入した。地域おこし協力隊制度の目的は、隊員に地域おこし活動（伝統行事、都市との交流等）の支援、農林漁業の応援、住民の生活支援などの地域協力活動に従事してもらいながら、あわせて定住定着を図って地域の活性化に貢献してもらうというものであったが、地域復興支援員の活動とも重なるものであった。十日町市の集落でも、協力隊員や地元住民、ボランティア等が一体となって地元資源活用の模索や米の直販等の地元発意事業が始まった。

7章　第三期・発展期

中越の震災復興一〇年計画の最後の四年間のキャッチフレーズは「震災復興を超えて新しい日常性の生み出し」であった。

第一期三年、第二期三年の計六年間は「震災復興」という言葉が各所で使われ、関係者もそれを強く意識した期間であった。しかし、「復興」を意識しなくなった時が真の復興ではないのか。震災前とは違う日常生活、それを何の違和感、抵抗感なく受け入れられるようになることが「復興」であろう。被災中山間地で生活を送るのは震災前の生活をよく覚えている人々だけではない。一〇歳の子どもは一〇年たてば二〇歳になる。彼らは地震前の生活を引きずって一〇年間を過ごしはしない。この一〇年こそが彼らの日常である。そこにはすでに新しい日常が生み出されているといえる。それは、地震前の中越の中山間地を知らず、復旧・復興段階から地元と関係を持ち始めた人々についてもいえることである。

第三期の活動として主要なものは「スモールビジネスの相乗効果発揮」、「中越メモリアル回廊のオープン」、

「総合型NPOの立ち上がり」であった。これらも基金事業として行われたものである。また、第三期として基金事業ではなく長岡市独自の施策として行われた「中心市街地活性化事業の進展」も復興に大きな意味を持った。そして、第三期活動には、二〇一一年三月に発生した東日本大震災への支援がある。

1　スモールビジネスの相乗効果発揮

第三期に入ると、旧山古志村の視察ルート沿いにはそば屋、民芸品売場等も立地するようになり、さらに活況を呈するようになった。アルパカ牧場は毎日開いているが、直販所や農家レストラン、そば屋、民芸品売場などはフルオープンではなく、土日中心の限定日オープンである。これらはソーシャルビジネス、コミュニティビジネスというほどではなくスモールビジネスあるいは「小商い」といった方がよいかもしれない。直販所、食堂、民芸品にしても材料の多くは地元産品であり、スモールビジネスは地域循環の一翼を担っているともいえる。

旧山古志村ほどではないが、このようなスモールビジネスは、米などの地元産品のインターネット販売、廃校や古民家の改修による料理や宿泊施設の提供など、中越の被災中山間地では各所で展開されるようになった。

歴史的に見れば、中山間地の暮らしは収入面では一本の柱だけで成り立っていたものではない。狭い田んぼや畑で米や野菜を作る、山に入って薪や炭を作る、出稼ぎに行くなど、都市との関係で生み出される何本もの柱で成り立っていた。震災復興におけるスモールビジネスはかつての生活の現代的復活といえるかもしれない。

2 中越共有資産としての中越メモリアル回廊のオープン

「新潟県中越大震災復興ビジョン」では「復興の基本的方向」のなかで、「旧市町村に各一か所を目標に大規模崩落地等の震災保存地区を設定し、集団移転等の地元合意ができた所から震災メモリアルパークとして整備し、パークと既存観光資源を結ぶ道路、サービス施設、景観を整備する」ことと「震災の資料、写真、映像等を収集、蓄積、再構成して震災の記憶や教訓を伝承するアーカイブやミュージアムを建設する。センターは市街地中心部に置くが、被災地域の要所やメモリアルパークにはサテライトを設置し、情報通信機能を駆使して来訪者に多様なサービスを行う。このサービス網は地元の医療、福祉、教育等の諸分野に活用する」こととした。

この基本的方向の設定には、阪神・淡路大震災と台湾大地震の教訓があった。阪神・淡路大震災では、あれだけの大被害が発生したにもかかわらず、一〇年経過すると傷跡は港の一部に残されただけで全くといっていいほどなくなり、淡路島に断層記念館が建設されただけであった。また、「人と防災未来センター」が建設されたが、このような大型集中施設の建設は中越には考えられないことであった。それよりも、地震の傷跡をできるだけ残し、山間部に住民の復興活動拠点を設ける台湾大地震のやり方が中越にふさわしいものに思えた。

紆余曲折はあったが、この基本的方向は守られ、四施設三メモリアルパークからなる「中越メモリアル回廊」が実現することとなった。四施設は長岡駅前中心部のアーカイブセンター「きおくみらい」、小千谷市の震災ミュージアム「そなえ館」、旧川口町の「きずな館」、旧山古志村の「やまこし復興交流館おらたる」であり、三メモリアルパークは母子三人の車が飲み込まれ二歳男児が救出された「妙見大崩落地」、旧山古志村の水没した家屋が未だに残る「河道閉塞地」、旧川口町の中越地震震源地の直上の「震央」であった。これら七施設を結び合わせるものがメモリアル回廊であった。メモリアル回廊の基本構想は二〇〇七年三月末にはできあがっていたが、具体化はこの年の七月に発生した新潟県中越沖地震により、一時中断した経緯があった。

旧山古志村の復興交流館を除く三施設三パークは、中越地震七周年の二〇一一年一〇月二三日にオープンし、復興交流館は二年遅れて九周年にオープンした。それぞれの施設は中越内外から人々を引き付けるとともに、地元の人々の活動拠点でもあり外部の人たちとの交流拠点ともなっている。なお、中越メモリアル回廊の運営は(公社)中越防災安全推進機構が担っている。

3　総合型ＮＰＯの立ち上がり

第三期半ばになると、地域運営・経営ということが旧町村単位で意識されるようになってきた。この背景には、地域の情報や課題の共有化、復興基金事業の終了、行政の効率化、除雪問題などがある。

復旧・復興の過程においては、さまざまなＮＰＯや住民グループがそれぞれに活動してきたが、次第に情報や課題が共有化されるようになってきた。例えば、コミュニティバスの運行である。これは旅客運送目的で運営してきたが、福祉や観光やスクールバスにも使えるのではないか。そうすると、それぞれに関わってきたＮＰＯや住民グループが連携できるのではないか。あるいは配食サービスである。ここでは地元食材利用、食事以外の生活必需品の宅配などの活動も一緒に行えるのではないか。情報や課題の共有により、地域はより広い視点からの課題解決を求めるようになった。

復興基金事業の期間は一〇年であることはわかっていたが、それも近づいてきた。一〇年以降は基金事業なしの自立した活動や事業を展開しなければならない。その場合の必要資金をどのように確保していくのか。

行政の効率化も意識されるようになった。第一期までは、大合併後の支所には町役場、村役場時代の職員も数多く残っており、住民と支所の間には震災前の関係が一定程度保たれていたが、第二期、第三期になると地元を知らない職員が多くなり、住民と支所の関係は変わってきた。しかも、行政の効率化が進むことは確実であり、被災中山間地が特別視されることはなくなり、職員削減ということもありえるかもしれない。公共施設の指定管理事業などはますます進み、将来的には行政サービスの代行までも起こってくる可能性がある。

人口減、高齢化が進むにつれ、冬季の除雪問題もますます大きなものとなってきた。国道や県道・市道の除雪、各戸の屋根雪下しや家周りの除排雪はそれぞれに行われてきたが、費用や効率の面で大きなロスがある。この除雪をもっと効率的にシステマティックに行う方策はないのか。

このような背景のもとに、旧山古志村や旧川口町では、総合型NPOが立ち上がってきた。この動きは、旧小国町や旧栃尾市等（いずれも現長岡市）にも広がろうしている。NPO法は二〇の活動分野を定めており、従来のNPOは分野ごとの単目的なものがほとんどであったが、総合型NPOは単目的型の従来のNPOを横につなぐ、あるいはそのうちのいくつかを束ねた活動を行おうとするものである。震災一〇年以降を見すえた地域運営・経営を担う主体としての活動が期待される。

4　長岡市の中心市街地活性化事業の進展

長岡市は中越地震発生前から中心市街地活性化の計画を進めていた。長岡市も、全国の地方都市と同じく、住宅だけでなく業務、大型店舗、教育、文化施設等の郊外部立地が進み、駅前の中心市街地は空洞化して衰退が進んでいた。こうした状況を打ち破るために、長岡市はコンパクトシティ実現を目指し郊外部に展開していた諸施設の「まちなか回帰」を進めようとしていた。中越地震発生時には計画の段階であり、目に見える成果は出ていなかったが、中越の中山間地の復興と歩調を合わせるように諸事業が実現していった。

長岡駅の南に位置する大規模なJRの操車場跡地は、第一期には仮設住宅団地が建設されたが、被災者が退去した後の第二期には防災公園や国の合同庁舎、市の消防署や市民防災センターが集約立地した。第三期に入ると事業は大きく進み、駅前の一画は再開発により公共施設や文化施設、高層マンションに生まれ変わった。中越メモリアル回廊の中心施設である長岡震災アーカイブセンターはこの再開発ビルの二階に立地している。

中心市街地活性化で特に大きな意味を持ったのが、市役所の駅前移転であった。「アオーレ長岡」と命名されたこの新市役所は従来の市役所のイメージを大きく変えた。業務施設に加えて中庭や多目的ホール、協働ルームなどを持ち、旧長岡市民だけでなく編入合併された旧一〇市町村民も集い交流する拠点の役割を果たしつつある。長岡市は市民協働条例を制定し、まちなか回帰施設は市民協働の中心的役割を担おうとしている。中山間地復興の諸活動もこうした中心市街地諸施設と連動して行われるようになってきた。

長岡駅前の中心市街地は、物理的・精神的に新長岡市の「ハブ」の役割を担うようになってきた。

5 東日本大震災被災地支援

二〇一一年三月一一日、東日本大震災が発生した。死者、行方不明者、震災関連死を含めると犠牲者は二万人以上に及び、被災地も岩手、宮城、福島の三県だけでなく、北は青森県、南は茨城県、千葉県、東京都も含めて広域に及んだ。被災人口の大きさ、被災地の広がりは中越地震とは桁違いであった。

大震災発生から三年八か月、東日本大震災の避難生活者は今なお二三・九万人である。福島県の避難生活者は県内七・七万人、県外に四・六万人、計一二・三万人にも上る。避難者受入れに関し、新潟県は東京、埼玉、山形、千葉に続いて五番目に多い（数字はいずれも二〇一四年一〇月末現在。復興庁）。中越の場合は、被災者は地震後三年で住宅を確保することができたが、東北三県では今なおその目処が立たない被災者も多い。

大震災発生直後から、新潟県や県下市町村、市民、中間支援組織は避難者を受け入れるとともに被災地に駆け付けた。その支援の活動は今も続いている。長岡や新潟の大学の研究者の何人かは大震災被災の市町村の復興計画作成の委員になり、そのフォローを続けている。中越の震災復興における集団移転、災害公営住宅、さらには震災遺構に関する中越メモリアル回廊、そして復興過程そのものが東北の被災三県からみれば最直近の事例である。このために大震災の三か月後あたりから、被災三県を中心として中越視察が相次ぎ、現在も続いている。また、中越の地域復興支援員制度は、国（総務省）の「復興支援員」制度として今回の大震災復興で取り入れられた。中越の震災復興を体験し岩手、宮城、福島の大学や中間支援組織に入って復興活動に従事している若者もいる。

東日本大震災被災地支援は、中越の震災復興活動の一つとなっている。

8章　震災から一〇年、そして次の一〇年に向けて

1　中越の震災復興は達成されたのか

次頁の表は平成の大合併によって長岡市に編入された市町村のうち、中山間地の被害が大きかった旧市町村の経年変化である。いずれの旧市町村も人口、小学校児童数は減り、高齢化率は上がっている。特に旧山古志村について見れば、人口は半分に、小学校児童数は四分の一になり、高齢化率は五〇％に達しようとしている。数値的には旧山古志村一四集落は限界集落の集合体にように見える。しかし、旧山古志村は疲弊するどころか、中越の被災中山間地のなかでも最も元気である。

なぜ旧山古志村は元気になったのであろうか。それは、旧村民の山の暮らし、農的生活およびそこから生まれるよきものへの理解と共感が内外に広がったからである。旧村民のみならず外部からの支援者もそのことを積極的にアピールした。これにより、旧村の体質は閉鎖的なものからオープンなものに変わった。自立とは自

表１－１　長岡市編入市町村のうち、中越地震で中山間地被害が大きかった旧市町村の経年変化

	年月日	長岡市編入市町村のうち、中越地震での被害大の旧市町村			
		旧山古志村	旧小国町	旧栃尾市	旧川口町
人口（人）	1994. 4. 1	2,736(125.3)	8,206(114.9)	27,546(112.9)	6,287(110.4)
	2004. 4. 1	2,184(100.0)	7,141(100.0)	24,393(100.0)	5,697(100.0)
	2008. 4. 1	1,429(65.4)	6,576(92.1)	22,763(93.2)	5,234(91.9)
	2014. 4. 1	1,150(52.7)	5,828(81.6)	20,098(82.4)	4,780(83.9)
小学校児童数（人）	1994. 5. 1	165(194.1)	564(158.0)	1,914(166.7)	472(157.3)
	2004. 5. 1	85(100.0)	357(100.0)	1,148(100.0)	300(100.0)
	2008. 5. 1	42(49.4)	270(75.6)	992(86.4)	255(85.0)
	2014. 5. 1	23(27.0)	190(53.2)	848(73.9)	241(80.3)
高齢化率（%）	1994. 4. 1	27.7	24.8	21.9	20.8
	2004. 4. 1	37.0	34.3	29.4	27.1
	2008. 4. 1	41.6	36.2	31.8	28.8
	2014. 4. 1	47.7	39.9	35.6	32.2

（注）・中越地震発生は2004年10月23日
・小学校児童数は各年５月１日の数値
・高齢化率は旧山古志村は2004年４月１日は2005年３月１日、旧川口町は2004年４月１日は2005年７月１日の数値
・人口と小学校児童数の(　)は2004年４月１日（地震発生年）を100とした時の数値
（出典）長岡市資料

己完結ではなく、多様な相互依存関係の構築である。震災を機に、旧山古志村は外部社会と多様な相互依存関係を生み出し、それが元気につながっていった。中越の被災中山間地において、旧山古志村だけが特別扱いされたわけではない。旧山古志村のような取組みは濃淡の差はあるが各所で展開され、元気な集落は多数生まれてきた。むろん、被災中山間地のなかには、震災前とは変わらない、あるいは一層弱体化した集落も多数残っている。しかし、体質転換を図れば将来への道は開けるということを中越の震災復興一〇年は示してきたといえる。

さて、二〇〇四年三月の「新潟県中越大震災復興ビジョン」は新しい地域イメージとして「最素朴と最先端が絶妙に組み合わさり、都市と川と棚田と山が一体となって光り輝く中越」を掲げたが、この地域イメージは実現されたのであろうか。

最素朴と最先端の絶妙の組合わせを端的に示すのは、自然と土木技術、中山間地住民とＩＴの組合わせである。地震直後に無残な姿となっていた山肌や川は復旧によって、むき出しの殺風景なコンクリートに姿を変えた。しかし、最先端の土木技術における緑化技術の適用により、復旧工事跡は一〇年たった今ではどこまでが人工でどこまでが自然かがわからなくなり、両者が相まって地域に馴染んだ新しい景観を生み出している。また、ＩＴについては、主婦や高齢者も含め中山間地の住民の情報武装化が進行した。内部、外部に向けてのメールやホームページなどによって情報の受発信が各所で行われるようになり、集落の体質変化をもたらす大きな原動力となった。都市と川と棚田と山の一体化については、河道閉塞という上流域の出来事が都市も含めて下流域にいかに大きな影響を与えるかを人々に実感させ、流域一帯意識を生み出した。また、中心市街地の活性化事業と中山間地の復興事業は相呼応することによって相乗効果が生まれ、両方の活動が活性化することを示した。新しい地域イメージは、中越に根付きつつあるといっていいであろう。

2 次の一〇年に向けて

中越地震から一〇年が経過したが、次の一〇年で人口減少と高齢化率上昇はさらに進む。子どもや若年層も含めた大幅な人口増加は望めない。

これまでの震災復興の一〇年を振り返ると、中山間地の復興を担ったのは定年退職者など六〇歳代の男性層と四〇～五〇歳代の主婦層であった。六〇歳代男性層は集落や旧村全体をどうするかという広い視点から地元を見ることができたし、六五歳以上になっても元気であった。主婦層は女性ネットワークにより地元の声、意見をよく知っていた。六〇歳代男性層と主婦層と一体となって活動したのが、地域復興支援員や地域おこし協力隊員、中越メモリアル回廊や総合型NPOのメンバーなど外部からの支援者であった。データとしては把握されないとしても「支援人口」は確実に大きく伸びた。そして支援者の多くは都市部に居住している。中越の中山間地は長岡市、小千谷市、十日町市等の中心市街地から自動車で三〇分走ればほぼ全域をカバーできる。長岡駅から東京駅までは新幹線で二時間かからない。その面では中越の中山間地は交通至便の場所にあり、都市部に居住しながらの中山間地支援活動は十分に可能である。中越の震災復興では、中山間地住民と都市住民との一体化した活動は急速に進んだが、この体制は中山間地の人口減少にも十分対応できることを示した。

今後の一〇年を考えると、活動的な六〇歳代男性層と主婦層という地元活動層を持つ集落と持たない集落とでは活力に大きな差が出てくるであろう。地域復興支援員制度は復興基金事業の継続として震災復興一〇年以降も三年間延長され、地域おこし協力隊は国の交付税措置として引き続き継続される。中越メモリアル回廊施設や総合型ＮＰＯの活動は今後も永続的な活動として引き継がれる。したがって、地元活動層を持つあるいは生み出す集落に関しては、地域活性化に向けた取組みは引き続き継続されていく。人口減少問題もこの取組みのなかで対応していくしかないが、数はまだ少ないとしても支援者のなかから地域復興支援員が地域員に、地域おこし協力隊員が地域おこし員になるという形で中山間地居住を選択する者も出てきた。震災当時は小学生だった子どもが、中越メモリアル回廊施設の職員となって地元に根付いた活動をする例も出てきた。また、復興基金事業で、都会の若者が一定期間被災中山間地の農山村での生活を体験するインターン事業が実施されたが、そのなかから移住を望む若者も出てきた。一定期間地元の人々や生活になじんで理解を深めた上で移住するというのが最も自然な移住の仕方であろう。そのなかで世代交代を徐々に進めていけばよい。

これからの一〇年を考える時、最先端技術はこれからの中山間地の暮らしを劇的に変える可能性がある。タブレット端末はもはや医療や教育の分野でも使われており、自宅に居ながらの買物注文や配達が可能になっている。自動車の自動運転も急速に進歩しており、普及すれば高齢者の車利用を助けるであろう。医療・介護の分野で人間の活動のしやすさを補助するパワードスーツが普及するようになれば、高齢者や女性の雪下ろしや雪かきも苦にならないであろう。自動ロボットも普及し始めているが、これを活用すれば家の周りやあぜ道の除草なども可能になるであろう。こうした最先端技術は山の暮らしの魅力を格段に向上させ、都市居住者を引き付ける大きな力となるであろう。中山間地は最先端技術の実験場としては最適のように思えるので、関係機関や企業への開発場所提供は今から力を注ぐべきであろう。

また、これからの一〇年においても（公社）中越防災安全推進機構と（公財）山の暮らし再生機構の中核的中間支援組織としての役割の重要さは変わることはない。両機構は、中山間地に都市部の息を吹き込むとともに、中山間地の息を受け止めて都市部に伝えるハブ的役割を果たしてきた。震災復旧・復興で生み出された住民―行政―中間支援組織の三極構造は変わることなく維持していく必要がある。

第2部

中越地震からの復興

1章　被災地の今

中越地震で甚大な被害を受けたのは、過疎化や高齢化がすでに進行していた中山間地域であった。その復旧・復興に際しては被災前からの課題をどのように解決していくかも併せて問われてきたといえる。実際に被災地では、集落単位での積極的な取組みが若者を呼びこんだり、新たな地域連携の機運醸成へとつながったりしている。その一翼を担ったのは中間支援組織の活動やそこから派生した復興支援員という人材による支援、そして機敏に財政的後押しをした新潟県中越大震災復興基金の存在である。地域の復興にそういったさまざまな支援がどのように機能したのかを明らかにするとともに、地域にとっての復興にはどのような要素が関係するのかについて、被災地を対象として実施したアンケート調査の回答結果をいくつか示しながら考えてみたい。

1　「地域」を対象としたアンケート

調査の背景

中越地震の被災地では、例年震災の発生した一〇月二三日前後に、有識者によって組織された「復興評価・

支援アドバイザリー会議（座長：中林一樹明治大学特任教授）」によって、それまでの復興プロセスに関する評価及び今後の支援活動等の方向性について議論されている。二〇一一年度に開催された同会議において、会議の作業部会から、震災からの復興プロセスが比較的円滑に進展し、地域の再生に寄与したのは「支援の三極構造」が機能したからであるという報告がなされた。行政と住民（地域）のみによる対話ではなく、中間支援組織が介在することで、地域が主体的に取り組む活動につながるようなニーズを引き出し、解決能力（財政措置や支援事業の展開など）を有する行政がそれを実現することができるようになったという指摘であり、それを支えたのが中越大震災復興基金であるという内容であった。それに対し、会議のメンバーから、支援する側からの視点としてはそのような評価ができるものの、実際に支援の対象となった「地域」にとってはどのように受け取られていたのかは明らかでないのではないかという指摘があった。確かにこれまで外部支援者や有識者による視点からそのような判断を下していたことも事実であり、中越地震からの復興プロセスをより客観的に評価、分析をしていくために、「地域」が震災以降の支援や取組みをどのように感じているのかについて改めて調査を行うこととなった。

調査概要

調査は、新潟県震災復興支援課や調査対象自治体の担当部局の協力を得ながら実施した。調査対象をそれぞれの自治体で広報誌を配布する際のまとまりとして扱っているような範囲を一つの地域として取り扱い、現在の区長（自治会長）に回答してもらう形式のアンケートとして実施した。

調査対象自治体は、長岡市、小千谷市、十日町市、魚沼市、南魚沼市の五市である。長岡市などは二〇〇五年度以降の合併によって、中越地震で大きな被害を受けていないエリアも市域に含んでいるが、調査の関係上、震災当時に被害を受けたエリアを包含する自治体それぞれにおいてすべての地域を対象として配布、回収を行うこととしている。

調査内容としては、「復興基金の活用状況」、「外部支援の有無とその内容」、「復興感」、「震災後の備え」であり、それぞれの設問に関しては、研究会内に設けたそれぞれのワーキンググループで検討しており、その結果を踏まえて全体のアンケート票を設計している。

なお、自治体により区長・自治会長へアンケート票が配布された。配布は二〇一二年七月から八月にかけて行われ、八月中を回答、返送の期限とした。配布は一、九一五票、回答は八五二票、回収率は四四・五％となった。

分析の枠組み

前述のように、このアンケートの配布に際しては、自治体の協力を仰いでいる。その結果、調査をした五つの自治体のなかに、平成の大合併で市域が広域化した影響で、中越地震の被害がほとんどないエリアも調査対象となっている。地域の復興状況をアンケート結果から概観するにあたって、被害が生じたエリアを切り分ける必要がある。そのため、震災発生時の自治体に着目し、地域内に仮設住宅を建設した地区を「仮設あり」と区分し、それ以外を「仮設なし」とすることとした。なお、「仮設あり」となる自治体（二〇〇四年時点）は、

調査対象		仮設有無
長岡市		
	長岡市	あり
	栃尾市	あり
	越路町	あり
	山古志村	あり
	小国町	あり
	川口町	あり
	中之島町	なし
	三島町	なし
	与板町	なし
	和島村	なし
	寺泊町	なし
小千谷市		
	小千谷市	あり
十日町市		
	十日町市	あり
	川西町	あり
	中里村	なし
	松之山町	なし
	松代町	なし
魚沼市		
	広神村	あり
	小出町	なし
	堀之内町	なし
	入広瀬村	なし
	守門村	なし
	湯之谷村	なし
南魚沼市		
	六日町	なし
	大和町	なし
	塩沢町	なし
未特定		不明

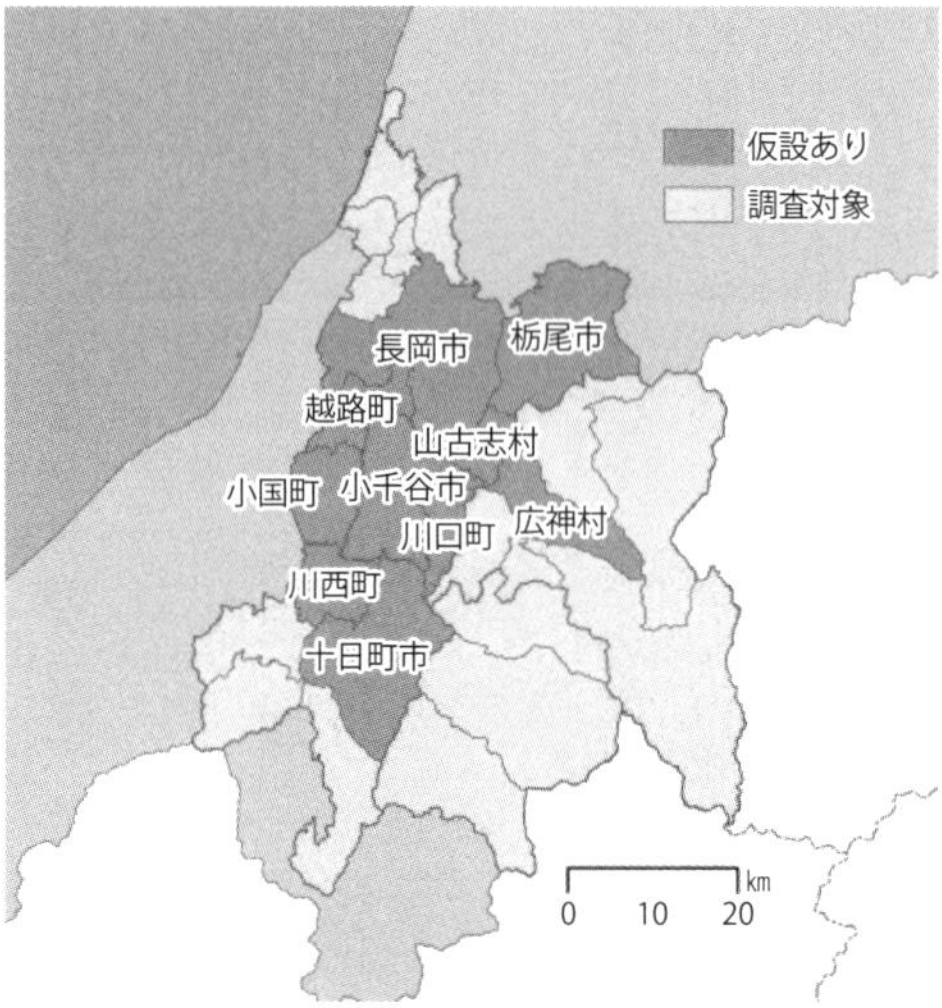

図2-1　調査対象と回収状況

長岡市、旧栃尾市、旧越路町、旧山古志村、旧小国町、旧川口町（以上、現在は長岡市）、十日町市、旧川西町（以上、現在は十日町市）、旧広神村（現在は魚沼市）である（図2-1）。

調査結果

震災前後の地域の現状

震災を契機に、地域の状況は変化している可能性がある。特に災害は地域がもともと抱えていた問題をより一層深刻な形で顕在化させるという指摘を踏まえると、被災後の地域の状況は悪化している可能性もある。そこで表2-1には二〇一二年三月に国土交通省国土政策局が公表した、集落を取り巻く状況に関して自己診断するためのチェックシートを援用

表2－1　地区・集落の状況

地区・集落の現状について、震災前、そして現在あてはまるものに○をつけてください

	全体			仮設あり			仮設なし		
	震災前	震災後	増減	震災前	震災後	増減	震災前	震災後	増減
■地区・集落の人材について									
地区・集落の人口が大幅に減少している	65	191	126	33	109	76	24	60	36
後継者の不足など地区・集落の将来について不安が増している	182	473	291	75	228	153	75	173	98
地区・集落のリーダーとなる人材が減少している	215	418	203	107	220	113	78	140	62
地区・集落を支援してくれる外部組織や人材とのつながりが広がらない	142	221	79	69	109	40	55	78	23
■地区・集落の生活利便性について									
公的サービスを受けるのが不便になってきている	123	206	83	52	80	28	56	100	44
病院や診察所に通うのが不便になってきている	115	206	91	58	92	34	40	89	49
食品や日用品の買い物が不便になってきている	104	199	95	51	92	41	38	83	45
外出する際の交通手段が不便になってきている	104	175	71	49	76	27	42	78	36
■地区・集落の生業について									
農林漁業など地域の中心産業を続けていくのが難しくなっている	151	317	166	68	133	65	63	133	70
地区・集落やその周辺で若者の働く場が減少している	247	404	157	115	183	68	91	156	65
高齢者や女性が参加できる特産品づくりなど新しい活動が広がらない	213	289	76	95	121	26	85	122	37
地域資源を生かした観光など、地域外との交流が広がらない	167	227	60	72	95	23	72	98	26
■地区・集落の環境について									
空き家が増加している	86	263	177	37	141	104	37	80	43
耕作放棄地や荒れた山林が増加している	178	319	141	72	139	67	77	124	47
地区・集落の景観が悪化している	63	116	53	28	49	21	30	45	15
自然災害の被害を受ける危険性が増大している	95	250	155	39	94	55	42	107	65
■地区・集落のつながりについて									
住民が集まって話し合う機会が減少している	125	203	78	63	98	35	48	74	26
道路や水路などを共同で利用・管理することが難しくなっている	100	223	123	42	97	55	45	88	43
祭りや冠婚葬祭などを住民が協力して行うことが難しくなっている	97	230	133	49	106	57	36	84	48
多くの住民の間で集落の将来への希望が薄れ、閉塞感が広がってきている	117	222	105	52	91	39	49	95	46
無回答	373	165		200	88		121	54	
合計	852	852		429	429		297	297	

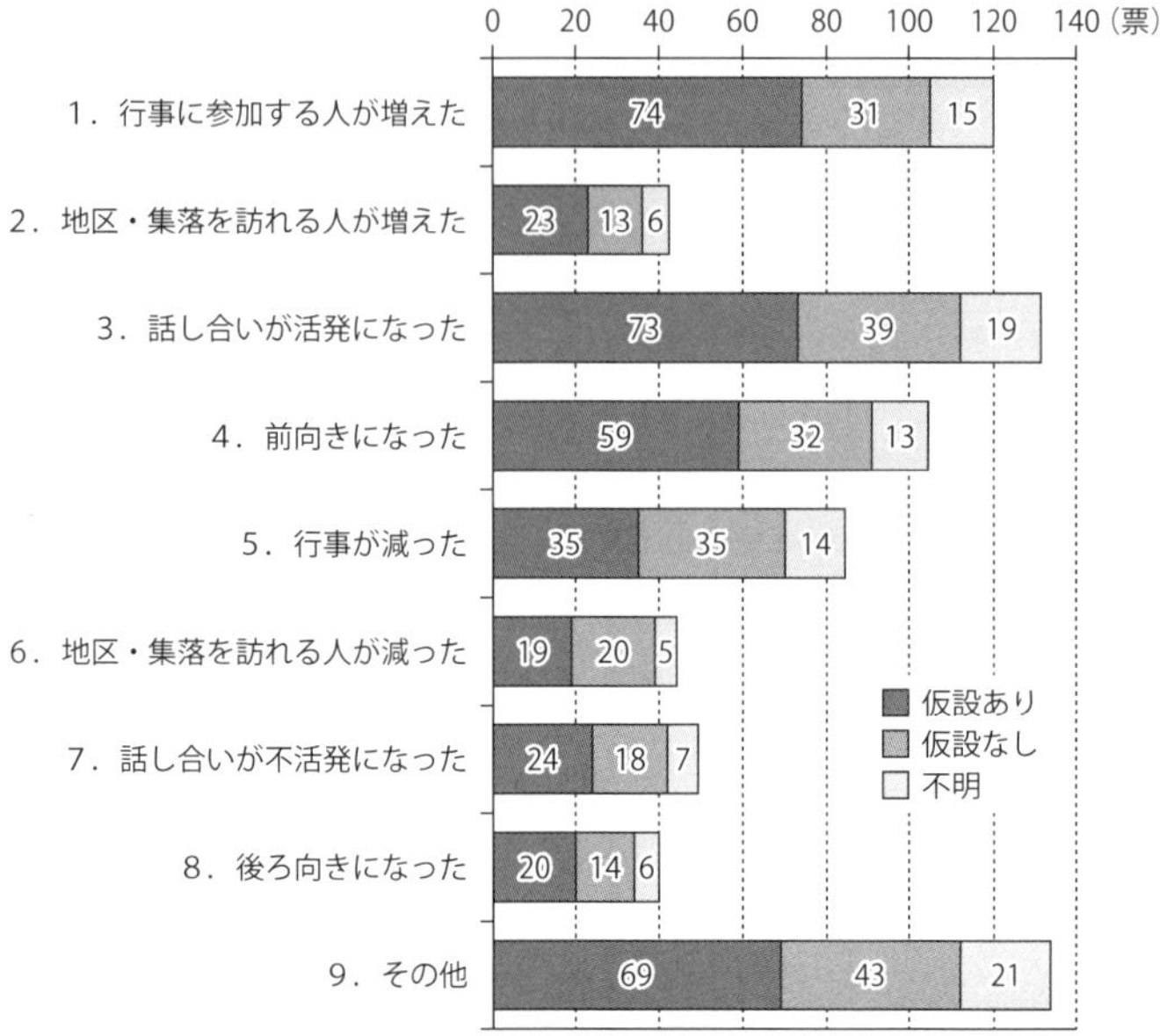

図2-2　震災後の変化

した回答項目に関する結果を示す。

ほぼすべての項目で震災前に比べると地域の状況が悪化していることが明らかとなった。

震災を契機としてさまざまな取組みが行われているものの、状況を抜本的に改善するというところまでには至っていないと見ることもできる。しかし、閉塞感の広がりなどは、全体の傾向に比べて仮設が建設されたエリアでは割合の増加は限定的である。さらに、図2-2には地域の状況が震災後どのように変化したかについて具体的な回答結果を示す。

被害を受けたエリアでは、行事に参加する人の増加や、話し合いの活発化など、全体よりも高い結果が示された。地域を取り巻く状況そのものは抜本的に改善されたわけではないが、地域が自律的に復興、そして持続可能な地域づくりを進めていくために必要な住民の活動は活発化している傾向を見て取ることができる。

復興に関する認識

アンケートは震災から約八年が経過した時期に実施された。その時点において、地域のリーダーである区長、自治会長が地域は復興したかどうかをどのように判断したのかについて回答した結果を図2-3、図2-4に示す。

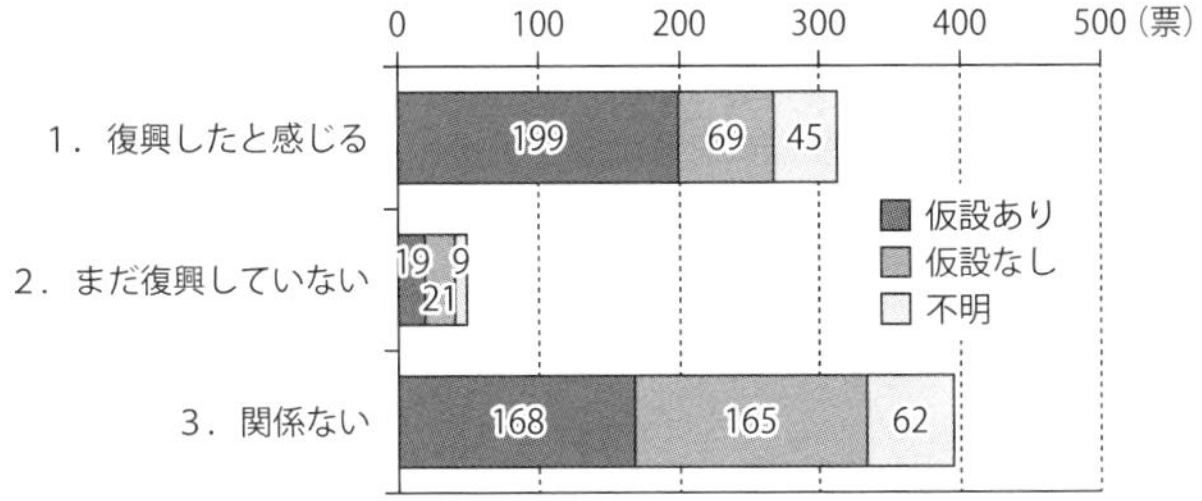

図2-3　復興に関する認識

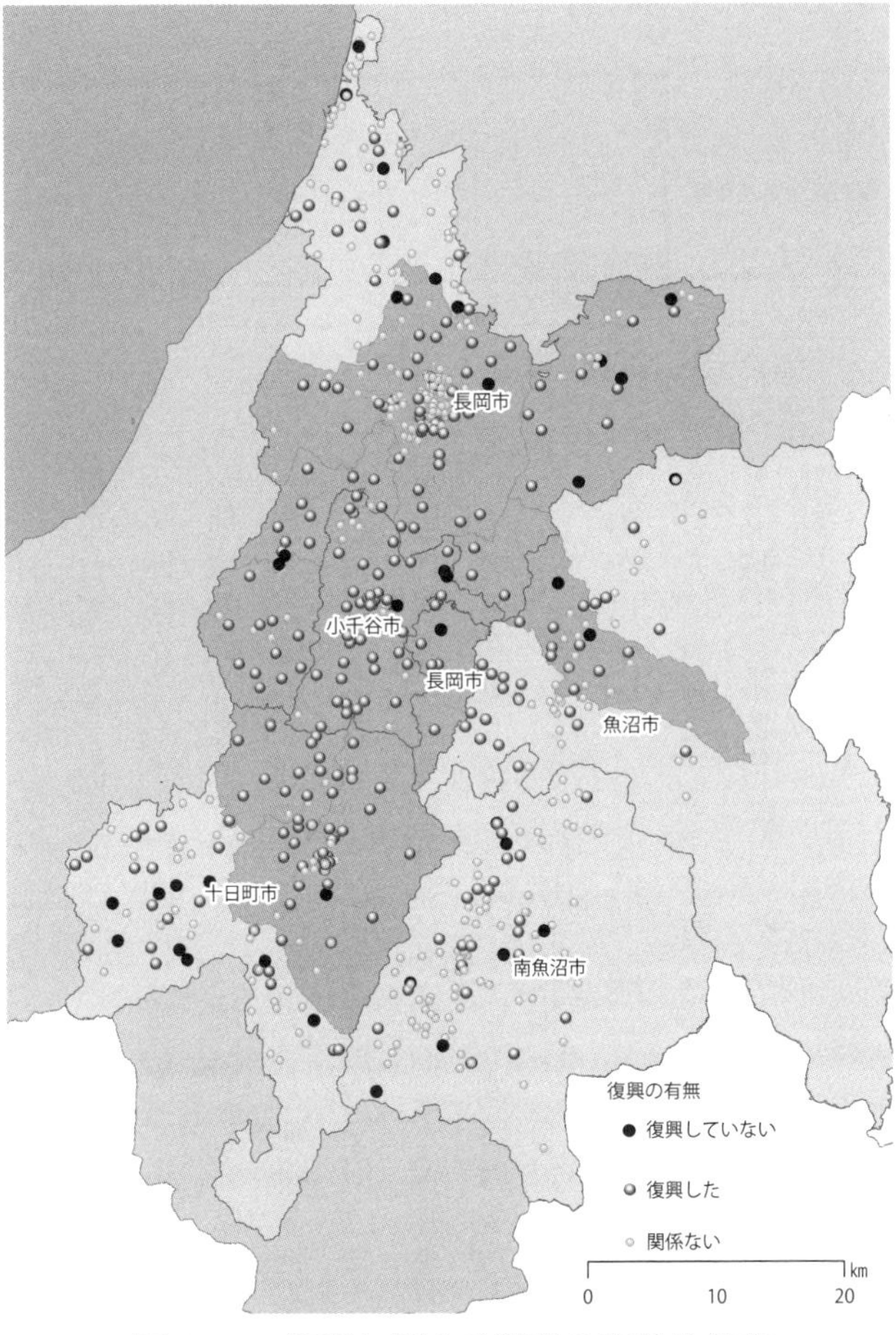

図2-4　復興に関する認識の空間的分布

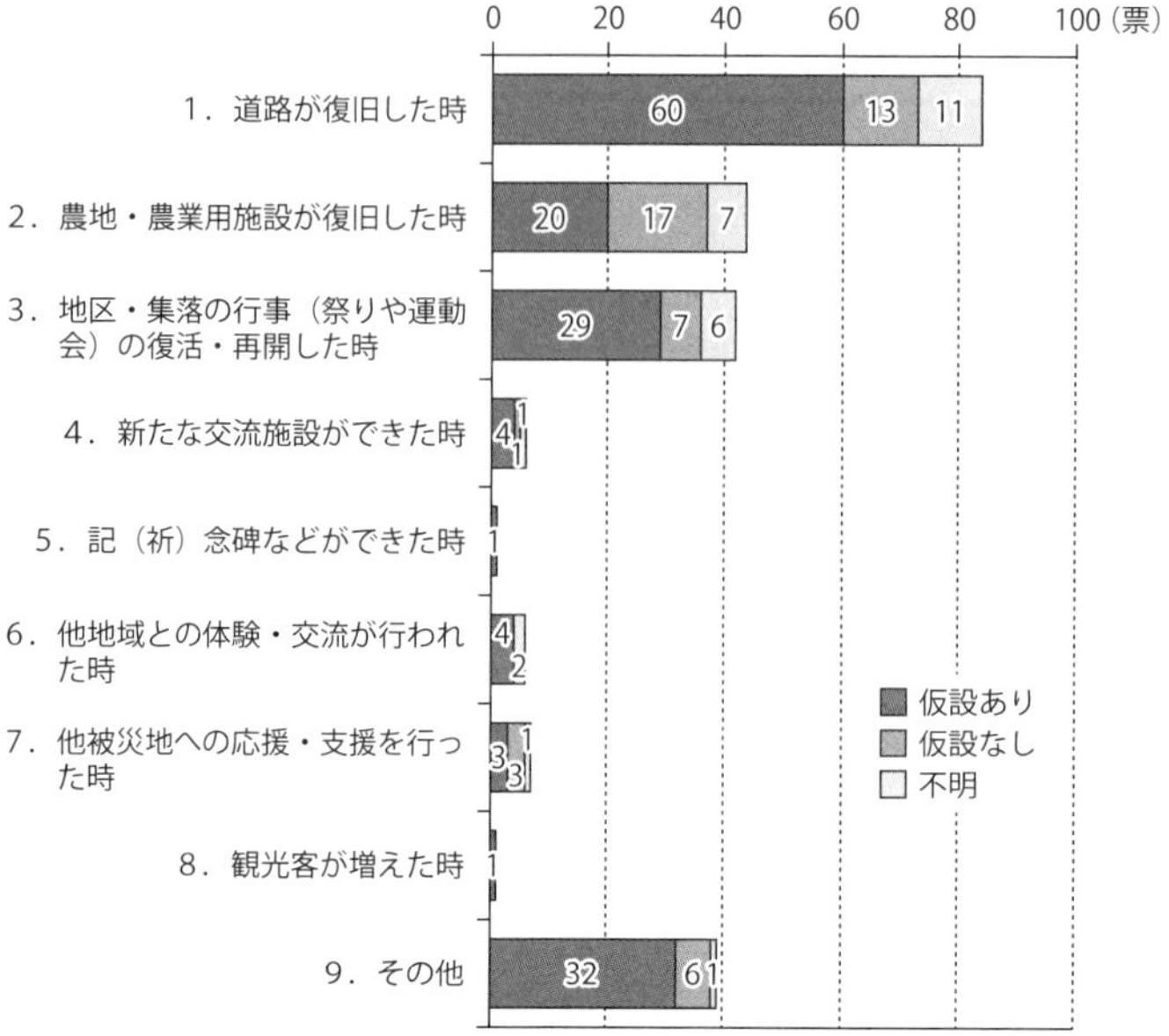

図2−5　復興を実感した時

全体としては三六・七％で「復興した」という回答が得られている。仮設が建設されたエリアにおいては四六・四％がそのように回答している。復興という考え方が地域の状況にそぐわない（地域としては被害がほとんどなく、復興プロセスとは無縁）と判断されるケースを想定して「関係ない」という選択肢を用意したが、仮設ありのエリアでも約四割でその回答が選択されている。一方で「復興していない」という回答は少数となった。ただし、どのような理由で復興していないと判断しているのかについては、今回、明らかにすることはできなかった。続いて、どのようなきっかけで地域が復興したと実感できると判断したのかという設問への回答結果を図2-5に示す。

　仮設が建設されたエリアにおいては、道路復旧時に復興を実感したという回答の割合が最も多くなった。仮設が建設されなかったエリアではむしろ農地や農業用施設の復旧した時点という回答の割合が最も多くなった。また地域の行事が復活・再開した時という回答は、仮設あ

表２-２　復興への住民参画

	全体		仮設あり		仮設なし	
	回答	割合	回答	割合	回答	割合
1. 積極的に参加した	95	11.2%	55	12.8%	25	8.4%
2. まあまあ参加した	229	27.1%	137	31.9%	61	21.2%
3. あまり積極的に参加しなかった	75	8.8%	36	8.4%	28	9.4%
4. わからない	133	15.6%	66	15.4%	41	13.8%
5. 関係ない	149	17.5%	58	13.5%	73	24.6%
6. その他	27	3.2%	12	2.8%	10	3.4%
無回答	144	16.9%	65	15.2%	59	19.9%
合計	852	100%	429	100%	297	100%

※複数回答者あり

りのエリアにおいての回答が多くなった。実際に復興を実感するのはインフラの復旧が完了するという要素の影響が最も多くなることが示唆される結果となった。ただし、地区・集落の行事が復活・再開した時に復興を実感しているという回答は、仮設ありのエリアにおいては道路の復旧に次ぐものとなっている。ハードの復旧だけでなく、地域主体の活動が再開されたことへの感慨が復興意識へつながっていることも明らかとなっている。

復興プロセスへの住民の参画

復興の実感にはどちらかというとインフラの復旧が大きく影響していることが示唆されていることは前述したが、復興のさまざまな取組みに対して地域住民の参画の実態に関しての設問への回答を表2-2に示す。

仮設ありのエリアにおいて、何らかの参画が得られているという回答の割合が多くなっている。震災は多くの被害を地域にもたらしたが、大きな外力によるインパクトが危機感を想起させ（危機感の共有）、それが住民自らの行動

表2-3　地域復興支援員に対する認知

	全体		仮設あり		仮設なし	
	回答	割合	回答	割合	回答	割合
1. 地区・集落内で活動している	68	8.0%	51	11.9%	14	4.7%
2. 名前は知っているが地区・集落内で活動していない	170	20.0%	102	23.8%	53	17.8%
3. 知らない	475	55.8%	211	49.2%	178	59.9%
無回答	139	16.3%	65	15.2%	52	17.5%
合計	852	100%	429	100%	297	100%

に影響したことも考えられる結果となった。

復興支援員の認知と活動状況

中越地震被災地においては地域を対象としてさまざまな外部人材が直接支援を行っており、それがさまざまな新しい動きを作り出しているが、その延長線上に位置づけられる復興支援員に関して、その認知がどのようになされているのかについての回答結果を表2-3および図2-6に示す。

復興支援員は受け入れ自治体の意向により、仮設ありのエリア外でも設置することができるため、仮設なしのエリアでも活動が行われている。ただし、実際に活動しているという回答は、やはり仮設ありのエリアで多くなっているだけでなく、復興支援員の認知に関しても、仮設ありのエリアのほうが上回っている。さらにはいわゆる激甚被災エリアでの活動が多く見られている。結果だけ見ると、復興支援員は被災地全体の復興に直接的に果たしている役割が低く見えるが、活動している地域を精査すると、被害が大きく、抱える課題も多い地域で活動が行われているという回答も多い。行政による公正性、総合性に配慮した支援とは異なり、

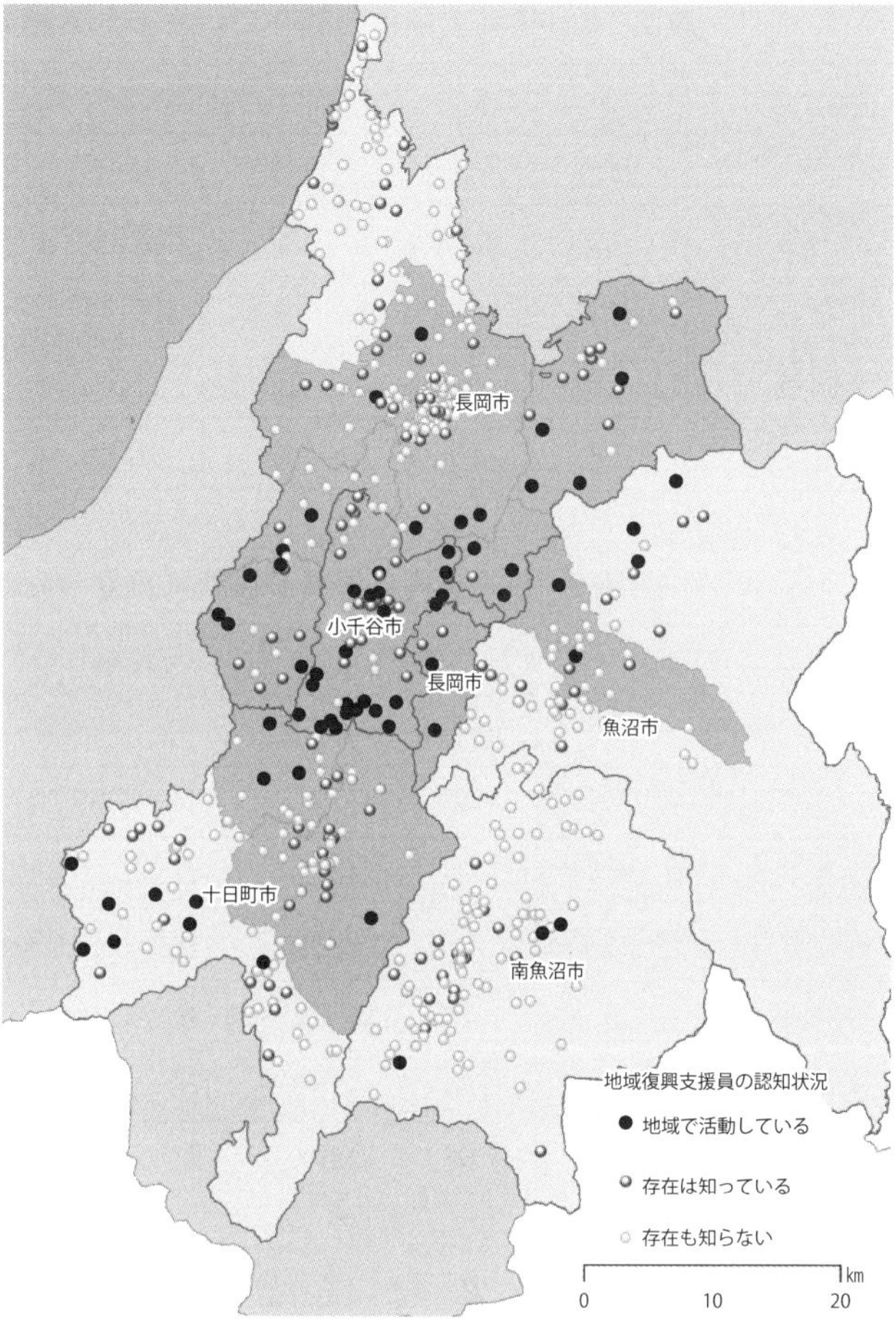

図2-6　復興支援員の活動および認知の空間的分布

必要に応じて支援を行うという復興基金による人的支援の特徴が現れているともいえる。また、表2-4には、復興支援員の関与で始まった取組みの有無についての回答結果を示す。実数としては多くはないが、復興支援員が活動している地域においては、過半数の地域で復興支援員の関与で始まった活動があることがわかる。外部支援者による地域を客観的に見た上でできる活動を提案してきたこれまでの活動経緯が地域にも認識されていると見ることができよう。

さらに表2-5には、復興支援員が地域の復興に寄与したか否かについての回答結果を示す。仮設ありのエリアでは三分の二の割合で「役割を果たした」と回答されているほか、「役割を果たしていない」という回答はないことを見ると、復興プロセスのある段階において、外部の人的支援が有効に機能するという結果が示唆

表2-4　復興支援員の関与で始まった活動の有無

	全体		仮設あり		仮設なし	
	回答	割合	回答	割合	回答	割合
1. ある	37	54.4%	30	58.8%	7	50.0%
2. ない	13	19.1%	9	17.6%	2	14.3%
無回答	18	26.5%	12	23.5%	5	35.7%
合計	68	100%	51	100%	14	100%

表2-5　復興支援員が復興に役立ったか

	全体		仮設あり		仮設なし	
	回答	割合	回答	割合	回答	割合
1. 果たした	42	61.8%	34	66.7%	8	57.1%
2. 果たしていない	1	1.5%	0	0.0%	1	7.1%
3. どちらとも言えない	15	22.1%	9	17.6%	4	28.6%
無回答	10	14.7%	8	15.7%	1	7.1%
非該当	784	—	378	—	283	—
合計	68	100%	51	100%	14	100%

されることとなった。

復興基金の活用実態

　中越大震災復興基金は、地域にとって使い勝手の良い事業メニューや支払い方法などの制度設計が功を奏して、数多くの地域でさまざまなメニューが活用されてきた。ここでは、それらのメニューがどのような効果を地域にもたらしたのかについての調査結果を示す。図2-7には各地域で活用した（と認識している）基金メニューを示す。

　ここでは選択肢として、地域の復興に関連しそうな一〇のメニューだけを抽出して選択している。そのうち、全体でも仮設ありのエリアで最も活用されているのは「地域コミュニティ施設等再建支援」であることが明らかとなった。これは地

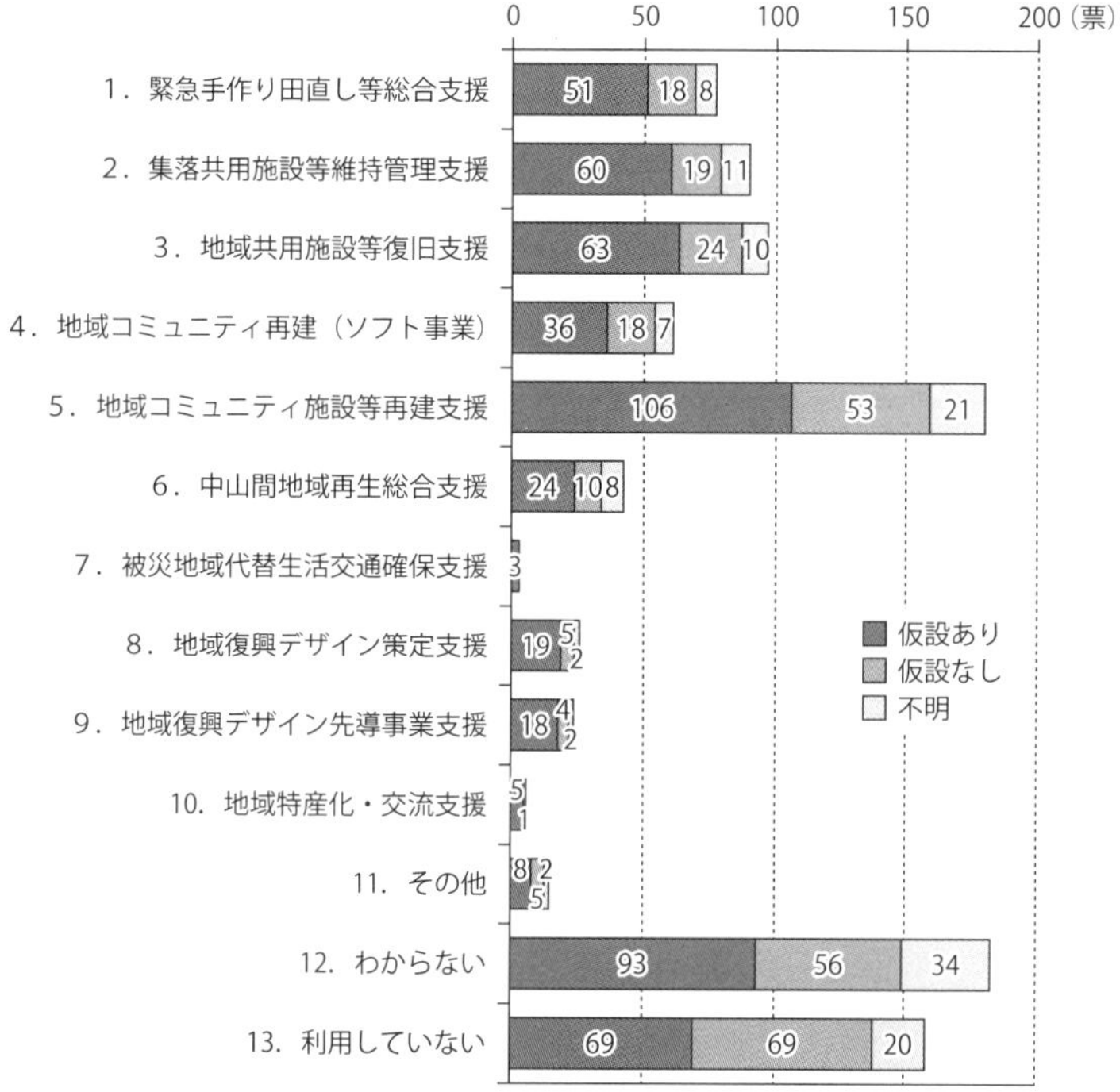

図２-７　各地域で利用された基金メニュー

域の神社などの再建にも活用できたメニューであり、被害の有無にかかわらず、地域共有財産としてメンテナンスが困難となりつつあった地域で幅広く受け入れられたことがわかる。一方で、地域復興デザイン策定事業などを活用したという回答は仮設ありのエリアが多くなっている。復興熟度の上がった地域に対してのメニューとして位置付けられていたこともあり、被害のあった地域での活用が行われている。ただし、これは回答者がそのメニューを活用したと認識しているかどうかによって大きく影響を受けている。今後、復興基金事務局の実績とも突き合わせて詳細な分析が必要である。また図2-8には最も有益だった基金メニューについての回答結果を示す。

活用認識とも共通するが、ここでも地域コミュニティ施設等再建支援が最も多く回答されている。特に仮設なしのエリアでの回答割合が

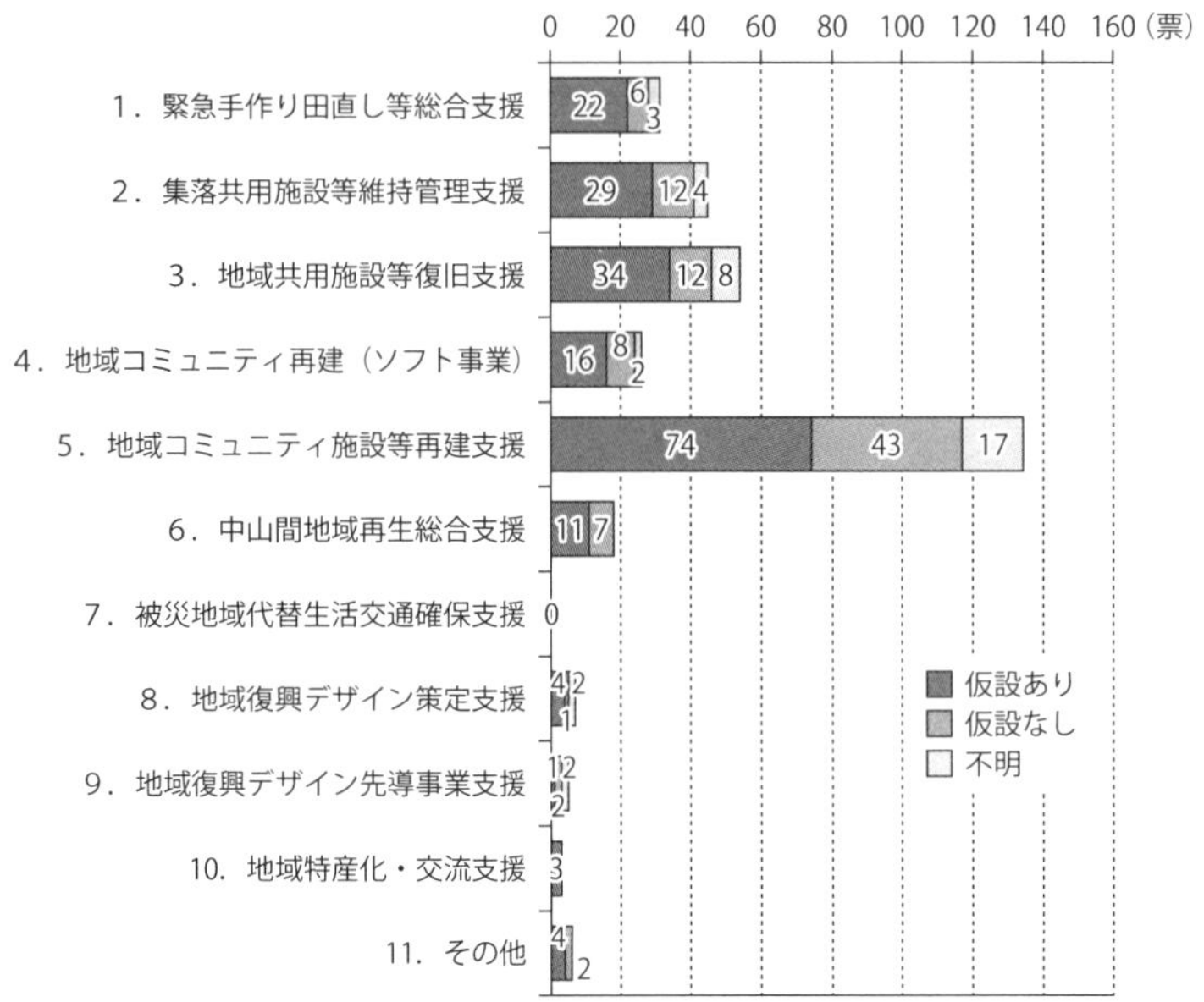

図2-8　最も有益だった基金メニュー

多く、被害はなかったものの、基金メニューにおいて恩恵を受けている状況がうかがえる結果となった。その是非については今後、議論を深めてみたいと思う。

図2-9には、利用した基金メニューのうち、地域主体の取組みを重ね、復興熟度が高まった地域の申請を念頭に置いてメニュー化された地域復興デザイン策定支援事業および、地域の神社再建などを支援するメニューの地域コミュニティ施設等再建支援に関する活用実態の空間分布を示す。先述のように、地域コミュニティ施設等再建支援のみを活用した地域は、復興基金が申請可能対象地域としたエリアに広域に分布している一方で、地域復興デザイン策定支援を活用した地域は、やはり被害が相対的に大きく、復興に向けてさまざまな取組みが必要となった地域に多く分布している実態が明らかとなっている。地域コミュニティ施設等再建支援の場合、震災で被害を受けた神社だけでなく、近年、地域で維持管理がさまざまな原因から難しくなりつつあったものに対しても適用された部分もある。これが基金ではなく行政の予

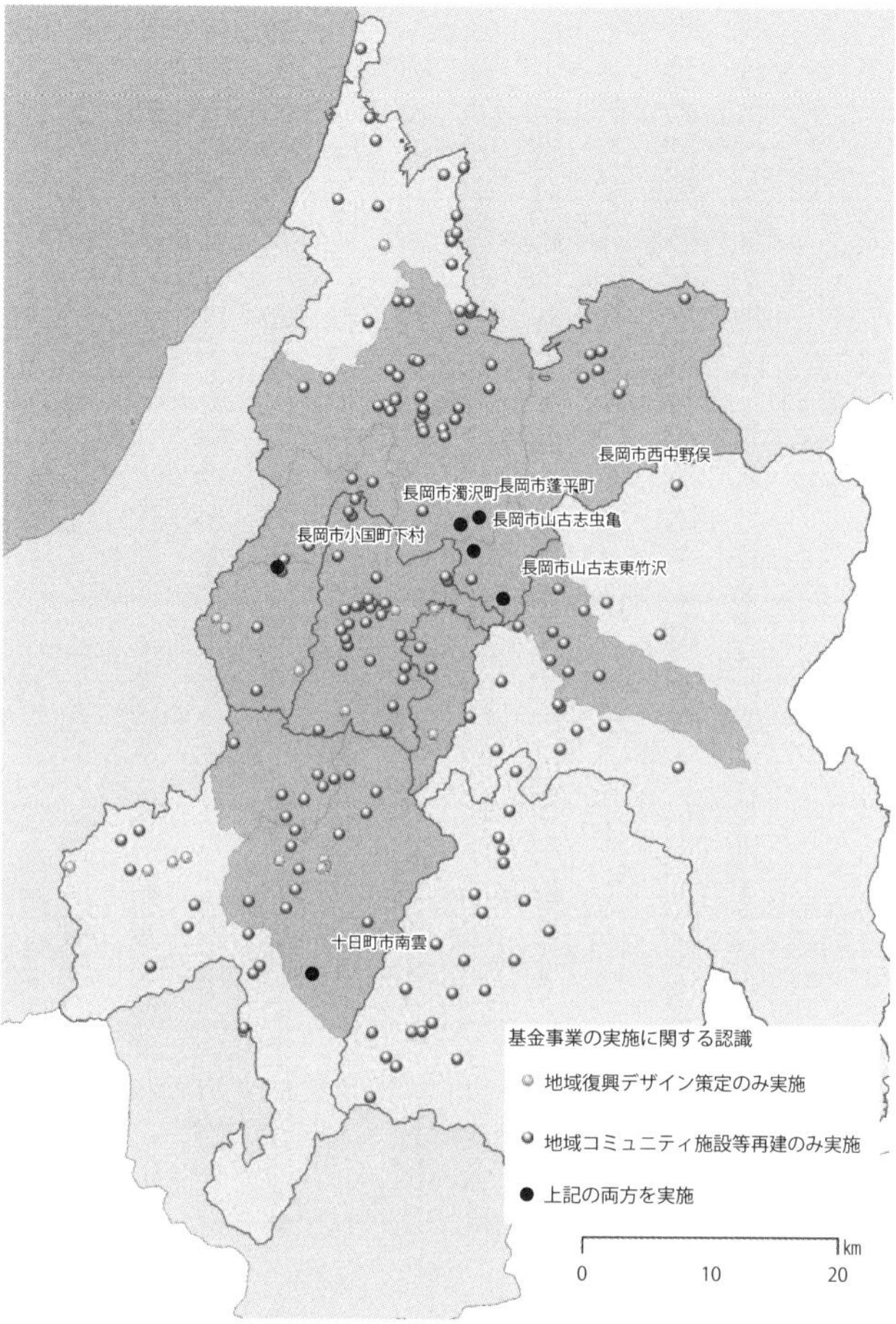

図2-9　特定の基金メニューの活用に関する空間分布

算によるものであればそもそもそれらの修復に利用できなかっただけでなく、震災被害がほとんどなかったエリアでは利用ができなかったはずである。基金が柔軟な対応をしたことについての効果は、改めて詳細な調査を行いながら明らかにする必要もあるだろう。

2　地区・集落の復興感や危機感の認識に関する分析

ここでは復興ビジョンが描こうとした一〇年目前後の時点における地域の状況について、アンケート調査の集計結果を整理した前項に引き続き、地域の危機感がどのように変化したのかという点や、震災後の活動への住民参加の状況が地区・集落の現状にどのような影響を与えているのかを明らかにしてみたい。

震災からの復興を整理するために回収された回答のうち、地区・集落が同定されたもので、かつ地域内に仮設住宅が建設された合併前の市町村内のもの、四二九票を今回の分析対象とする（図2-10）。アンケートによる調査結果をクロス集計で分析していくが、地区・集落の復興感や危機感の認識と影響を与えた要因、および復興活動への住民参加が地区・集落に与えた影響を整理する。

地域の危機感の変化とその要因

震災から一〇年が経過することで、地域の状況がどのように変化

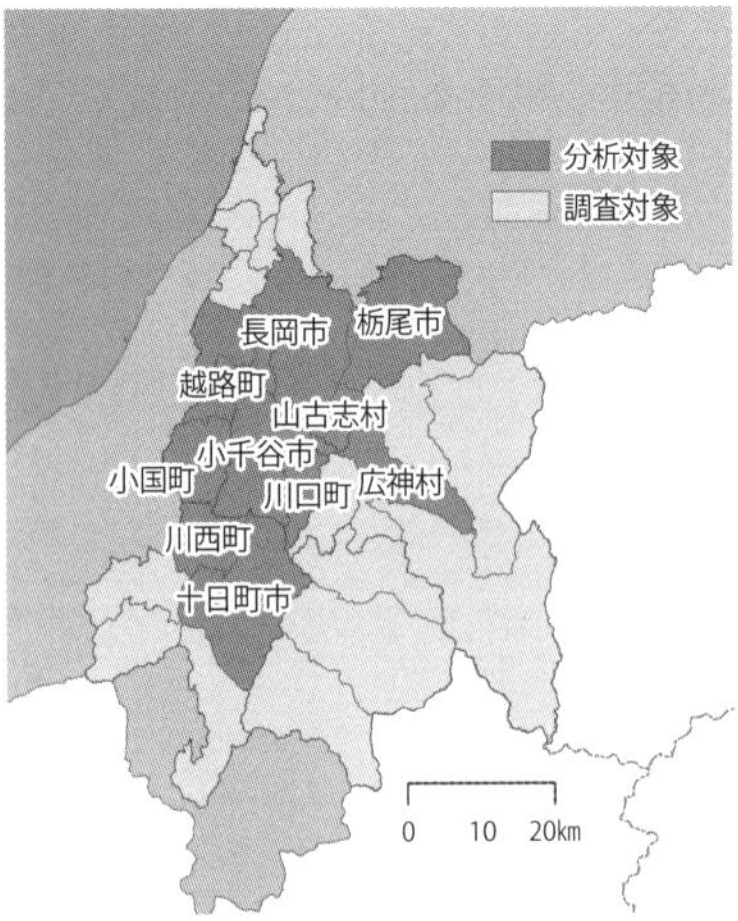

分析対象		回収数
長岡市		225
	長岡市	153
	栃尾市	26
	越路町	13
	山古志村	6
	小国町	19
	川口町	8
小千谷市		60
	小千谷市	60
十日町市		0
	十日町市	106
	川西町	20
魚沼市		18
	広神村	18
合計		429

図2-10　分析対象（市町村名は合併前のもの）

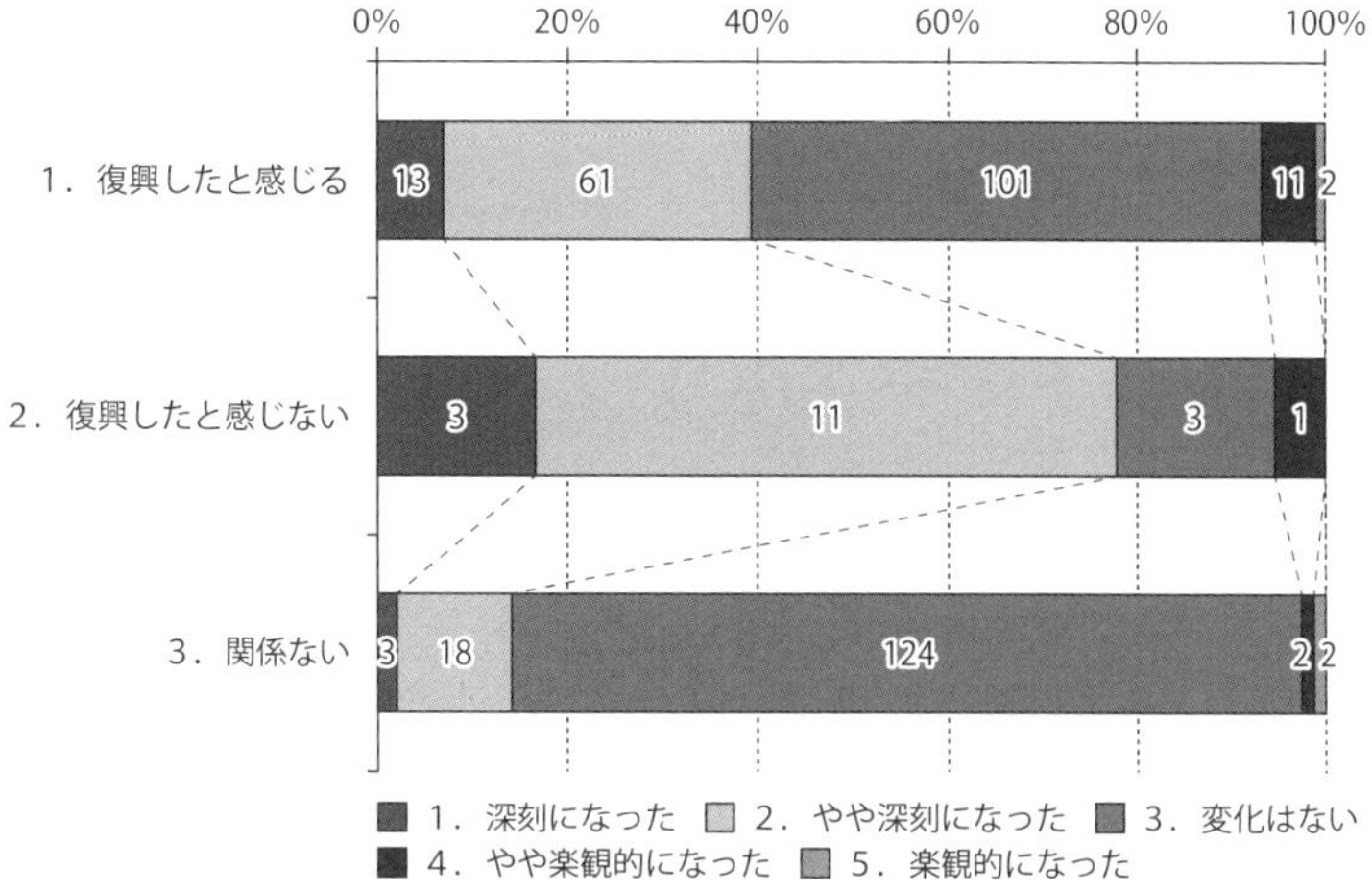

図２−11　復興感と危機感の関係

しているのかについて、ここでは、震災前後の地域の危機感の変化をもたらす要因について整理する。

復興感と危機感の関係

図２−11に地区・集落の復興感と危機感の関係を示す。「復興したと感じる」と回答した地区・集落の場合であっても、危機感は震災以前から変化していないという回答が半数以上を占めることとなった。一方で「復興したと感じない」と回答した場合、危機感が震災以前より深刻化していると回答している割合が七割を超えている。

転出の有無と危機感の関係

図２−12に転出の有無と危機感の関係を示す。震災を契機とする世帯の地域外への転出があった地区・集落では危機感が深刻化している状況がうかがえる。人口減少は震災以前から地域の課題であり、それが一層進展することとなる世帯の地域外転出は、危機感を実感する状況であることがわかる。

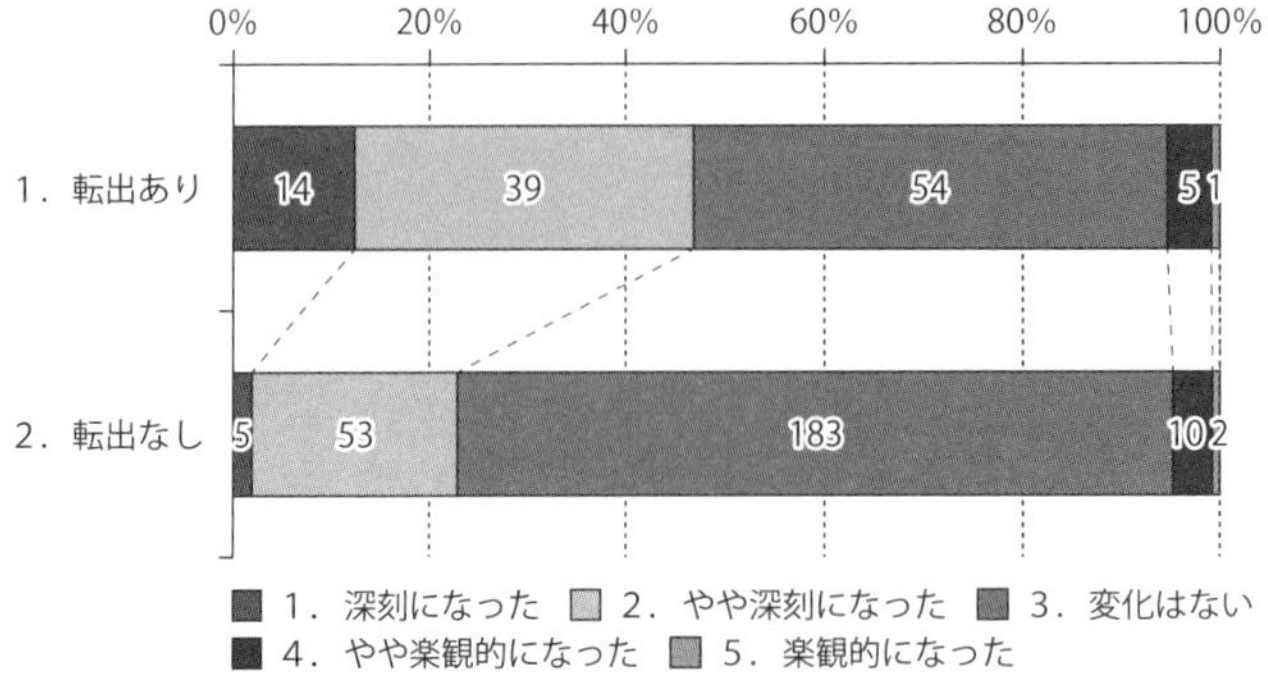

図2-12　転出の有無と危機感の関係

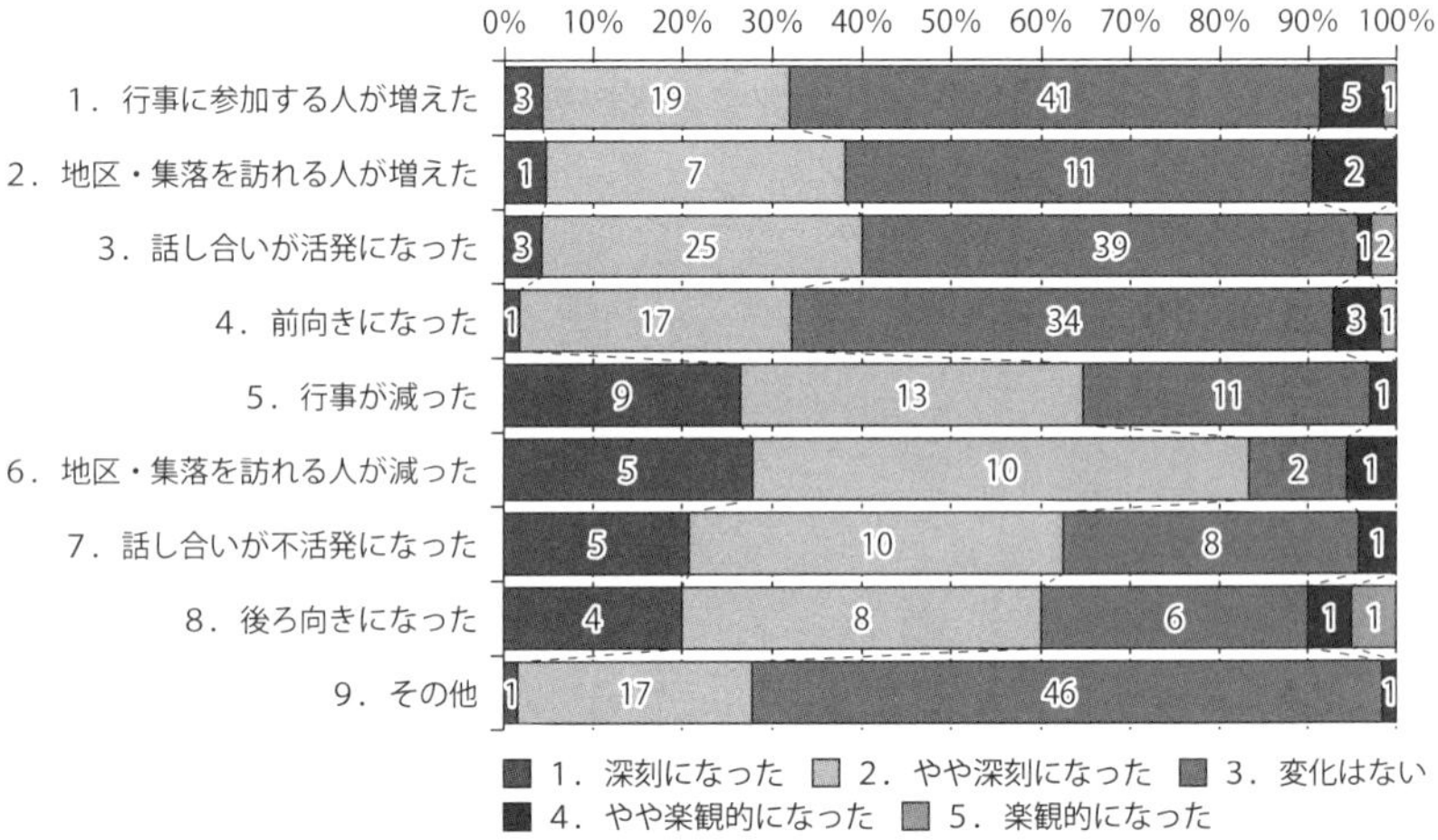

図2-13　震災後の活動・状況変化と危機感の関係

地域の変化と危機感の関係

震災以降、地区・集落でどのような変化が起こったのかという回答と、震災前後での危機感の変化に関する回答の関係を分析した結果を図2-13に示す。「行事に参加する人が増えた」、「地区・集落を訪れる人が増えた」、「話し合いが活発になった」など、震災以降、地域内外での取組みが前向きかつ活発になったと回答した地区・集落においては危機感が震災以前と同様、もしくは楽観的なものへと移行している傾向がうかがえる。中越地震の被災地では、震災直後から多くのボランティアやNPOなどが地区・集落を直接支援するために来訪したことや、地域で震災を契機に内発的な活動が生まれてきたことが、震災前から過疎・高齢化が進んでいたこれらの地区・集落の閉塞感を少なからず軽減する役割を果たしていることが推察できる結果となった。一方で、「行事が減った」、「話し合いが不活発になった」など、震災以降、地区・集落の置かれている状況が厳しくなっている場合には危機感の認識もより深刻なものになっている。特に、「地区・集落を訪れる人が減った」と回答した場合、地域の危機感が深刻化している割合が八割を超えている。地域外の人々とのつながりが危機感の認識にも影響を与えていることが明らかとなった。

利用した復興基金メニューの数と危機感の関係

中越地震の復興プロセスを支えた仕組みの一つとして、新潟県中越大震災復興基金の存在があげられる。被災地域の復興のために、新潟県は「集落再生支援チーム」を結成し、被災地のうち四地区（長岡市太田地区、小千谷市東山地区、小千谷市若栃集落、川口町荒谷集落）をモデル集落としてさまざまな支援活動を行った。その経験を地区・集落を対象とした基金メニューへと組み込んできた。地域復興デザイン策定事業などはその代表的なメニューとなっているが、それ以外にも地区・集落の集会所の修理、再建や、光熱費等の補助なども行われている。ここでは、地区・集落が地域として利用したと認識している基金メニューの数と危機感の関係を整理した結果を示す（図２−14）。

地区・集落にとって今後必要なことと危機感の関係

ここでは、今後地区・集落にとって大切だと思うモノ・コトについての回答と、危機感の関係を整理する

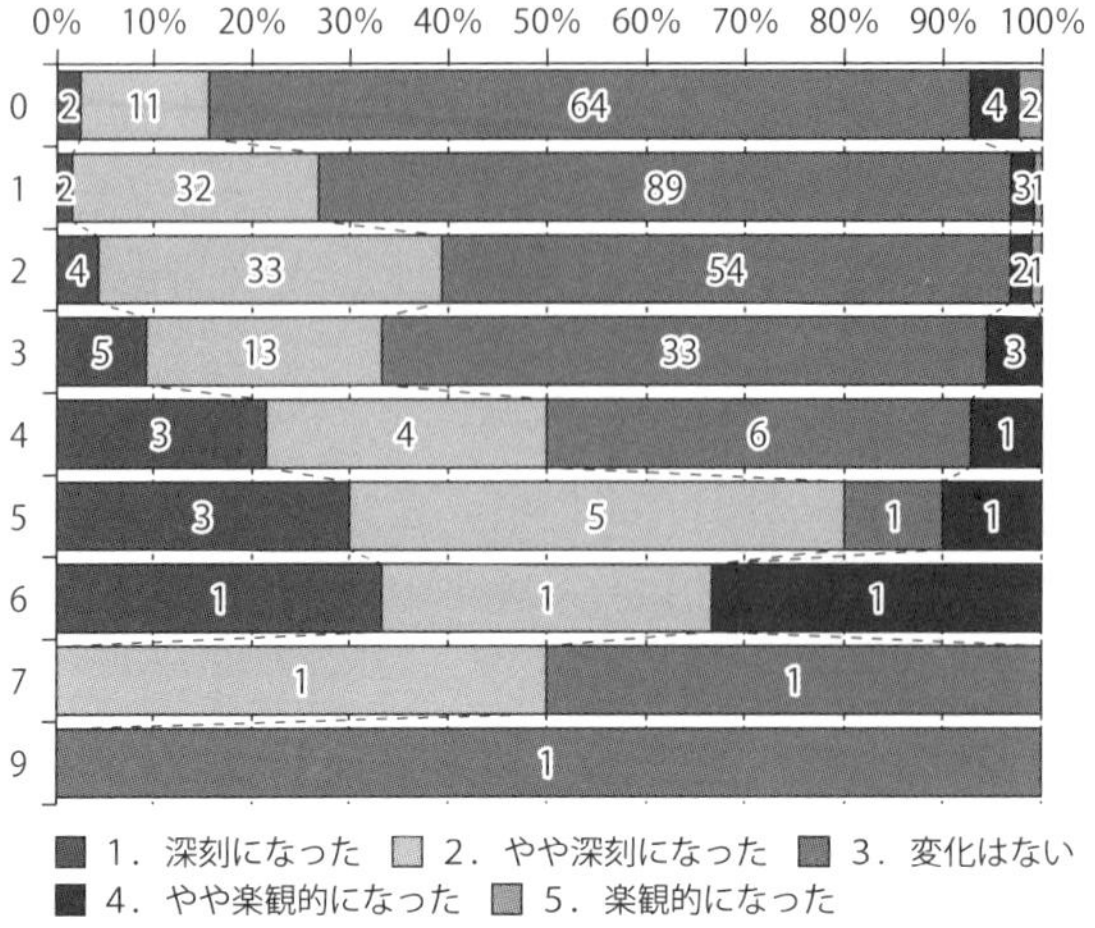

図2-14　利用したと認識している基金メニューの数と危機感の関係

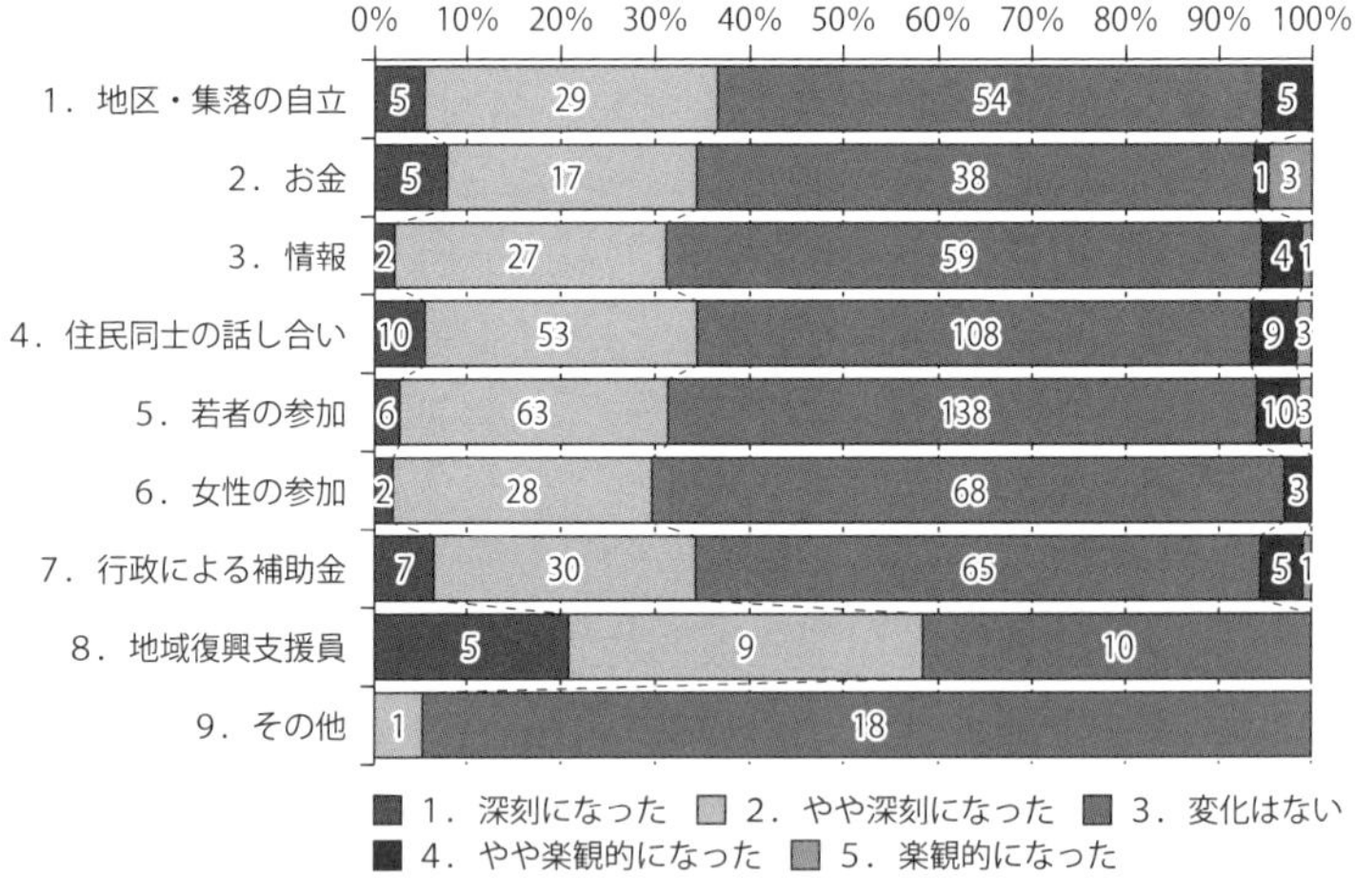

図2-15　今後大切だと思うモノ・コトと危機感の関係

（図2-15）。

「若者の参加」や「住民同士の話し合い」など、住民の自発的な活動の重要性が認識されているが、危機感との関係で見ると、危機感が深刻化していると認識している地区・集落では「復興支援員」が大切であると認識されている割合が比較的高くなっている。地域の人材が少なくなっている中で、人的支援の継続が求められている状況が明らかとなった。

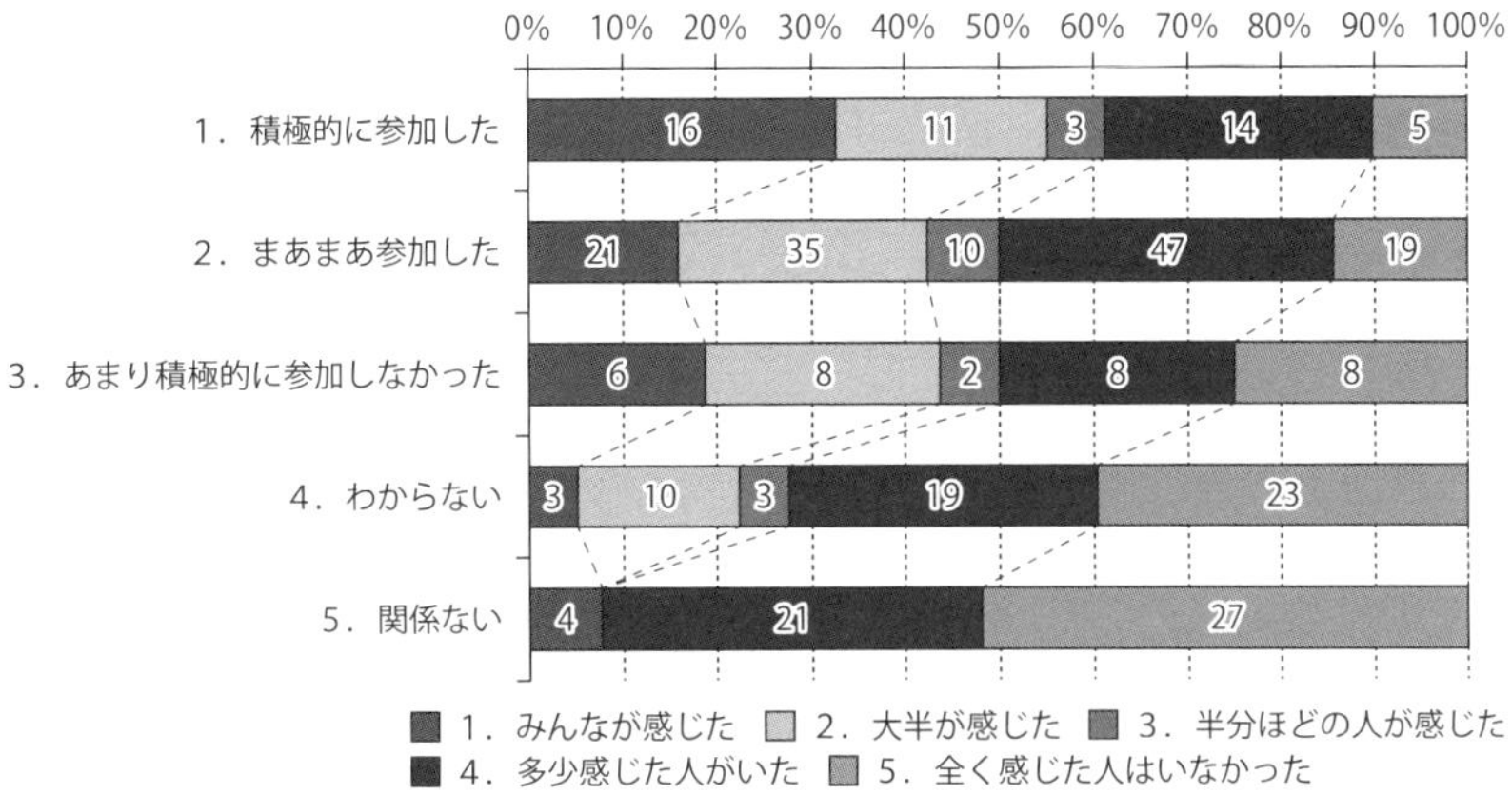

図2-16　復興活動への住民参画と震災当初の危機感の関係

復興活動への住民参加による影響

次に、復興へ向けた地区・集落の取組みに対して住民がどのように参画したかが、危機感の変化や復興感にどのように影響しているかを整理する。

復興活動への参画と震災当初の危機感の関係

ここでは住民が活動に参加するきっかけとして震災直後の危機感の認識がどのように活動への参画に影響するのかを整理した結果を図2-16に示す。震災直後、危機感を地区・集落の住民が共有した場合、その後の活動への積極的な参画が促される傾向が明らかとなった。一方で、全く感じた人はいなかったという地区・集落では、やはり積極的な震災後の活動が行われる傾向は低い。また、「関係ない」という回答も多く、震災が発生したとはいえ、被害が軽微であった地区・集落も多く、震災が危機感を惹起しなかった場合、それが契機となって住民の行動を促進するわけではないこともまた明らかとなった。

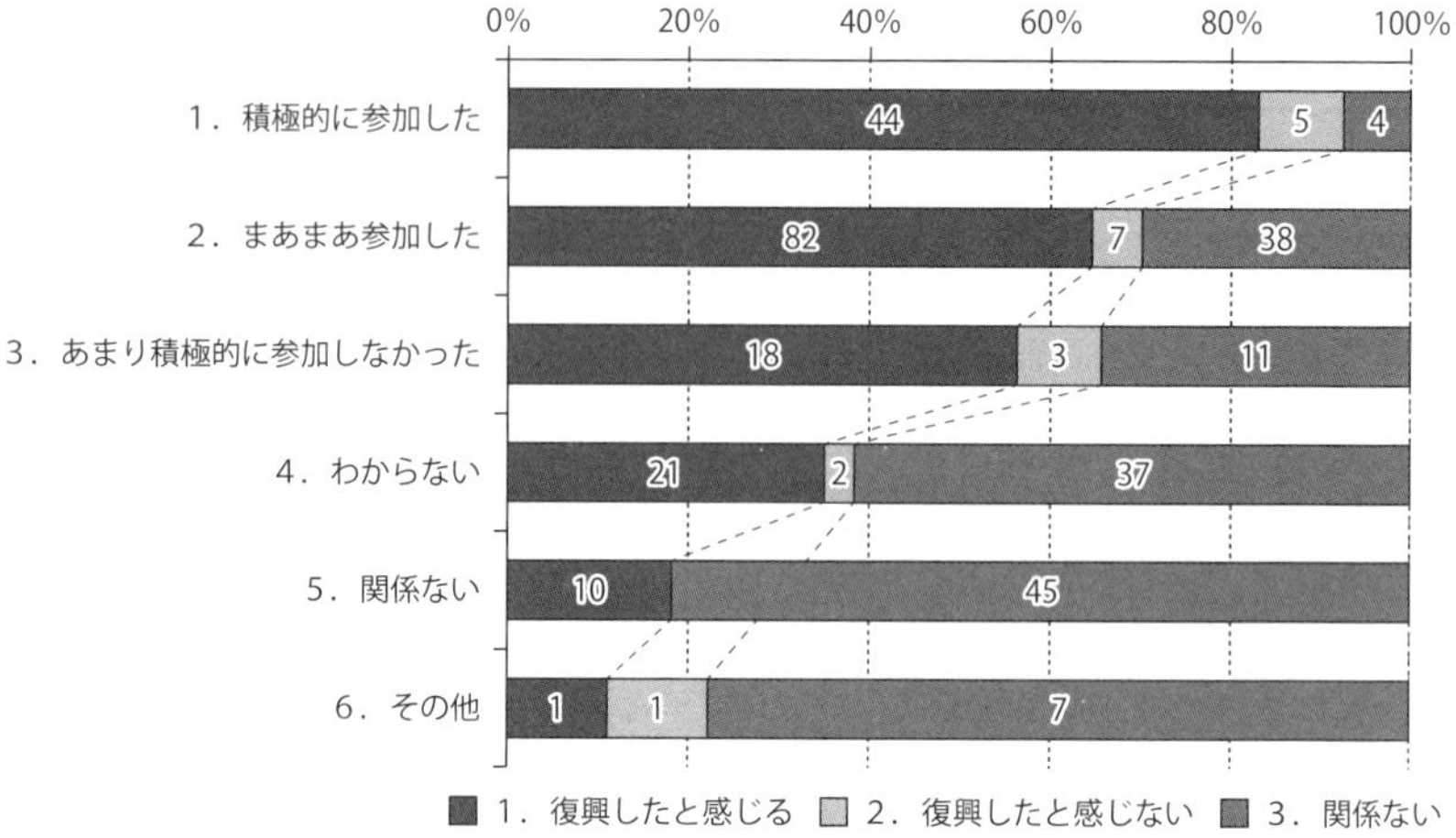

図2-17　復興活動への住民参加と復興感の関係

復興活動への住民参加と復興感の関係

図2-13に示したように、行事に参加する人が増えることで地域の危機感が薄らぐ傾向が明らかとなったが、ここでは震災以降に取り組まれた復興に向けたさまざまな活動への住民参加が地区・集落としての復興感とどのような関係があるのかを整理する（図2-17）。中越地震の被災地では、中越大震災復興基金に地域コミュニティを対象とした事業メニューが設定されたことにも現れているように、地区・集落の住民の参画を前提とした取組みも数多く進められてきたと言える。それらを含め、震災後のさまざまな取組みに対して地域住民が積極的に参加した地区・集落では復興したと感じる割合が高い。特に、「積極的に参加した」と回答した場合の「復興したと感じる」と回答する割合は八割を超えている。主体的な活動が復興感へと結びつく傾向があることが明らかとなっている。

復興活動への住民参加と危機感の関係

実際に地区・集落で復興活動に住民が参画することが危機感の変化にどのような影響をもたらすのかを分析した結果を図2-18

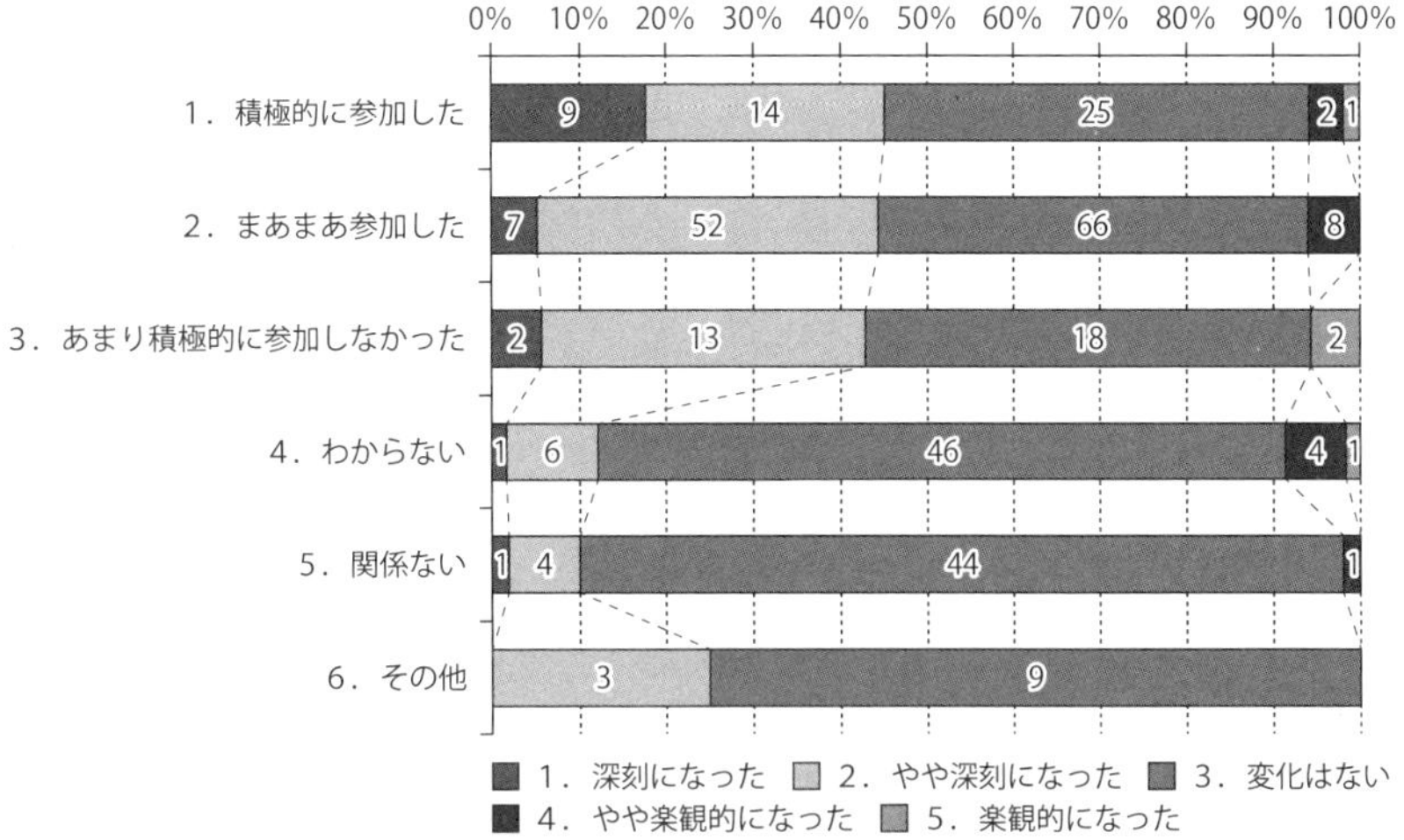

図２-18　復興活動への住民参画と危機感の関係

に示す。この結果は、復興活動への参画が積極的になされた地区・集落では危機感は薄らいでいるのではないかと一般的に想定される結果とは異なる結果となっている。積極的に活動参画が行われた地区・集落において、危機感が深刻化している傾向が強い。復興活動に住民主体で継続的に取り組むなかで、従来から抱えてきた地域課題の深刻さを改めて認識したり、活動を積極的に進めていた人材が高齢化したりすることなどによる先行きの不安などがその要因として想定されるが、その点についてはより詳細な調査分析が必要であろう。

3　アンケート調査から得られた知見

ここでは、復興プロセス研究会が二〇一二年に地域を対象として実施した中越地震からの復興に関するアンケート調査結果のうち、比較的被害が大きかったエリアの回答に絞り込んだ上で、震災前後の危機感がどのように変化したのかという点に着目した分析を行うとともに、震災後の復興に関係する諸活動への住民参加が、地域の状況にどのような影響をもたらしたのかについて分析を行った。そこで得られた主な知見は以下の通りである。

・震災後の世帯転出は危機感の認識に大きく影響する。
・震災後、前向きな活動や成果が上がっている地区・集落では危機感が薄らぐ傾向が強い。
・地域で取り組む復興基金メニューに関しては多くのメニューに取り組んだ場合、危機感を緩和する可能性がある一方、事業実施を通じて危機感が一層強く認識される場合もある。
・危機感が深刻化した地域では、人的支援が今後も重要であるという認識がされている。
・震災後、危機感を住民で共有することが、その後のさまざまな活動への参画へとつながる。
・住民の復興活動への積極的な参画は、復興感の醸成に大きく影響する。
・一方で住民の復興活動への積極的な参画は、危機感が深刻であることを認識するきっかけともなりうる。

中越地震の被災地では、中間支援組織の関与や人的支援、そしてそれを財政的に支える中越大震災復興基金の存在によって、地域が主体的・内発的に取組みを活性化することで復興を進めてきているという状況が、分析結果からもある程度裏付けられたといえよう。しかし、活動を進めることで地域の深刻な状況を再認識しているケースもあり、復興フェーズを終えた後の地域づくりのあり方は、今後も検討、実践が積み重ねられる必要があるだろう。

4　中越地震からの復興とは

復興ビジョンが描いた未来と現状の姿

ここでは、新潟県が設置した中越大震災復興検証調査会において、復興ビジョンが果たした役割およびその内容についての精査を筆者が行っていることもあり、そこでの評価を改めて整理したい。

復興ビジョン一つ目のシナリオ「中山間地の息の根を止めた地震」で描かれた一〇年目の姿

まずは中越大震災復興ビジョンで描かれたシナリオを引用する。

○　二〇〇五年春、雪解けを待たずして復旧・復興が槌音高く始まった。中山間地の早期生活再開を最重点として道路、農地、宅地、住宅等を可能な限り地震前の状態に復すること、すなわち原形復旧をめざした。

○　道路回復は復興の出発点である。中山間地の道路は地すべりや地盤崩壊、滑落などにより各所でズタズタに寸断されていた。機械力の総動員により道路整備が急ピッチで進められた。道路復旧に応じて被災者は自宅に帰り、家屋の修理を進めて居住を始めた。

○　農業も同時に開始され、水を引くことができ耕作可能な農地から作付けが進んだ。農地補修も機械力を動員して進められた。応急仮設住宅入居期限は二年が限度であるが、ともかくもふるさと帰還が急がれたために公営賃貸住宅の供給も行われ、期間内にほとんどの居住者は住宅を確保することができた。

○　三年を経過した頃から中山間地復興に関し深刻な問題が発生してきた。
一つは融雪と豪雨災害による土砂災害頻発である。地震による地盤の痛みは各所に残り、春先の融雪時には土砂災害は震災前以上に激しくなった。また、地震発生の年あたりから中越地方にも異常気象のきざしがみえていたが、その後、次第に激しくなり被災地はしばしば集中豪雨に見舞われた。そのたびに急整備の道路や宅地、農地では各所で土砂災害が発生した。そしてそのたびに災害復旧が繰り返されたが、そのための財政支出は膨大な額にのぼるようになった。

○　もう一つは地域間の不協和音であった。復旧当初から旧市町村の道路、農地、宅地等の災害復旧に関しては投入資金、優先順位などに関し合意が得られているとは言い難かったが、実際に復旧が始まって目に見える形で地域間格差が生じ、しかもその後の土砂災害等に対する手当てにまた格差が起こると、地域間の不公平感は押さえがたいものとなった。合併は進行したものの、新市としての統一はとれないものとなった。

○　地震発生の五年後あたりからは中山間地には廃屋が目立つようになった。住宅再建にあたって新たに建設された公営住宅は一度空家になるとその後は入居希望者はいなかった。
こうして住宅は放置されて荒れていき、同時に耕作放棄も進んだ。

○　地震発生から一〇年、中山間地は荒れ果てた状態となった。こうなるために人とお金を注ぎ込んできたのか。中越地域の中山間地復旧・復興は全国の中山間地が注視していたが、その期待に応えられなかった。二〇〇四年の新潟県中越地震は「我が国の中山間地の息の根を止めた地震」として歴史に名を刻むこととなった。

○　都市部についていては、特に長岡市の中心市街地についていては地震による被害はほとんどなかったために、復旧・復興のかけ声で動き始めた具体的プロジェクトはなかった。だが、中心市街地衰退は確実に進んだ。地震により、多くの店が「この際やめてしまおう」と廃業した。根強い顧客を持っていた料理屋や昔なじみの豆腐屋なども姿を消した。駅前の商店街の衰退も著しいものとなった。地震前から進んでいたことだが、大きな集客効果をもっていた病院も郊外に移転した。中心市街地の空洞化は一層進行した。

○　多くの若者を抱える大学もまた力を発揮しなかった。学者、研究者の多くは自らの専門と復旧・復興問題を結び付けられなかったし、若者は中山間地にも市街地にも活動の場を見出せなかった。フリーターの数は年々増加する一方であった。

○　政令指定都市である新潟はますます吸引力を高めていった。そしてさらに、北陸新幹線が長野から伸びて金沢までつながり営業運転を開始した。長岡だけでなく、ほくほく線のもっていた広域交通上の役割は全くといっていいほど失われた。東京―新潟の直通新幹線の重要性はますます大きくなっていったが、長岡に停車する意味はなくなった。今は何本もの新幹線が長岡駅を轟音をたてて通り過ぎている。

○　大河川中流域に位置し、背後に平場農地、中山間地を抱える長岡の動向は日本全国の中小河川沿いの地方都市が注視していた。地震発生から一〇年、彼らの合言葉は「中越の轍を踏むな」となった。

一つ目のシナリオで描かれた姿に対する現状

それに対して、一〇年目の中越はどのような状況であるといえるだろうか。

○　改良復旧によって充実した被災地域の道路網は、かつてはストロー現象の要因とされていたが、首都圏も含む都市圏域からのアクセスを飛躍的に向上させた。結果として交流人口の増大を下支えすることになった。

○　手作り田直し事業、農業用水水源確保支援等の導入によって、作付けに影響があった農地のほとんどが早期の復旧を果たした。また被災地域の農業者が主体的に農地の復旧、農業の再開を果たしたことはその後の農業を再開し、持続していく際の後押しとなった。

○震災によって痛めつけられた大地は、丁寧な災害復旧事業によって安全性の確保が図られた。道路事業や砂防事業が単に災害復旧という枠を越えて、環境・景観への配慮、施設完成後の交流施設の充実等、地域資源の一つとして利用しようとした取組みは災害復旧事業の質的転換が図られたともいえる。

○国道二九一号の国による直轄事業での復旧や、芋川流域の砂防事業は、被災地の生活再建の基盤となっただけでなく、その後の流域全体の安全性を向上させた。平成二三年七月新潟・福島豪雨での被害が軽微であったのもその効果である。

○震災後に大規模な合併をした影響は、災害復旧においては統一的対応がなされたが、その後の生活再建プロセスにおいては一定程度地域性に配慮された取組みが進められてきた。しかし各自治体内での人事異動等が進んだ結果、地域の実情をよく知る職員による対応は一部にとどまり、全市的な政策展開が図られることとなった。結果として、公営住宅の入居者選定など、合併した市のルールにのっとった結果、周辺住民の入居ができなくなるなど、いくつかの問題も発生している。

○移転再建、現地再建、公営住宅入居、それぞれ経済状況をはじめとする世帯状況に丁寧に寄り添った上でそれぞれの世帯が判断をした結果、一〇年を経過した現在でも居住形態は大きく変容してはいない。しかしながら、震災以前から進んでいた人口減少、世帯数減少の傾向は少なくとも集落単位では歯止めがかかっていない。小さくなった集落においてもその身の丈に合った暮らし方が模索されてきた結果、除雪体制の検討によって負担を軽減したり、地域を離れた人と祭りや道普請などで協力体制を構築するなどしたりして、暮らしの持続可能性は高まっている。

○　長岡市中心市街地に完成したシティホールプラザ「アオーレ長岡」は行政機能の中核としてだけでなく、市民協働を掲げ、その活動の拠点として運営されている。そこでは被災地域も含む合併地域が主催するイベントなども数多く行われ、市民をつなぎ、他地域の住民同士をつなぐ仕組み・仕掛けとして機能している。さらには「まちなかキャンパス長岡」でも同様の取組みが進められている結果、地域間の理解、相互交流が一層進みつつある。これは普段の地域づくりにも大きな影響を与えている。

○　十日町市では新潟、長岡、上越に続き中心市街地活性化基本計画の認定を受けた。震災を契機に広がった市民によるまちづくり活動の活性化が一つの要因になっているとも言える。

○　被災地で住民から「震災のおかげで」というフレーズが聞かれるように、大学をはじめとする高等教育機関にとっても「震災のおかげで」中山間地域との連携、協働のきっかけとなったのが中越地震である。新潟大学は災害・復興科学研究所による研究を推進するほか、長岡大学は文部科学省のＣＯＣに採択され、中山間地域との連携を進めている。平成二六年度に公立大学法人に移行した長岡造形大学にも地域協創センターが設立され、地域貢献を進めつつある。これらは震災後ボランティアなどを発端として地域と大学が連携しながらさまざまな活動を進めてきた結果とも言える。

○　震災で被害を受けた中山間地域は、今後、持続的な生活環境維持のためにはこれまでのように地域住民と公共事業による下支えのみによって成り立つものではない。そのことに気付いたことで、長岡や小千谷、十日町といった町場の住民と、それらの地域住民が協働しながらお互い利益があるような交流と連携が進められている。都市部の視点からみた選択と集中による中山間地域のリストラではなく、人的資源、地域資源のマネジメントも含めたガバナンスの再構築によって中山間地域の暮らしが再度大きな魅力を持ったものとして位置付けられ、そこに暮らすだけでなく、中越の都市部で生活をしつつこれらの恩恵を受けるようなライフスタイルを可能にした。

○ 国土交通省が「国土のグランドデザイン二〇五〇」で示している「多様性と連携の国土づくり」「人と国土の新たなかかわり」の先駆的実践の地としても位置付けることができる。目指すべき国土のあり方の一端を示したといえる。

復興ビジョン二つ目のシナリオ「中山間地を新生・再生させた地震」で描かれた一〇年目の姿

ここでも、中越大震災復興ビジョンに示されたシナリオを引用する。

○ 二〇〇五年春、雪解けとともに復興が具体的にスタートした。復興にあたっては被災地の新しい地域イメージが必要であった。被災者や住民をプレーヤー、自治体や地域をチームと考えれば、個々の選手やチームを魅力あるものとすることと同時に、それらの集合体としての中越リーグが人々をひきつけてやまないものとすることが目指された。

○ 震災が示したことは相互依存関係の重要性ということであった。人、組織、地区、地域はすべて相互依存関係にあった。自立とは自己完結ではなく、他者、他組織・他機関、多地区・他地域との相互依存関係の豊かさのなかにあることを思い知らされた。

○ 人口一九万人の近代都市、長岡と世界最新鋭新幹線のすぐそばに昔ながらの錦鯉と闘牛と棚田があった。都市や地域を二分する厄介な存在だった信濃川や魚野川の広大な河川敷は自衛隊などの活動基地、宿営基地となり、最新の資機材、情報通信、ヘリコプター・車両等が動員された。何ということはない山あいの川だった芋川は山々からの大土砂崩壊により下流域を脅かすほどの水をためた。これほどの相互依存関係にあることはわからなかった。この脅威を取り除くために、ここでも最先端の情報解析・通信技術、土木技術が駆使された。震災は最素朴と最先端を結びつけた。

○　思えば中越地方では都市、中山間地（棚田）、川、山は自然系では相互に密接な関係にあったにもかかわらず、人々の意識、生活、都市活動のなかでは必ずしも一体ではなかった。震災は、最素朴と最先端が結びつくことの重要性とその場合の無限ともいえる可能性を示した。震災前、昭和の合併時の四割に人口が減り、一〇年後にはさらに三割減ることが予想されていた中山間地もあったが、ハイテクとローテクのマッチングは都市から中山間地へと向かう新しい流れを生み出す可能性を予感させた。

○　二〇〇五年四月には合併により中越の中核となる新長岡市がスタートした。これとともに新しい地域イメージとして「最素朴と最新鋭が絶妙に組み合わさり、都市と川と棚田と山が一体となって光り輝く中越」が掲げられた。そして、この地域イメージを実現するために復興の基本方針として次の六点が設定された。

（省略）

二つ目のシナリオで描かれた姿に対する現状

どちらかといえば理想を掲げた二つ目のシナリオに対し、一〇年目の現状はどのようなものになっただろうか。

○　中越地震によって一躍全国的に名の知れる場所となった旧山古志村では、震災を契機に生まれた他地域とのつながりをその後の活動に積極的に生かす動きが今も続いている。

○　東日本大震災の発生によって、地方都市周縁部の復興の一つの事例としても認識された結果、人口や世帯数の減少、高齢化の進む地域における復興の在り方を考える場としての位置付けも加えられた。

○　被災とともに歩んでいこうという山古志木籠《こごも》集落住民の態度にも見られるように、自然災害と折り合いをつけながら、厳しい条件下での暮らしはどのように持続的なものになるのかについて、交流の重要性や継続的な情報発信とともに、そのプロセスは注目を浴びている。

○　震災によって外に開かれた地域となったことで、被災地は外から見た評価を獲得した。具体的には地域資源の豊かさ、充実した地域コミュニティなどである。それは地域住民や出身者に誇りと自信を与えることとなった。

○　すでに存在していた総務省の「地域おこし協力隊」制度と連携などもしながら、インターン制度を活用し各地で首都圏の若者など、「よそもの」「わかもの」が期間限定とはいえ、地域で居を構えてさまざまな活動を展開している。地域に直接的に与える影響だけでなく、インターン経験者が他の場所でその経験を語ることで、地域への関心を高める役割も果たしている。現在では若い女性が地域に定住する取組みが「移住女子」と名付けられ、首都圏等の女性の関心を引きつつある。

○　その素朴さが受け入れられている中越地震被災地では、阪神・淡路大震災当時に比べ格段に進歩した情報通信技術によって地域のありのままの姿を情報発信したり、住民がＩＣＴによって買い物等の利便性を確保できるなど、身の丈に合った暮らしを展開できる環境が整備された。しかし、当初目標とした「最素朴と最新鋭の絶妙な組み合わせ」という点では、クラウドファンディングの活用によるソーシャルビジネスの展開が一部に見られるものの、ＩＣＴやロボット技術の活用などには至っておらず、その点では東日本大震災の被災地に後れをとっている。

ビジョンが示した震災後一〇年の経過概況と現状

さらには、復興ビジョンがその目標年度とした二〇一四年の状況を引用する。

○　地震発生から一〇年、復興がスタートしてから九年半が経過した。

初期三年は滑走・離陸ともいうべき期間であった。道路、河川などの公共事業と住民による中山間地復興は雇用の下支えとなり、圏内経済を支えた。また、保存激甚被災地と既存観光資源の組み合わせは観光客を呼び込み、圏内各地を賑わせた。

○　それに続く三年間は上昇期ともいうべき期間であった。この時期に大きな役割を果たしたのが定年を迎えた団塊の世代であった。彼らは一定の経済基盤、趣味や価値観、情報機器を扱う技術、現役時の幅広いネットワークを持っていた。中山間地の保全・維持、都市内の市民活動、芸術・文化活動等に大きな影響力を発揮し、地域に活力を与えるようになった。首都圏から故郷に帰って第二の人生を始めようとする団塊世代退職者も多かった。子どもを生み、育てやすい環境形成も彼らの力が大きかった。

○　地震発生七年後から現在までは快調飛行ともいうべき段階に入った。中越地方は町場、平場、中山間地とともに活況を呈している。市民安全大学は学問・研究分野のみならず、行政、企業活動、市民生活にまで浸透した。国内、国外の若者たちが集まっている。

○　中越地方と新潟県はバックアップ基地として首都圏の企業や住民の厚い信頼を獲得し、首都圏と新潟のダブルのライフスタイルも定着した。新潟県は中越・魚沼、大新潟（佐渡を含む）、上越・長野、県北・庄内、阿賀野川上流・会津の五圏域が並存し競い合う時代に入った。

○ 今や中越地方では、最素朴と最新鋭が絶妙に組み合わさって都市と川と棚田と山が一体となって光り輝き、二〇〇四年新潟県中越地震は「日本の中山間地を再生・新生させた地震」として記録されようとしている。それに対しては、

○ 震災から七年が経過した時点で東日本大震災が発生し、中越地震被災地の市民・行政は改めて自らの復旧・復興プロセスを振り返り、その経験を東日本に伝える役割を認識した。

○ 震災当初の復旧・復興の原動力だった当時の地域リーダーたちは加齢もあり、かなりの数が最前線から退いていている。それに代わる層が地域リーダーとなってこれまでの活動をさらに牽引する役割を果たしているケースもある。地域でインターンとして一定期間居住する都市圏の若者や、Uターンしてきた出身者、さらには中越圏域内のつながりを生かして震災以降に生まれた地域の自立に向けた動きを持続していくことが求められており、そこには行政としての支援施策も必要である。

○ 東日本大震災の発生とその後の困難を抱える復旧・復興プロセスを目の当たりにして、中越地震の被災地がたどってきた復興プロセスがまさに創造的復旧であったことが明らかとなっている。東日本の被災地と交流することでより一層地域主体の活動を活性化させているケースもある。また中越全体の復興を学ぼうと東日本大震災の被災地から訪れる人も多い。それらの人々に一連のプロセスから得られた教訓をしっかりと伝えることが求められている。

○ 震災グリーンツーリズム事業などを通じて、首都圏の住民には何かあった時のバックアップ拠点として位置付けられつつある。また東日本大震災においてボランティア・バックアップセンターなどを運営したこと

はさらにその位置付けを明確にしているといえる。

○　東日本大震災によって中越の一連の動きが相対化され、特徴および教訓を明らかにすることとなっている。

○　地域が震災を契機に内外に開き、それが多様な人的・物的支援を獲得する状況を生み出した。地域住民だけでない数多くの人々によって地域は再生されるという意味で、まさにビジョンが掲げた「日本の中山間地を再生・新生」させつつあるといえる。

復興ビジョンが果たした役割

ビジョンが示した一〇年後の未来と震災から一〇年が経過した時点の状況を比較してきたが、復興プロセスにおいて、復興ビジョンが果たした役割としては、左記のように整理ができそうである。

一　事業ベースではない、全体としての方向性を示すことができた

・復興計画は、予算措置を背景とした事業を主体として組み立てられる。

・全体として復興プロセスをよりよいものに進めていくための方針としてビジョンが機能した。

二　フェーズに分けた復興プロセスが提示された

・復旧段階から復興段階に向けて、その時期にやるべきこと、やる内容を深化していくことなどが包括的に示されていた。

・短期目標を示すとともに長期目標も合わせて示されていた。

三　二つのシナリオが存在することで、最悪シナリオを意識した取組みが行われた

・望まれるシナリオだけでなく、最悪シナリオを示すことで、「そうはさせない」、「そうはなりたくない」

という思いのもとで施策が展開された。

行政による評価や展望

新潟県中越大震災復興検証調査会による総括

新潟県は、復興計画の策定等に関わった学識経験者などを中心として中越大震災復興検証調査会を設置し、一〇年間の検証を行っている。復興ビジョンに関する評価に関しては先述したが、ここでは復興ビジョンの策定、そしてその後策定された市町村の復興計画を補完するように策定された復興計画の検証、さらには地域の一〇年後の状況を踏まえた総括として整理されたものを紹介したい。

発生直後は、道路をはじめとしたインフラの復旧など、物理的に壊れたものを直す復旧作業が進められた。これは主に国や県、市町村を中心とした公共機関が重要な役割を果たす性質のものであり、復旧事業は予算措置を伴う計画に基づいて進められる。その段階では被災者はどちらかというとほとんど関与することがない。しかし従来の原型復旧の原則はある程度柔軟に運用され、景観に配慮した復旧などが行われた。その時期の住民への対応は、ボランティアを中心とした人々の善意の行動によって支えられてきた。被災地域全体の機能を復旧させるべく事業を進める公的機関を補完する形で、家屋の片づけなど、きめ細かい支援が行われている。

自然災害によって大きな被害を受けた場合、やはり物理的に壊れたものを早く直すことに主眼が置かれ、その目処がついた時点を復興ととらえる向きも多い。それは地域住民も同じ傾向にあることはアンケート結果にも表れている。

しかし中越地震の被災地では、物理的に壊れたものを直すだけでなく、それとともに失われたその地域で営まれてきた人々のなりわい、地域のつながりを背景とした暮らしぶりを再生、新生しようとする動きも積極的に行われた。その発端となったのは復旧期におけるボランティアや中間支援組織と地域との接点にある。コミュニティの再生が地域の本質的な復興にとって欠かせないものであるという認識が公的機関のなかでも共有され、中越大震災復興ビジョンでも描かれた地域住民が生き生きと暮らすさまを将来実現するために必要な支援策が復旧期の後半にオーバーラップするように進められた。しかし、このような取組みは公的機関の計画、予算措置、議会承認といった手続

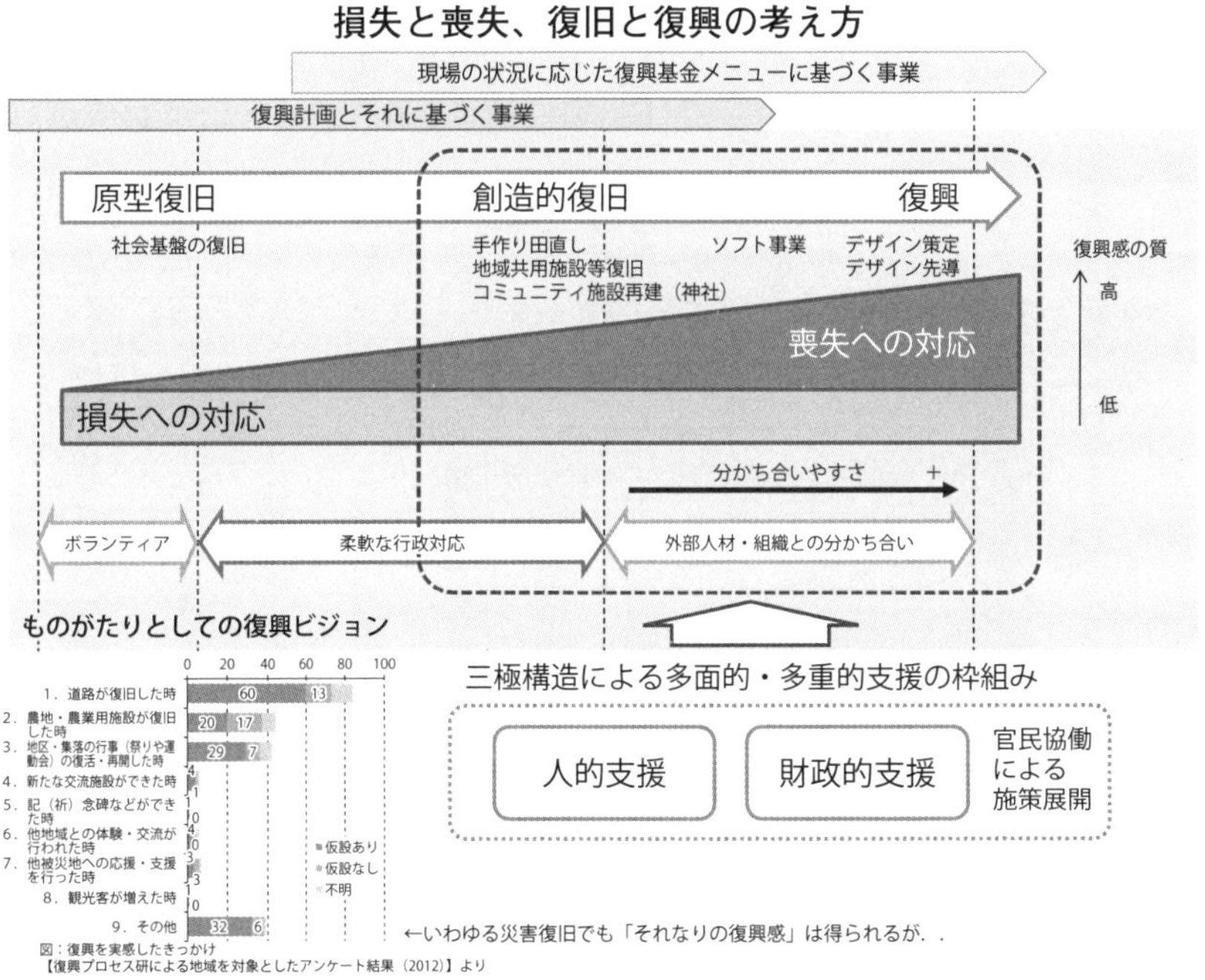

損失…建物・道路等（ハード面）といった何らかの形で回復が可能なものを失うことと定義
喪失…命・人口・賑わい等（ソフト面）といった回復が不可能又は困難なものを失うことと定義
手作り田直し…手作り田直し等支援（復興基金）
地域共用施設等復旧…地域共用施設等復旧支援（復興基金）
コミュニティ施設等再建（神社）…地域コミュニティ施設等再建支援（復興基金）
デザイン策定…地域復興デザイン策定支援（復興基金）
デザイン先導…地域復興デザイン先導事業支援（復興基金）

図2-19　復興のプロセス

きを踏むものとは性格が異なり、地域の復興熟度に合わせて臨機応変に対応することが必要なものである。そこは中越大震災復興基金が大きな役割を果たすことになった。

地域住民が外部支援者の力も借りながら、自らが地域の暮らしを取り戻すプロセスに向き合えるように、復興基金のメニューも時期に応じた展開がなされてきた。手作り田直し支援などを皮切りに、地域主体の取組みが小さくても成功体験を生み、それが将来に向けた計画づくりや交流の推進などへと展開することになった。

地域住民が自ら活動し、地域を外部に開くことができるようになったことで、これまでの市民レベルの被災地支援は直後支援にとどまっていたものが、山の暮らし再生のプロセス全般に及ぶようにもなった。中越地震被災地の復興を支える仕組みはこのような形で展開していったのである。

被災エリア（中山間地）では過疎化・高齢化が一

中越大震災被災地の現在（2014）

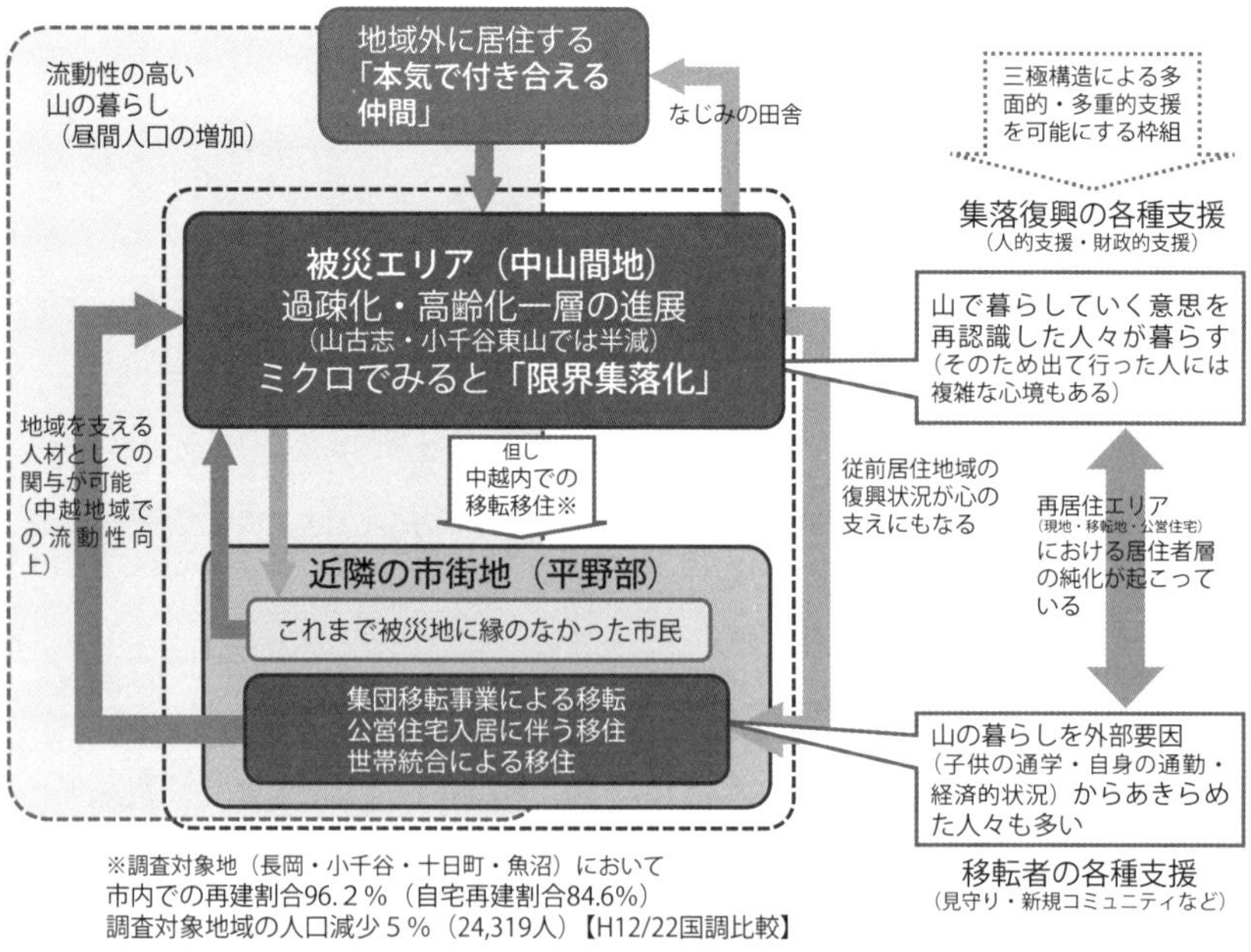

図２-20　10年経って、被災地はどうなったのか

層進んだのは間違いなく、ミクロ的視点（集落単位）で見るとまさに限界集落化が震災以降の一〇年で加速したとみることもできる。ただし、中越地震の場合は、中越地域内で移転・移住をした人が多く（市内での再建割合九六・二％）、集団移転した人が元の集落へ通い耕作を継続しているなど、地域との関わりを絶ったり地域を捨てたりしたのではなく、地域との関わり方が変わったといえる。実際に中越地震における激甚被災エリアは全国でも有数の豪雪地帯であり、冬の期間の生活環境を維持するために必要とされる労力は極めて大きく、新規に住宅を建設する場合、結果的に集落を離れることになっている。しかし、近隣での再建が行われているということは、積雪量が相当少ない平野部に再建しつつもふるさととのかかわりを断絶したわけではない。

また近隣の市街地に居住する今まで縁のなかった市民も、中越地震を契機としてさまざまなかかわりが生まれている。被災エリアが外部に開かれたことにより、たとえば子育て中のお母さんが子どもを連れて遊びに行き、被災集落で農作業を楽しんだり、子どもは廃校となった小学校のグラウンドでのびのび遊んだり、まちなかでは被災集落の農作物が販売され好評を博するような交流が進んでいる。

また、移転・移住した人々にとっても元の地域の元気な姿が心の支えとなっているとともに自らもその地域を支える人材として関与している。そして、地域外に居住する、震災を契機に地域に関わった人もその地域の良さに気づき、なじみの田舎のような「本気で付き合える仲間」として関わりを継続している。このように多様な交流が生まれて昼間人口が増加するなど、流動性が高い山の暮らしとなっている。

しかし、中山間地では山で暮らしていく意思を再認識した人々が多く暮らすようになり、平野部では子どもの通学や自身の通勤、経済的状況から山の暮らしをあきらめた人々が暮らすなど再居住エリアにおける居住者層の純化が起こっており、中山間地では集落復興のための各種支援、平野部では移転者の見守りや新規コミュニティ形成などの各種支援が行われている。

中越大震災の被災地では、住宅の自力再建を原則として被災者支援が進められた。そのような方針を採用する場合、住宅建設を可能とする状況が整備された段階で事業を一区切りするケースが多い。しかし中越の場合、その後の支援が「地域」をターゲットにきめ細やかでかつ長期的に実施されていることが特徴的であり、それが人口減少が進むなかでも活力のある状況を生み出す要因となっていることを評価しているといえよう。

長岡市による今後一〇年の展望報告書から見える評価

長岡市では、新潟県や小千谷市とは異なり、これまでの一〇年を踏まえた上で、今後一〇年間の地域づくりの方向性を検討する「長岡市復興推進地域づくり委員会」を設立し、復興でさまざまな取組みおよび成果を上げてきた地域づくりの将来を検討してきた。そこでは、被災地域に徐々に立ち上がりつつある地域総合型NPOの動向を念頭に、震災三年目から復興支援員の派遣などで大きな役割を果たしてきた（公財）山の暮らし再生機構の今後についても議論が行われた。

長岡市が提示した報告書における概要を図2-21に示すが、そこではキャッチフレーズとして「ラクラク、イキイキ暮らせて、ワクワクする地域を目指して」を掲げている。その内容を踏まえて、この委員会の座長を務めることとなった筆者が寄稿したまとめの文章をここで引用したい。

今回、キャッチフレーズとして「ラクラク、イキイキ暮らせて、ワクワクする地域を目指して」を掲げた。これだけ見るとどこにでもありそうな、ありふれたフレーズに見えるかもしれない。その点では、その目指すところ、そしてこの言葉の背景がセットで今後の地域づくりの現場に引き継がれていくことが望まれる。

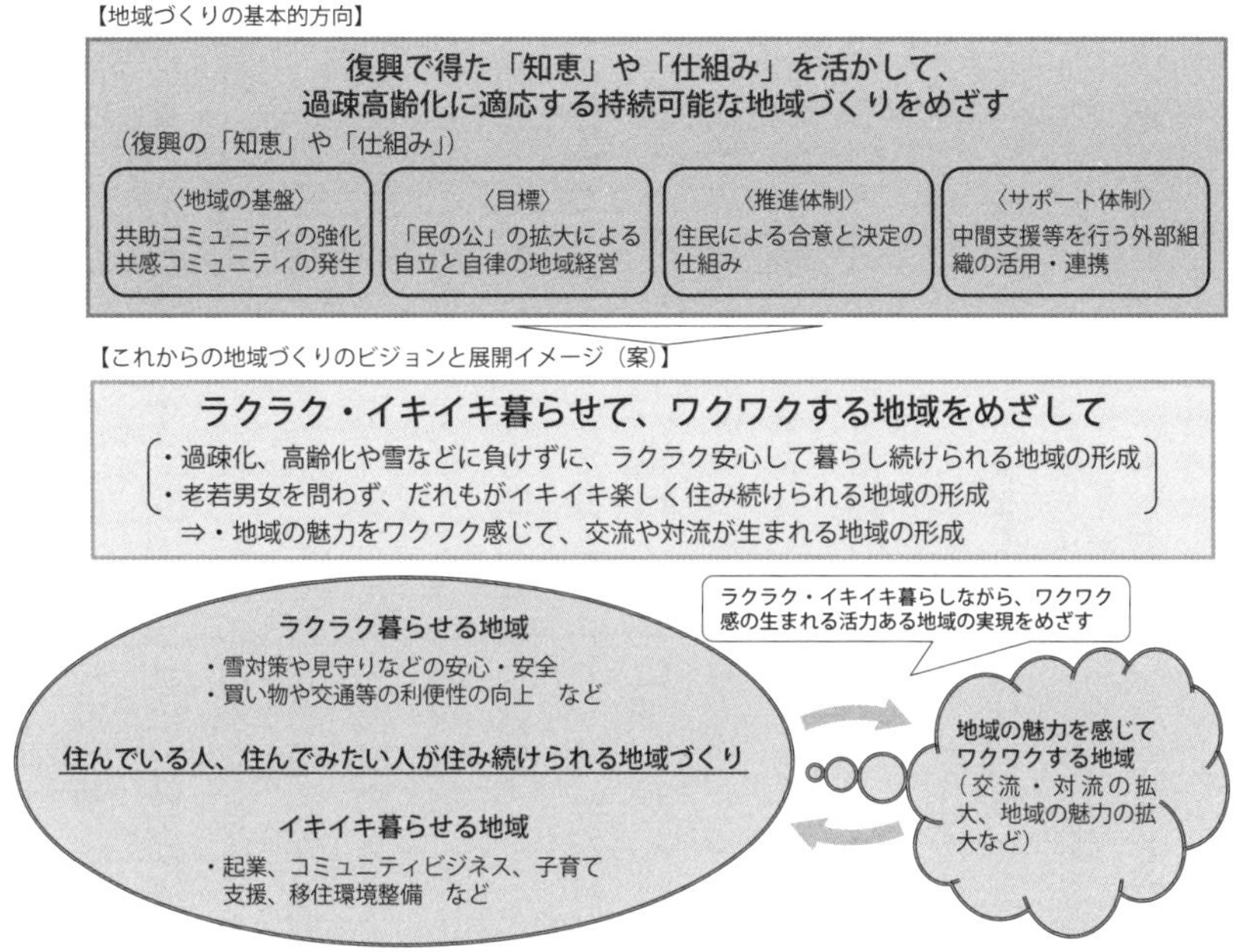

図２–21　これからの地域づくりの方向性（案）

「ラクラク」、「イキイキ」、「ワクワク」、これらはあくまでも住民の創意工夫であり、地域を主体としたさまざまな資源を戦略的に組み合わせることでしか実現しない、言い換えれば、他力本願ではなく、内発的かつ動的な活動の継続で獲得すべきものであるということである。地域に関わるさまざまな人や組織がそれぞれ考え、行動し、そして連携、協働することを継続することで「ラクラク」暮らせる環境を獲得し、多自然地域での豊かで「イキイキ」とした暮らしを実現する。そしてそれらの暮らしは多くの人にとって「ワクワク」するような環境となり、それが次の「ラクラク」暮らせる環境を支える地域外の人材を誘引する。このようなプロセスは、中越地震から一〇年、実際に被災地域が経験してきたことである。そして現在、被災地域にはこれまでの経験を踏まえた地域総合型ＮＰＯが立ち上がり、活動を具体化させている。

この動きを止めないこと、そのために何が必要かを考え、実践することがこれからは行政の施策として求められてくる。その役割分担も議論を重ねていくなかで明らかになってきたのではないかと思う。行政による施策はなにも支援の性格を帯びたものばかりではないはずである。地域のさまざまな活動を支援し、必要に応じてその活動を阻害する要因（それは行政が制定している条例などかもしれない。）を取り除いていくという姿勢、取組みが求められているのだろう。これらをタイムリーに行っていくためには、地域がどんなことを考え、取り組んでいるかについて情報を速やかに収集できる感度のいいアンテナをはることも必要である。

議論では、(公財)山の暮らし再生機構のあり方も取り上げた。当初、この組織がミッションとして掲げてきたことは、重点的に支援してきた被災地域において、より地域の実情に応じた形でNPOとして組織化されつつあり、その組織自体も問題意識を持ち、「ラクラク」、「イキイキ」、「ワクワク」な暮らしの実現に向けて活動を始めつつあることが共有できた。そうなれば今後一〇年に向けたミッションは再定義される必要がある。しかし、といってこの組織が不要になったというわけではない。中越地震で被害はさほど大きくなかったものの、地域課題としては被災地域と同様で、かつ豊かな暮らしのある地域は長岡市には数多くある。そこで地域主体の動きをつくるのはこれまでの経験が存分に生かされるべきであるし、被災地域のさらなる発展のためには、これまでとは全く発想の異なる、革新的な取組みを半ば実験的に展開する柔軟性も必要となる。議論の始まる前には、地域NPOが(公財)山の暮らし再生機構の役割を代替しつつあるという見方もあったが、場を共有し、現状を議論するなかで、それぞれの重要性が整理されたことで、限られた資源を有効に利活用しつつ、総合力でよりよい山、海、川のくらしが展開されていく可能性が広がったと思う。

中越大震災は各地に大きな被害をもたらしたが、そこからの復旧・復興プロセスでは、地域に関わる多様な主体が生まれ、それぞれの役割を認識した。総合力で地域づくりをすることの可能性が明らかになってきた。

そしてそれをきっかけとして、長岡市民がいろんな地域を行き交い、交流し、協働するダイナミックな状況が生まれつつある。これを持続すること、そしてさまざまな技術等も積極的に導入しながら果敢にチャレンジしていくことが肝要だというのが一つの結論である。しかもこの結論は理想論ではなく、実践的なものである。大きくなった長岡市がより魅力を高めるために、山も海も川も、町も里も、みんながお互いの特徴を生かして取組みを進化させてほしい。

中越地震からの復興プロセスの整理

流動性の高い社会の実現へ

これまでの調査や議論を基に、中越地震一〇年はどのようなプロセスであったのかをあらためて整理してみる。

中越地震から一〇年が経過した。激甚被災地でも現地での生活再建が進んでいるが、人口だけで見れば過疎化が一層進展している。しかしながら、いくつかの要因が重なり、旧山古志村や旧川口町、小千谷市の山間部などには地域外の人が多様な目的で訪れるようになっており、目に見えて流動性の高い地域社会が形作られつつある。

その状況を総括するとともに、現在の状況を生み出すことに寄与したさまざまな施策の関わりについて整理を試みる。ただし、一連の施策は当初から現在の状況を見据えていたわけでもない。試行錯誤を繰り返しながら、いわゆる「動きながら考える」ことで進んできたという一面もある。一〇年経てば一連の美しい復興ストーリーに見えるかもしれないが、その陰には効果の上がらなかった取組みもあまた存在する。しかしここでその美しく見える復興プロセスを美しいまま整理することは、他の地域において同様の取組みが必要となった時、そのプロセスを迅速かつよりよいものにしようとする際の補助線の役割を果たすことにはなるだろう。

ビジョンと計画の関係性

中越地震からの復旧・復興プロセスの行先をある程度方向付けたのは「新潟県中越大震災復興ビジョン」である。数名の学識経験者によって短期集中で起草された復興ビジョンは、「こうありたい未来」だけでなく「こうなりたくない未来」を併記した。それによって、目標を高く持つことが可能になっただけでなく、暮らしの再生を視野に入れなかった場合、個別復旧事業の積み重ねで陥る将来の惨状を明記したことで、その中間をうまく進めるように各種施策が位置づけられてきたといえる。行政当局としては、具体的な予算措置および事業計画がなく、「ものがたり」が提示されているこの種のビジョンは、対応に最も苦慮するたぐいのものであったに違いないが、ここに「ものがたり」があったことで、「こうありたい未来」になるためにどのような工夫が必要かをそれぞれの主体が考えるきっかけになったといえる。当然、復興計画も作られたが、それも復興ビジョンがあることで、「創造的復旧」を経由した「復興」へと想像力を働かせることができる環境ができたといえる。ここでは、「創造的復旧」という言葉が持っていた役割も指摘しておきたい。災害において「復旧」は当初の主施策となるが、もとに戻すだけではなく、山の暮らしの再生のためにどのようにその施策を活かすことができるのかを考える余地を与えることになったという点において、その言葉が掲げられたことの意味は大きい。

復興計画に基づく施策から復興基金メニューへの受け渡しによる地域支援

復興ビジョンを意識するなかで復興計画が策定され、具体的な施策へと展開されてきた。被災地域の可能性を引き出し、従来からの課題を解決することでビジョンの示した「こうありたい未来」へと接近していくことができた。しかしながら復興計画に基づく各種施策は、具体的な実施に至るまでに時間を必要とする。すなわち、施策の立案、予算措置、その後の議会承認等である。日々被災地域およびそこで暮らす人々の状況が変化するなか、タイミングが合わないこともある。中越大震災復興基金は、行政施策の制度上の限界をうまく回避することができた。軸足を地域に置き、地域の状況に応じてタイミングよくメニューを提示していったことで、復興に向けて歩みだした地域の後押しをすることになった。とはいえ、地域が求めている状況を的確に把握することは難しい。それを可能にしたのは新潟県が設置した集落再生支援チームとその活動であり、その前から活動し、地域の実情を踏まえた提案を続けてきた中間支援組織がそれぞれの特徴を踏まえて連携をしたことにある。また、高等教育機関の人材も適宜活用することでそれを補強し、各主体が一丸となってビジョンの示した「こうありたい未来」を意識した取組みを続けてきたことが、過疎化が進展したにもかかわらず、そこに関わる人は増加し、地域主体でさまざまな挑戦的取組みが行われる現在の状況を生み出すことになったといえる。

被災地域はどうなったか

人口だけで見れば、どちらかといえば「こうなりたくない未来」が現実のものとなったようにみえる。しかし、この震災一〇周年を一つの契機として改めて被災地を訪れた人の印象は、おそらく人口減少による衰退を実感するのではなく、人々が一人ひとり生き生きとその地で活動し、交流し、山の暮らしの豊かさを享受しているというものではないか。

かつては、山の暮らしはどちらかというと自己完結、閉鎖系の社会であった。そうであるがゆえに、地域を離れる人は、その後もともと住んでいた地域との関係を維持することには困難もあった。また、外部の人材も単独でその社会に組み込まれようとするとき、慣習の違いや地域そのものが外部からの刺激を受け入れにくい体質を持っていたことでどうしてもよい連携体制が構築できなかった。しかし、被災規模が甚大であったがゆえに、他者からの支援を大量に受け入れざるを得なくなった。単独ではなく集団でそれらの支援を受けることで、その多様な人材のなかから地域としても付き合いやすい人々との継続的な交流が創出されることになった。また、地域の暮らしが元来有している豊かさを指摘されることで、山の暮らしが持つかけがえのない豊かさを改めて認識することになった。住む人だけでなく、そこに関わる人にとっても豊かな山の暮らしの継続は、受援力を高めた地域にとっては現実的なものとなっている。

２章　中越大震災復興基金が果たした役割

１　被災者への公的支援の展開

大きな災害が起こると、行政を中心とした緊急対応が行われることになる。それは被害状況の確認に始まり、被害を受けた人々のサポートへと展開する。さらには被害を受けた状況を早急に復旧させるためのさまざまな対策が同時並行で展開する。このような業務は、地域防災計画等に定められてはいるものの、通常業務に比べると慣れない業務も多く、混乱状態のなかで膨大な作業を進める必要に迫られる。

行政としては、道路や上下水道といった生活に欠かせない公共性の高いインフラの復旧を速やかに行うことが最も優先されるが、そこで暮らす人々の生活をなるべく早く日常に近い形に回復できるように施策を展開することもまた重要である。しかし、住宅等の個人の私有財産に対しては、原則としてそれぞれが責任を負い、行政としては直接支援を行わない。公共性、公平性の観点からそのような立場が取られているとはいえ、そのまま被災者の自主的な対応に委ねているだけでは、突然起きた自然災害によってまさに予期せぬ被害を受けた人々の生活再建が滞ることは予想されることである。仮設住宅の提供や建物の応急修理などの支援策は用意されている。ただ、どうしても被災者を柔軟に支援しようとした場合、公的支援の枠組みだけでは不十分であることも多い。

中越地震はその被害エリア、被害規模としては、かつての阪神・淡路大震災等とは比べるべくもない。しかし、多くの混乱が被災直後から発生している。良かれと思った施策が、かえって混乱を生むこともある。

ここでは、中越地震において復興基金が果たした役割を整理することに主眼をおくが、そこに至る経緯もある程度紹介することで、基金が柔軟性、適時性を備えながらメニュー展開をすすめてきた背景も浮かび上がらせたい。

2 被災直後の混乱、従来施策の運用

ここで改めて震災後一か月から二か月程度の間にはどのような取組みがなされるのかを特に被災者の立場から整理してみたい。

中越地震の被災地では建物の倒壊棟数はさして多くなかったものの、余震の継続によって実に多くの方々が避難生活を送ることになった。その数はピークで一〇万人を超えるほどであった。阪神・淡路大震災の避難者数は三〇万人を超えているが、被災した地域の人口と建物被害などを考えると、大変多くの人が避難をしたことになる。ただし、避難をした人々のなかには、地域を離れて避難せざるを得ないという状況に置かれている人もいる。いわゆる孤立した集落の方々である。地域にアクセスすることができない状況もあるなかで、行政としては被災者への支援活動を展開してきたことになる。

最初の混乱

最初の混乱は建物の応急危険度判定と罹災証明判定結果のギャップがもたらすものである。地震災害の被災地では建物が余震によってさらなる被害をもたらす恐れがあるとして、建築の専門家を中心とした建物応急危険度判定が実施される。

余震が発生して建物が倒壊してしまうような危険性がある場合、「危険」と記された赤いステッカーが貼られ、中への立ち入りを控えるように促される。また、その建物を利用しようとする際、注意を要するような場合には「要注意」と記された黄色のステッカーが貼られることになる。ちなみに、川口町役場はこの応急危険度判定結果が「要注意」であったことで、災害対策本部は役場の外に設置されたテント内に設けられている。一方で余震が発生したとしても建物被害が拡大したり、それに伴う人的被害の発生が懸念されないようなケースに限って「調査済み」と記された緑色のステッカーが貼られることになる。

これらは被害を受け避難生活を送りながら精神的にも厳しい状況にある被災者にとって、さまざまな影響をおよぼすことになる。たとえば、赤いステッカーを貼られた建物の持ち主が、建物を取り壊さなければいけないのではないかと誤解をしてしまうものである。しかし、この応急危険度判定は余震によって新たな人的被害が発生することを防ぐためのものである。そのため、たとえば建物の外におかれた空調の室外機が不安定な状況になっており、それが余震によって下に落ちてきそうな場合にも人的被害を発生させる恐れがあるため、赤のステッカーが貼られていることもあるのである。そのような場合、建物の構造的には大きな問題がないケースも多い。まったく修理を必要としないのに赤いステッカーが貼られてしまう事態も、その調査の性格上、往々にして起こりうるのである。

一方で一般に罹災証明と呼ばれるものをどのように取得することになるかというプロセスを整理してみたい。これは市町村の税務担当の仕事として被災度区分判定という調査が行われ、その結果が不動産の所有者に対して示されるものである。課税対象となる不動産が被害を受けた場合、その評価をきちんとしておくことでその後の減免措置等につなげていくための作業であるともいえる。この調査にあたっては応急危険度判定の活動を行った建築士は関わることがなく、建物の構造等に不慣れな市役所の税務職員が中心となって作業が行われる。ただし、中越地震の被災地では調査の対象となる建物の数が非常に多くなったため、保育士などもその調査に駆り出されている。被災度区分判定調査の項目に関しては、国によって定められているが、調査項目が膨大であることなどから、市町村によっては、実情に合わせて適宜編集したものを利用した調査を行っている。たとえば、長岡市などでは、本来は調査項目には挙げられていない宅地のひび割れ等も調査項目に加え、ひび割れが確認される場合には少なくとも半壊認定するような対応を行っている。

この作業を通じて被災者にとっては大きな混乱が生じることとなった。応急危険度判定で赤のステッカーを貼られた場合、その所有者が取り壊しを覚悟することになるが、被災度区分判定調査の結果はほとんど被害が認められない一部損壊などの判定となるケースが一例である。たとえば、屋根の瓦の落下の恐れがあるようなケースでは応急危険度判定では赤のステッカーが貼られることが多い。それは、余震が発生した際、瓦のさらなる落下が人的被害を発生させる恐れを懸念してのことである。一方で、被災度区分判定調査では建物の構造には影響がないと判断されれば一部損壊の判定を受けることになるのである。

また、中越地震の被災地では中山間地域の集落で孤立が発生した。孤立した集落の住民はヘリコプターなどを使って集落の外へ避難をすることになった。また、旧山古志村をはじめとする被害の大きい集落の住民たちは、それぞれの市町村の中心市街地近傍や郊外の大規模住宅団地に建設された仮設住宅が提供され、当面は全く集落への往来はできないまま、そこで生活をすることになった。各地で道路が大きな被害を受け通行不能となっている箇所が多くなっていたのも中越地震の特徴の一つであるが、それはそこに住む人々がしばらくの間住み慣れた地域へアクセスできなくなることを示しているだけではなく、たとえば被災度区分判定調査を現地で実施できないといった影響もあるということである。災害救助法や被災者生活再建支援法によってさまざまな被災者支援策を受けようとした場合、被災度区分判定結果に基づき市町村が発行する罹災証明書が必要となるケースが多いが、その罹災証明書を手に入れることができないとう事態が生じていたのである。

この事態も、さまざまな混乱を生むことになった。国によって定められた基準によって厳正に被災度区分判定調査を行ったケースでは、約一か月後に始まった罹災証明の発行手続きの現場において、被災者自身がその判定結果に納得しないという問題も発生した。被災者自身が応急危険度判定の結果や自分たちの目視によって理解している被害と、実際の罹災証明結果が大きなギャップを持っていると感じるのである。さらには、地域を離れている人にとっては、その後の降雪期には屋根に積もった雪によって被害が拡大するという懸念もあった。また、厳正に調査を実施し、判定を行った自治体がある一方で、その建物の所有者等のヒアリング等も行い、いろいろな状況に配慮して調査結果を決定したケースもある。その場合には、罹災証明の判定結果は比較的重いものになるケースが多く、その情報が共有された時点で厳正な判定が行われた自治体の住民たちがその判定結果に不満を持つことにもなった。

そういった判定結果の不満は、数多くの再調査を必要とする状況を生み出している。厳正な評価がそのような状況を生み出すことになったというのは皮肉な結果である。再調査の結果としては、区分が上がる（被害程度が重い罹災証明）ことが多くなっている。建物所有者の生活再建のプロセスをある程度勘案し、柔軟な対応を図った自治体の調査結果に足並みが揃って行くことになっていったのである。このあたりは、中越地震における被災者の支援のありようを象徴的に示しているケースであるともいえよう。

制度の運用、地域の実情に応じた制度設計

被災地では、建物被害に応じて、応急的な修理を施すことで速やかに住み慣れた住宅での暮らしを再開することを支援するための制度として建物応急修理制度というものが存在する。これは原則として一か月以内に簡便な修理を施した場合の支援メニューである。しかし前述したように、たとえば小千谷市では罹災証明の発行手続きまでに一か月を要している。罹災証明の結果がどのようになるかというのがわからないまま、さまざまな対応をせざるを得ない状況に被災者は置かれたことになる。

そのような時間的な制約もあるなかで、自分たちの建物の被害の判定根拠を応急危険度判定の結果に求める被災者がいたというのも想像に難くない。応急修理制度は、半壊、もしくは大規模半壊と認定された建物に対して行うことができるものである。たとえば応急修理制度の適用を見越して修理を行った場合でも、罹災証明の結果が一部損壊となれば制度の対象外となってしまう。また、この制度を利用した場合には仮設住宅への入居ができなくなるという制約もある。避難所生活を早く解消することで被災者の負担を軽減するとともに、仮設住宅への入居も少なくすることで行政負担が軽減できるという点で多面的に有効な制度である。しかし、被

災地では工事業者が不足するのも常である。結果として建物応急修理制度が当初定めていた一か月以内に工事を完了できない恐れがあるとして、修理を行わない被災者も出てきた。いわゆる機会損失の発生であった。

また、孤立集落に関しても建物自体の修理を完了させるための工事をできないという点で機会損失が発生しているといえる。制度としてはそのような状況を踏まえ、徐々に申請期限を延長することになった。しかし、期限は一か月単位で延長されていったため、先の工事業者の確保の問題などと関係し、被災者には引き続きさまざまな混乱を与えることになった。

さらに、中越地震の被災地で、これらの支援制度を活用しようとする場合に、この地域における世帯状況の特徴を踏まえていない制度設計がなされていたのも事実である。地方都市、中山間地域では、三世代が一つの建物に同居し、同一世帯としているケースも多い。各種支援メニューは、世帯収入などが支援を受ける際の条件になっていることもある。その場合、複数世代で世帯を構成しているケースでは、世帯収入が大きくなり支援制度の枠組みから外れるケースが多くなった。これらの状況を踏まえ、中越地震の被災地では世帯分離という方式が採用されている。それによって多くの被災世帯が各種の支援を受けられるような状況を生み出したことになる。被災者支援の方策は画一的に作られているが、それを地域の実情に合わせてカスタマイズしてきたといえるだろう。さらに、このような状況を踏まえ、新潟県は独自の新潟県中越地震被災者住宅応急修理制度というものを新設している。世帯収入条件は震災から一か月後に撤廃、期限は翌年の三月末と当初から設定し、仮設住宅入居者にも利用可能な条件としている。国が定める制度に対して、金額を上積みしたり、利用条件を拡大したりする、上積み横出しによる運用が行われている。被災者に対して手厚い支援を行おうという姿勢が見て取れる対応である。

このように、中越地震の被災地には、地域の実情に応じて柔軟な支援を行おうという雰囲気が存在していたことがうかがえる。ただしこれは、被災エリア、被害が限定的であり、県独自で制度設計をすることができたことで実現したともいえる。

また、高台に造成された団地などが、斜面の崩壊によって宅地に大きな被害を受けるケースもあった。本来、造成に関与した民間企業の責任となるわけだが、被災者にとってみれば、それらの復旧を自らもしくは施工業者に委ねることが難しく、それらは大きな生活再建への妨げとなる。そのため特例として、国は災害関連地域防災がけ崩れ対策事業に関して人工斜面も対象とした。また、阪神淡路大震災での教訓を踏まえて新設された、被災者生活再建支援法による支援に関して、所得制限を弾力的に運用するとともに、住宅の修理にも利用できるようにした。加えて、これらの制度を全壊判定を受けた建物に対しても利用可能としたのも大きな特徴である。本来、全壊判定を受けるということは、その建物を利用し続けることが難しいということである。つまり、修理等をしても居住性を改めて確保することが難しいということである。しかし、中越地震の被災地では全壊認定であっても修理ができるようになっている。これは、孤立集落に存在する被災建物が、地域に立ち入ることができないために、さまざまな工事などを期限内に終わらせることができないという状況を配慮したものである。つまり、機会損失を罹災証明の判定結果をより大きなものにすることで埋め合わせようとした配慮である。

さらに新潟県では、住宅再建支援に対して県独自の支援制度を用意している。それが、新潟県中越地震被災者生活再建支援補助金である。被災者生活再建支援法による支援では、当初は住宅賃借時の家賃や建物の修繕には資金を充当することができないというきまりがあった。そのため、家財道具等を新規に購入することができきても、住宅の修理や、多くの資金を必要とするような工事に充当することができず、それが制度の利用を妨げる一つの要因でもあった（ただし、最終的には建物の修理ができるようにもなっている。）。

県の制度ではさらに年齢要件を緩和し、収入要件も緩和をしている。結果として、全壊の判定を受けることは、その建物を壊す必要がなく、義援金の額も一番多く、修理等を行う際の支援も充実している状況になった。被災者としては、より被災度区分判定の結果を重いものにしてもらい、それを罹災証明に反映してもらうことで手厚い支援を受けられる状況が生まれることになった。それも、前述のように、罹災証明の発行に際しての被災度区分判定調査の再調査依頼が殺到することになった背景である。

3　中越大震災復興基金が果たした役割

自然災害被災地にできた復興基金

新潟県の場合、中越地震からの復興に際して、行政政策の方向性を示すために、中越大震災復興ビジョンを最初に設定したのは前述の通りである。そこでは、中山間地域を新生、再生させる地震としてこの中越地震を位置付けている。自然災害による被害に対して、どのような復旧復興を進めていくかという問題は、被災地が本来抱えていた課題をどのように解決するかということとも密接に関係してくる。その点で、過疎化、高齢化が進み、流動性も低下しつつあった中山間地域を新生、再生させようとした判断を復興ビジョンの時点で下していることはきわめて興味深い。そこには、道路を復旧させたり、それぞれの被災世帯が住宅を再建し、そこで暮らしを再開する時点をゴールとするのではなく、その後の地域での暮らし方もまた重要であるという視点がある。それは、これまでに整理してきた被災住宅等の支援を柔軟に行ったことだけでなく、その後の各種政策の組立て方にも現れている。中越地震からの復興において、そのプロセスを支える仕組み、仕掛けとして特によく取り上げられるのが中越大震災復興基金である。使い勝手のいい財源、地域の実情にあったメニューの充実といったあたりが概ねの評価である。そのような財源となったのは、従来の自然災害被災地で設置された復興基金の経験を踏まえながら、その本質を見極めつつ地域実情を加味して制度が運用されてきたことの成果であるといえよう。ここでは、中越大震災復興基金ができた背景を改めて整理するとともに、これまでの自然災害被災地で使われた復興基金の歴史をひもとく。さらには、具体的にどのようなメニューが設定され、どのように使われてきたのかを一部分であるが紹介をする。それらによって、どうして地域を主体とした復興が進むことになったのかを理解するひとつの手助けになるのではないかと思う。

復興基金の意義

復興基金の意義を整理したい。復興基金というのは、公的支援の及ばない、もしくは公的資金では支出しにくいような性格の事業に対して柔軟な対応をはかることができるという点にある。制度や法令で整備されていない支援というのも一例だろう。さらには、個人資産には直接支援をしないという原則を一歩踏み込めるような役割を果たすものである。青田良介は、国は、私有財産制のもと、個人財産の維持形成につながるものは自己責任、自助努力の範疇であって、公的に支援するのは困難であり、その対象としては、公共の利益に資するもの、インフラ、そして不特定多数の利益に資するものに限定されていると整理をしている。その結果、被災者は元のコミュニティでの生活再建が不可能となり、その被災者だけでなく元々のコミュニティも脆弱になっていき、それがまちの衰退を促進させる可能性があると指摘している。四角四面の支援策では、結果的に、各世帯の生活再建を支えるために必要なコミュニティ自体を衰退させる要因にもなりうるという指摘である。このように、置き去りにされがちな被災者生活再建支援を柔軟かつ時期を意識せず適用しようとするためには、非常に有効な役割を果たすことになる。

復興基金の定義について、阪神淡路大震災復興一〇年検証・提言報告のなかで、①国、県、市町などが一定程度の措置を行ったが、一歩踏み込んで支援が必要な事業、②公共性・公益性があるが、行政が措置を行えない部分を対象に、一歩踏み込んで支援する事業、③被災者に係る金利をさらに下げることが必要な事業、④ボランティア活動、自治会活動と被災者の自立復興を支援する事業、であると整理している。これは、公助を補完しつつ、自助共助を支援していく性格が復興基金にはあるということを示している。

これらを実現するための使い勝手のいい財源として、復興基金は制度化されていないため柔軟に変更が可能となっていること、用途に制約が少なく、行政からの支援策においてよく見られるような縦割りの事業予算によって臨機応変な対応が難しくなるような状況に対して、どの分野にでも柔軟に適応することができること、復興基金そのものの設置には財源の定めがないこと、そして、いったん基金が設立されれば、柔軟に使うことができることが特徴であるといえよう。さらには、行政の一般予算とは異なり、事業計画を策定、そして予算措置をして、議会承認を得ることで初めて事業が具体化するという時間を要するプロセスを踏むことが不要となり、意思決定を迅速かつ事業展開を迅速にすることができるという利点があるといえる。

ここで、これまでのさまざまな自然災害の被災地において設立された復興基金について概要を整理してみたい。

わが国において初めて自然災害の被災地に対して復興基金が設立されたのは、一九九〇年に始まった雲仙普賢岳の噴火災害の被災地においてである。噴火の収束までに長い時間を要したこの災害の被災地において、住民、地域の復興のために設けられたのが雲仙普賢岳災害対策基金である。基金の規模は一、九一〇億円であり、それは地方交付税の補填、そして義援金によって賄われている。事業数は七三を数え、事業費総額は二七五億円に上っている。

一九九三年の北海道南西沖地震における津波災害で大きな被害を受けた北海道奥尻町においても復興基金が設立されている。奥尻町の場合、その財源はすべて義援金である。被災者数は少なかったが、多くの義援金が集まったのがこの災害の一つの特徴であり、一三三億円の義援金を復興基金とし、数多くの事業を実施している。

阪神・淡路大震災の被災地においても、復興基金が設立されている。この基金の設立方式が、中越大震災復興基金の枠組みに大きく影響を与えているといえる。まず九、〇〇〇億円を起債し、それに対して地方交付税を補填する形で、その利子を事業費として充当するものである。事業費は三、五五〇億円に上っている。

復興基金は国内だけで利用されているわけではない。中越地震の復興プロセスに大きな影響を与えた一九九九年に発生した台湾九二一地震（集集地震）においても同様の復興基金が設立されている。ここでは義援金を中心としながら、さまざまな財源を集約する形で復興基金としている。台湾の復興は、阪神・淡路大震災の被災地神戸で進められていた住民参加の復興まちづくりに範を得て、住民主体のまちづくりを進めようとするさなかに発生した地震であったことで、その取組みを活かす形で進められてきたといえる。コミュニティを重視した支援施策が講じられ、それには復興基金による支援が大きな役割を果たしてきたのである。台湾では九二一基金会という基金を活用する組織が民間組織として設置され、そこと関係をもつ組織や個人が被災地でニーズの把握をしたり、具体的な支援活動を行い、それに対して資金提供が図られるという構図である。さらには台湾の場合、大きな被害を受けた場所に山間地の集落も多く含まれていた。台湾原住民も多く居住するそれらの地域の復興に際しては、地域の特徴やそこに住む人々の暮らし、文化を尊重しつつその価値を高めることで、産業の育成を図ったり、生活再建を促したりするという点で、中越地震の被災地においても多くのヒントが潜んでいた。

中越大震災復興基金の設立

中越地震の被災地では、国によって三、〇〇〇億円の起債許可がなされた。そこで確保された三、〇〇〇億円を、年間二％で運用することで生じる六〇億円の資金を一〇年間で計六〇〇億円とし、それらを被災地の復興にあてていこうというものである。先述の復興基金の特徴を活かし、地域の実情にあった施策を展開する環境を整えるために、誤解を恐れずにいえば、マネーロンダリングが行われたのである。

復興基金のメニューづくり

しかし、復興基金として一〇年間六〇〇億円が必要となる根拠が当時の新潟県としては必要であった。そこで新潟県庁内部では復興を進めていくために必要となるような事業メニューが関係各部署から挙げられることとなった。すでに取り組んでいるさまざまな事業も含まれていたが、復興に必要と各部署が考える施策が予算も含めて取りまとめられたことで、復興にはそれだけの財源が必要であるという根拠を作り上げることになった。その結果が起債許可の金額に反映されたのである。その流れからいえば、そこで想定されたさまざまなメニューが、実際の基金としても事業化され、被災地で展開されていくことになるのが当然のように思われるが、新潟県中越大震災復興基金の場合には、復興基金の財源が確保された段階で、一度すべてのメニューが白紙に戻されている。先に、復興基金の使い勝手の良さという特徴を整理したが、行政も臨機応変かつ積極的に復興に関与し、中山間地域を新生、再生させようとする意志があったといえるだろう。

復興期のメニューはどのように決められてきたのであろうか。特に、中越地震の復興においては、まず事業計画や予算の関連付けがほとんどない復興ビジョンで方向性を示し、その後市町村が復興計画を作り、そこからこぼれ落ちた施策等を県の復興計画が補完するといった枠組みを持っていた。復興ビジョンで描かれた被災地の復興を実現していくためには、行政の得意とする事業の組み立てや予算確保といった業務の流れと異なり、想像力を働かせながらメニューを作り上げていく必要性に迫られたともいえる。当初、復興基金のメニューは、市町村などからの提案を受け付ける形で作られていった。地域の実情をよく知る市町村から、実際の復興に際して必要となるようなメニューを募集したのである。新潟県中越大震災復興基金はその事務局を新潟県庁内、震災復興支援課に併設して設置したが、組織としては公益財団法人の形をとっている。募集された基金のメニューを具体的なメニューとして再加工するためには、復興基金の理事会の議論そして決議が必要となった。そこには、学識経験者や民間の人材が登用され、行政の物差しだけではない判断基準によってさまざまなメニューが講じられてきたともいえる。また、基金メニューは、固定化されたものではなく、復興のプロセスに応じて新たに事業メニューが追加されたり、廃止されたりしてきた。つまり、復興基金をより有効なものとするために、地域の実情をきちんと把握するというプロセスが不可欠だったのである。

地域の復興を支援するためのメニュー展開

とはいえ、復興基金の初期のメニューには、災害復旧事業に位置づけられるようなものも含まれていた。原型復旧にとどまらない一歩踏み込んだ公共事業としての性格を持つものである。さらに、住宅を再建した被災者が、金融機関から借り入れをした場合のローン金利の利子補給メニューも設定されている。これもまた先述の復興基金が果たせる役割の一つであり、それが早い時期にメニュー化されているといえる。

こういった基金メニューによる支援もあり、被災者一人ひとりの生活再建が徐々に進みつつあるなか、復興基金は、個人や世帯の生活再建、復旧復興を支えるだけではなく、被災者が日々の暮らしを営む地域にも着目した支援を模索してきた。

中山間地域に立地する多くの被災集落では、被害を受けた家屋の片付けや、仮設住宅でのさまざまな生活支援、たとえば炊き出しや、さまざまなイベントの実施などを通じて、県内外から多くのボランティアが地域との新たな関わりを生み出していた。そのなかでも、地域住民と一緒に語り合い、地域に戻った後にどんな活動をしようかということを一つのテーマとしてじっくりと地域に向き合い、時間をかけて地域との信頼関係を構築していくような動きも見られ始めた。災害復旧事業によって各種基盤の整備が進み、住宅再建にも目処が立ちつつある状況で並行して生まれた動きである。復興に向けたサポートの方向性を模索しつつ、地域に寄り添い地域の人とコミュニケーションを深めるなかでその解決策を見いだそうという動きである。そのなかで、地域住民だけではなく、地域で暮らしていくために必要な取組みの存在など、地域としてのニーズやシーズが拾い上げられるようにもなってきた。しかしながら、関与を深めてきた人材や組織には実際の支援の動きとして進めていくために十分な財政的な裏付けがあったわけではない。地域のニーズを引き出し、地域全体で復興に向けた動きへと進めていくために必要な政策を、財政支援によって実現する仕組みという点で、復興基金は被災地の復興にとって大きな役割を果たすことになる。

被災は多くの影響を地域に及ぼすことになるが、それは地域が外部の人材とのさまざまな交流を持つきっかけにもなるのである。そのなかで、被災者は地域の魅力に改めて気づき、地域がこれまで培ってきた山の暮らしの大切さを知ることにもなった。さらには、外部人材との協働によって、それらの復活継続を図る可能性も見いだされてきたのである。被災地において先行的に生まれた動きというのは、小千谷市東山地区塩谷集落において、震災の翌年の春に行われた芒種の陣かもしれない。それは、避難指示の継続と、その後の大雪によって住み慣れた集落に戻ることができなくなった住民に対して、小千谷市内に建設された仮設住宅での集会所における話し合いを通じて、雪解け後に、倒壊した被災住宅の片付けを多くのボランティアの力を結集して実施しようとする動きである。日本財団が中心となりながら、継続的に関わりをもってきたボランティアが駆けつけて一つのイベントとして実現したのである。それ以外にも、震災後の活動を通じて翌年五月に結成された、中越復興市民会議がさまざまな地域において丁寧な対話を続け、地域の復興の芽を見いだしていった動きは復興基金の支援メニューの展開においてもきわめて重要である。中越復興市民会議によってすすめられた小国町法末地区における被災した体験交流施設やまびこの再開支援活動などを通じて、多様な主体が復興プロセスに関わることの重要性をあらためて共有することにつながった。

復興を進める三極構造

こういった動きは、中越大震災復興基金事務局にも共有されていた。復興のステージを迎えるにあたり、新潟県にも集落再生支援チームが設置され、被災した集落において、復興へ向けた新たな動きを直接支援し、現場ニーズを復興支援策へダイナミックに結びつけることを模索してきた。中間支援組織等の情報共有を踏まえ、モデル地区を設定し、復興熟度を見定めながら時期に応じた的確な支援をすすめてきた。そこでは、地域のニーズを具体的な支援策へとつなげるために基金メニューに即座に反映させるプロセスが確立された。それは、中間支援組織にとっても、地域のニーズをふまえた取組みを実践するための財政的な裏付けを得ることができたのである。復興プロセスにおける、地域再生のための三極構造を機能させる大きな役割を基金が担うことになったのである。

結果として、復興基金を核とした重層的な集落支援体制を構築することができたといえる。集落が復興に向けて取組みを進めていくなかで、それを支援していく中間支援組織に対しては復興支援ネットワーク事業によって活動運営資金を復興基金が支援している。さらには、震災以前から実施されなくなっていた地域のお祭り（さいのかみや盆踊りなど）などを再開することを促すような、中間支援組織の働きかけに対して、地域コミュニティ再生支援（ソフト事業）による支援メニューを設置することで具体化の道筋をつけてきた。その後、地域住民が主体的に復興に向けた動きをすすめていくような復興熟度の高まりのなかで、将来の地域をどのようにデザインしていくかを話し合い、計画づくりをすすめていくための地域復興デザイン策定支援事業、そこで作られた計画をもとに具体的な施設の整備などを行う地域復興デザイン先導事業といった、集落に直接かかわるような事業メニューも用意された。

このようなタイミングを見計らって支援をすすめる動きは、モデル地区においてそれなりにうまく機能してきた。しかし、モデル地区において展開されてきたさまざまな政策、そしてその効果を見定めながら中越地震被災地域全体にその事業を展開させていくためには、三極構造の一極を担う中間支援的な働きをする人たちを拡充させなければいけない状況にもなった。そこで復興基金を活用して復興支援員の設置がすすめられることになった。復興支援員を導入しようとする市町村にまず復興支援員を受け入れる組織を設け、そこで採用した復興支援員の人件費を復興基金によって賄うというものである。この制度は震災から約三年後にメニューとして採用されており、第一号の復興支援員は川口町に二〇〇七年九月に配置されている。復興支援員が果たしてきた役割は本書内でも詳細に解説されているが、その有効性を踏まえて、被災後早期のうちに復興支援員を配置してきた東日本大震災の被災地とは実はずいぶん状況が異なっている。

まずは、住宅再建を中心としながら、被災者自身の生活の再生に向けた動きを確かなものにするということに重点的に取り組み、それと並行しながら、被災者の生活を支える地域の復興に向けた動きをサポートするような動きを展開する、このような重層的な動きを復興基金が各種メニューによってリードしてきたともいえるだろう。

メニューの展開

復興基金の特徴的なメニューが、いつ事業化されてきたのかを表2-6に示す。被災者が主体となって、復興に向けたプロセスに取り組むきっかけとなったのには、地域を対象にしたメニューの前に、重要なメニューが一つある。それが、農林水産業対策事業として分類されている手作り田直し支援事業である。これは、先述の新潟県に設置された集落再生支援チームと復興基金事務局、そして中間支援組織が一体となって、仮設住宅の集会所などで開催してきた地域住民との懇談会のなかで出てきた話題に基づいて準備されたものである。中

表2-6　復興基金のメニュー

分　類	事　業　名	事業年度
農林水産業対策事業	手づくり田直し等支援（H20以降は地域限定）	H17～21
	錦鯉復興対策	H20～24
生活支援対策事業	地域共用施設等復旧支援	H18～21
	地域生活交通支援	H20～25
地域復興支援事業	復興支援ネットワーク	H17～22
	地域コミュニティ再建（ソフト事業）	H17～23
	地域コミュニティ施設等再建支援	H18～21
	地域復興デザイン策定支援	H19～23
	地域復興デザイン先導事業支援	H19～24
	地域復興支援員設置支援	H19～24
	地域復興人材育成支援	H20～22
	地域特産化・交流支援	H19～22

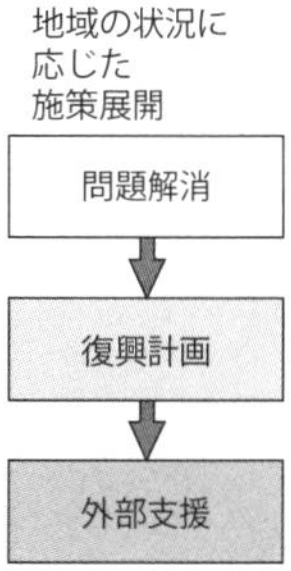

山間地域が大きな被害を受けたということは、住宅の被害だけでなく、彼らの暮らしを支える農地等も甚大なダメージを受けているということである。住宅だけでなく、農地の復旧が暮らしの再生のためには欠かせない。田んぼを直し、稲作を再開することのもつ意味は大きい。それに関しては各方面で意識が共有されており、復旧に際しては、いわゆる公共事業としての災害復旧も可能であった。しかし、原型復旧が原則とされている災害復旧においては、地形が大きく変わり、かつ震災前の田んぼの形状では機械化も難しく、生産性が低く留まっていた農地を元に戻そうとしても、震災前と大きく変わった地形から震災前に戻すことは極めて困難である。それ以上に、被災者の生活再建にとっても被災者の高齢化などを鑑みたときに、より生産しやすい環境を整えることのほうが大切である。加えて災害復旧事業では、工事の実施に際してもさまざまな制約があり、さらには工事設計をした後発注をし、その工事費用の大部分を国等が負担するとしても、大きな経済的負担が必要となる。それらの状況が懇談会で明らかにされた上で、地域住民からは、自分たちが重機を使って田んぼを直すこともできる。その場合、若干土地の形状を変えることでより使い

やすい田んぼとして再生することもできるといった意見が出された。さらにその工事に関しては、地域住民が自分たちで施工することも可能であるという意見もあった。地域のさまざまな能力を活用しつつ、地域再生のスタートアップに対して必要な支援が行える可能性に期待して、この事業がメニューとして設定されることになったのである。地域のニーズにあったこの事業は各地で数多く活用された。稲作は、年に一度の田植えの時期に作付ができなければ一年を棒に振ることになる。一方で迅速に作付ができる状況を整えられれば、農業の再開が生活再建の大事な一歩としてその後の復興プロセスをけん引する役割を果たすことにもつながる。地域の人々は、生活再建のプロセスを自分たちの力で田んぼを直すという小さな成功体験から始めることができるだけでなく、それらが自分たちの力でなされたという自負が、その後の地域の復興を主体的かつ多様な主体との連携によってすすめていくために大きな役割を果たしたといえる。なお、錦鯉の養殖に関しても同様のメニューが用意されている。

復興基金だからこそ実現したメニューもある。それが、地域コミュニティ施設等再建支援によって行われた、地域の鎮守様の復旧である。地域内に立地する神社は、宗教施設というよりも地域のよりどころとしての機能が強い。しかしながら公的な復旧支援においては、どうしてもそこの直接支援を行うことが難しい。ただ、鎮守様の復活は、地域再生を積極的にすすめる契機ともなる。

それらを踏まえ、復興基金の特徴を生かしながら、このようなメニューが展開されたのである。このメニューは、被害が大きかった地域だけではなく、復興基金を利用可能であった市町村全体で幅広く利用されることになった。被災のほとんどなかった地域でも、復興基金を利用して地域の神社の再建を行ったケースがあるということである。これは、ある意味モラルハザードとみることもできるが、地域を再生するために、そう

表２-７　中越大震災復興基金コミュニティ事業の変遷

（単位　千円）

事業名	17年度	18年度	19年度	20年度	21年度	22年度	23年度	24年度	25年度	26年度
緊急手作り田直し等総合支援		【4.1%】20,523	【38.8%】194,828 ★	【32.5%】162,917	【17.0%】85,373	【7.6%】38,204				
手作り田直し等総合支援	【14.9%】242,929	【58.6%】958,559 ★	【28.3%】462,596	【10.2%】166,620	【2.9%】47,197	【0.003%】600				
集落共用施設等維持管理		【0.6%】1,200	【49.6%】96,150 ★	【48.7%】94,444	【1%】1,950					
地域共用施設等復旧支援		【9.0%】123,603	【29.3%】404,143	【31.2%】431,012 ★	【22.9%】316,486	【7.6%】105,573				
地域コミュニティ再建（ソフト事業）	【0.5%】8,373	【2.6%】41,340	【12.9%】205,024	【25.1%】399,181	【49.7%】791,315 ★	【8.5%】135,043	【0.8%】12,817			
地域コミュニティ施設等再建支援		【6.3%】717,962	【26.6%】3,018,589	【41.4%】4,704,811 ★	【17.4%】1,980,914	【8.2%】930,242	【0.0002%】2,315			
中山間地域再生総合支援			【2.4%】87,275	【24.4%】905,401	【29.3%】1,085,720	【38.7%】1,434,120 ★	【5.3%】195,841			
被災地域代替生活交通確保支援			【56.8%】26,061 ★	【43.2%】19,814						
地域復興デザイン策定支援			【7.1%】30,104	【18.4%】78,068	【36.0%】153,198 ★	【27.7%】117,792	【10.9%】46,215			
地域復興デザイン策定先導事業支援			【4.2%】15,113	【18.1%】65,366	【17.3%】62,619	【36.0%】131,229 ★	【24.0%】86,710			
地域特産化交流支援				【6.4%】26,429	【12.8%】53,064	【38.0%】157,372	【42.8%】177,467 ★			

↑復興支援員設置（12月）　↑仮設住宅終了

（注）★は当該メニューが最も利用された年度を示す。

いった事業が必要であり、若干本来の目的に沿わない利用があったとしても、地域全体の復興の雰囲気醸成のために必要な施策であったというふうに当時の復興基金関係者は述懐している。

タイミングを見計らったメニューの展開

表2-6に示したように、復興基金のメニューは、まさに復興熟度に応じてメニューが展開されている。

復興熟度に配慮することなく、復興に必要と思われるすべてのメニューを先に示してしまうと、メニューによって、地域の動きがかえって束縛をされ、主体的な復興の動きを阻害することにもつながりかねない。その点を充分に認識した上で、三極構造によってうまく地域ニーズを引き出しながら、必要な施策を必要な時期に展開することができてきたといえる。それは、表2-7に示した代表的なメニューの利用状況をみても明らかである。

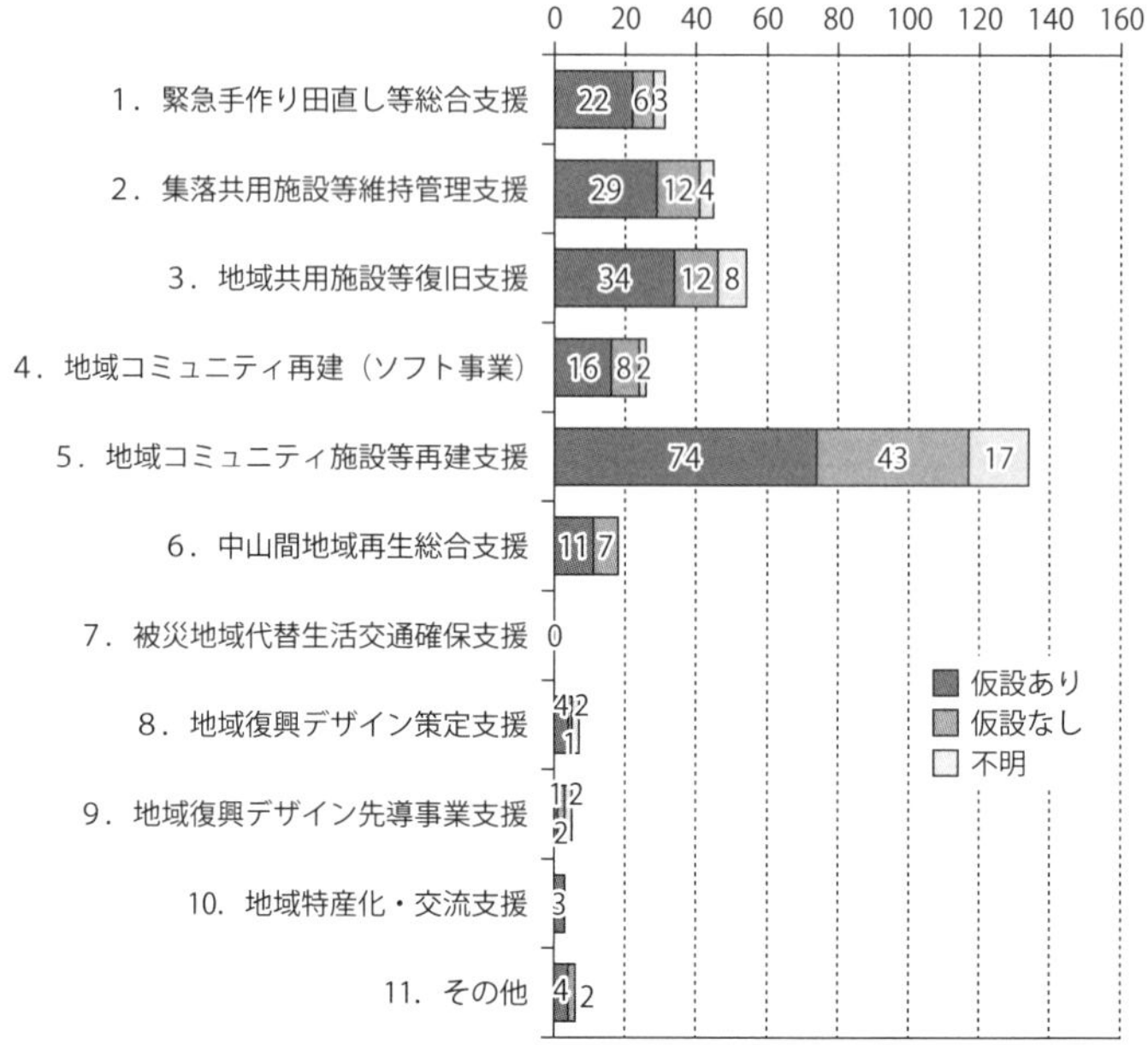

図2-22　役立ったメニュー

復興基金の評価

　最後に、中越大震災復興基金はどのようなものが役に立ったのかを整理をしてみたい。先に復興プロセス研究会によって実施した地域を対象にした復興のアンケート結果を示したが、調査票の一部で、復興基金に関する設問を用意した。その結果を示したい。実際に、さまざまな復興基金を使ったなかで、どのメニューが非常に役立ったかと聞いた設問に対する回答が図2-22である。そこでは、地域コミュニティ施設等再建支援が最も多くの回答を得ている。地域の再生をすすめていくにあたり、先述の地域の神社等を再建するための支援策が最も評価されていることは極めて興味深い結果である。地域がどのようなときに復興を実感するかという設問に対して、道路など壊れたものが直ったときにそれを実感するケースが多いことを示した。物理的な被害を受けたものが直るということが地域の復興に大きな影響を果たしているという点では共通だが、やはり地域住民の心のよりどころの再生が、復興への動きを作り出す役割を果たすという、復興基金だからこそできることの可能性が見いだせる結果となっている。

3章　復興まちづくりにおける「地域復興支援員」の取組み

1　中越地域における「人的支援」の始まり～災害時のボランティアから復興支援へ～

中越地震においてもそうだが、災害が起こると多くのボランティアが全国から駆け付け、避難所の支援や仮設住宅での生活支援にあたる、というのは昨今の災害現場では必ず見られる風景となった。一方で、災害ボランティアは東京をはじめとした大都市から多く集まることもあり、災害から一定期間を経ると急速にその規模を縮小させていく。ボランティアという、人の善意をベースにした取組みである以上、人の気持ちが冷めるように支援も低下していく。これは必ずしも被災地の都合で変化するのではなく、支援する側の都合や気分である。一方で、被災した地域の支援は必ずしも被災直後だけでなく、その後の復興の段階に至るまで必要であり、地域の状況に応じた外部からの支援が必要となる。

中越地域では東京などからのボランティアの他に、地元長岡市や新潟市など近隣地域からのボランティアも多く、このような地元のボランティアが被災直後にとどまらず、長期にわたる支援を行いながら、その役割が評価されるに至った。さらにその支援手法の有効性が認められたことからその活動を広げるべく「地域復興支援員」の支援メニュー設置に至っている。

「地元」ボランティアの存在

中越地震でも多くのボランティアが被災地で活動したが、そのなかで注目したいのは地元のボランティアの存在である。被災地から比較的近い都市部（新潟市や長岡市）で、やや悶々とした日常を送っていた若者たちが、被災地と積極的に関わりを持った。彼らは避難所の運営サポートにとどまらず、被災者との対話を通じて信頼関係を育み、ともに復興に向かって汗を流すパートナーとして認識されるに至った。こうした人材は都市部からのボランティアの数が減るなかでも地域での活動を続け、「ボランティア」という存在から「○○さん」という固有名詞で呼ばれる存在へと変わっていった。これは地域にとっては大きな変化である。というのも、被災直後はさまざまなボランティアが入れ代わり立ち代わりやってくる。いろいろとサポートしてくれるので否定はできないが、誰が誰だかわからないというのが本音だろう。それが継続的にやってくるボランティアは話し相手としても毎度同じ話を繰り返す必要もなく、話が進んでいくのだから気持ちが良いだろう。関係が親しくなるのはいうまでもない。

中越復興市民会議の活動

中越復興市民会議は被災直後からボランティアセンターなどで被災者支援にあたっていた稲垣文彦氏と阿部巧氏が中心となって二〇〇五年に設立された。その活動は行政が行ってきたような画一型の支援ではなく、行政による支援からこぼれ落ちてしまうことを集落の住民と一緒になって考えるという寄り添い型の支援であった(注６)。どうしても支援活動というと、帰村に向けた準備に対しての労務の提供や、話し相手、子どもの遊び相手などが中心と思われがちであるが、市民会議が主として取り組んだ活動は、復興に向けた取組みや計画づくりを後押しすることであった。一般に計画づくりに対する活動支援というと、コンサルタントなどの専門家が必要とされがちであるが、市民会議は地域住民とともに考えるという支援を行っている。というのも、被災者は元々中山間地域の住民であり、積極的に主義主張をアピールするタイプではなかった。そこに外部支援者としての市民会議が〝仲間〟として一緒に考えるなかで、被災者の小さな想いを後押しし、実現してみせることで、やる気と自信を取り戻していくことがあった。このように、被災者にとって必要だったことは、技術的支援でも専門知識でもなく、自らの存在を積極的に肯定し、ともに悩み、考えてくれる仲間だったのである。このような支援のカタチは地域の内発的な力を呼び覚まし、再び集落が活力を持って立ち上がる気力を地域に提供した。結果として人口減少は進みつつも被災前よりも活気がある、と公言する集落が出現し始めた。

2　人的支援の制度化～「地域復興支援員」の設置～

〝地元ボランティア〟による集落への寄り添い型の支援が一定の成果を収めていく状況を知った新潟県は、このような取組みをより広範に広げることを目的とし、復興基金メニューとして「地域復興支援員設置支援」を二〇〇七年、震災から三年を経た時期に新たに追加した。復興基金事業である性質上、本制度で復興支援員を設置する際は行政による直接雇用ができないことから（注7）「継続的に地域の復興活動を支援することができる十分な組織体制を有する公共的団体等で、市町村長が認める団体」が雇用することとなった。これが結果として行政とは明確に違う立場としての「復興支援員」を定義付け、行政・住民の間に立つ第三の関係者としての位置付けを裏付けることとなる。

復興支援員の特徴は、住民と行政の二主体である場合にどうしても対立構造になりやすいなか、どちらにも位置付けられない第三の主体として存在することで、対立構造から三極構造となることにある。つまり、行政の立場では動きにくい、言いにくいことを復興支援員の立場で発言し、住民の言いたいことを行政に伝える仲介的な立場、というところに意味がある。たとえば、ある住民個人の小さなアイディアや何かしたいという気持ちに対して強く支援することは、行政の場合は平等性の観点からは難しい。行政の場合の支援は、住民側からの支援依頼があって初めて支援可能となるケースが多いが、地域住民のそれこそ〝小さな声〟は小さいがゆえに積極的に行政や外部主体に対して支援を求めるほど強いものではない。しかし、こうした小さな声を後押し、自信を持ってもらうことが集落の主体性を創り出していく上では重要であり、そのためには支援する側が積極的に住民の小さな声を拾い上げ、さらに後押ししていく必要がある。こうした支援は広域的な公共サービスを提供する行政は得意とするところではない。そこで、復興支援員が日常的な住民とのコミュニケーションを通じて小さなやる気を発見し拾い上げ、それを支援することで住民に「小さな成功体験」を提供することができる。このように、復興支援員に求められることは行政では拾い上げることが難しいような小さな動きを日常的なコミュニケーションのなかから探り出すことである。このような、時としてきめ細やかに一点集中型の取組みをする際には行政という公的な立場よりは、復興基金で雇用されている復興支援員という立場の方が動きやすいのである。一方で、行政ではないということは行政との関係づくりも意図的に進める必要がある。行政は日々の業務で手一杯であるケースも多く、復興支援員の側が積極的な情報交換を仕掛けない限りは、具体的な連携は難しい。その点で復興支援員という立場は住民側への積極性と同時に、行政側への積極性も求められるのである。このよ

表2-8　地域復興支援員　概要一覧

	長岡市				十日町市	南魚沼市	川口町	小千谷市	魚沼市
	長岡	栃尾	山古志	小国					
人口(人)		22,347	1,342	6,505	63,340	62,061	5,241	39,941	43,566
設置主体	㈶山の暮らし再生機構						川口町観光協会	㈶小千谷市産業開発センター	㈶魚沼市地域づくり振興公社
設置人数(人)	9	3	5	3	5	6	5	11	11
主な活動内容	・情報収集提供 ・支援員の活動支援 ・太田地区への支援	・地域の元気づくり支援 ・活動集落の継続支援 ・ネットワークづくり支援	・地域福祉活動支援 ・地域活性化支援 ・地域おこし活動支援	・活動集落の継続支援 ・集落、団体の連携支援 ・地域活性化支援	・高齢化集落への支援 ・農村の活性化 ・地域観光活性化支援	・地域活性化支援 ・観光誘致支援 ・２地域居住推進支援	・集落再生復興支援 ・ネットワーク形成 ・都市との交流の促進	・地域コミュニティ復興支援 ・地域産業復興支援	・滞在型体験プログラムの策定など ・集落維持活性化支援
連携している中間支援組織				NPO法人MTNサポート					
事務局の支援をしている組織			山古志住民会議				えちご川口交流ネットREN	おぢや復興ネットワーク	・うおぬま体験交流推進協議会 ・魚沼市自然・歴史・食文化ネットワーク

うに立場の曖昧さは残るものの、復興基金を行政が直接使用することができない、という制約が結果的に復興支援員を行政の立場から解放し、より自由度の高い立場を保証することとなった。

このように、さまざまな設置主体となったものの、中越地域では二〇〇七年一一月に一名の復興支援員が配置されたのを皮切りに二〇〇八年四月に二九名の復興支援員が長岡市、小千谷市、十日町市、魚沼市、南魚沼市に配置され、本格的に活動をスタートさせた。

活動エリアと設置人数

中越復興市民会議は数名のメンバーで長岡市（旧栃尾市、旧小国町、旧山古志村、旧川口町）(注8)、小千谷市を中心に広範な地域で複数の集落に対する支援活動を展開していた。というのも、復興支援の取組みは集落の状況との呼応のなかで進むため、支援する側と支援される側の〝相性〟が重要である。相性が良ければことはうまく進むし、相性が悪いとさまざまな食い違いが生じる。このように集落と支援者とはいえ、人と人の関係で成り立つため、マッチングがうまくいくかどうかで、支援の成否が大きく左右される。一般にボランティアによる復旧支援や生活支援の段階から復興に向けた取組みの段階になると、将来ビジョン策定などの計画立案の委託契約を結んだコンサルタントがその役割を担うケースが多いため、この〝相性〟を事前に確認することが難しいことが多い。しかし中越復興市民会議のような、地域との具体的な契約関係を持たない団体の場合は、それが自由なのである。ボランティアベースで関わりを始めるため、相手の様子をうかがいながら相性を確認することができる。相性が良ければ、継続的に支援を続けるし、相性が悪ければ深入りをしない、という選択も可能である。結果として、相性が良い関係で支援活動がなされるため、良い成果に結び付きやすくなる。このように市民会議の活動は相性の良い相手との連携から多くの成果を生み出していったといえる。一方で、これだけ広域での活動となるため、当然関わり合う集落と関わりのない集落が出てくる。実際には復興の取組みはすべての地域が同時に進むのではなく、それぞれの地域のスピード感で進むため、それで良く、むしろ先進的な取組みを創り出すことは、後続集落にとっては良い参考になる。

では、復興支援員の活動エリアはどのように設定されているのか。復興支援員は小千谷市の山間部（真人地区、岩沢地区、東山地区には各地区一名ずつが配置された。）、十日町市、魚沼市、南魚沼市など被災度合いが比較的低い地域を除いては概ね平成の大合併前の基礎自治体単位が活動エリアとして設定されていた。また、活動エリアの規模はそれぞれバラバラであったが、設置人数などを見る限り、特に人口規模に応じて設置人数が決定されたとはいえず、各地域から要望が挙げられた人数をそのまま採用していると考えられる。たとえば旧栃尾市は設置時点で人口二万二、〇〇〇人に対して三名（うち一名は事務担当）、十日町市では人口六万五、〇〇〇人に対して五名（うち一名は事務担当）が設置されたのに対して、旧山古志村では人口約一、三〇〇人に対して五名の復興支援員が設置されているなど、人口に対する設置人数には大きな開きがある。当然、旧山古志村は被災の規模も大きく、より大きな支援が必要であることは明白であるが、十日町市の設置人数の算出根拠は合併前の自治体ごとに一名であり、旧栃尾市については不明である。

支援組織の形成

　復興支援員の活動形態の特徴の一つに一部の復興支援員を除いては個人ではなく組織として活動していたことがある。復興支援員個人が個人として支援活動を展開するわけでも、雇用主体の一員として支援活動を展開するということでもなく、雇用された復興支援員によって構成された組織として支援活動にあたった。具体的には（公財）山の暮らし再生機構（通称：ＬＩＭＯ）が雇用主体となった長岡市（旧栃尾市、旧小国町、旧山古志村、旧川口町）、十日町市、南魚沼市では長岡市が地域復興支援センター（栃尾サテライト、小国サテライト、山古志サテライト、川口サテライト）、十日町市は里山センター、南魚沼市は南魚沼センターなど、復興支援にあたる組織としての名称を持っていた。そのため支援する地域との相性によって担当する復興支援員を選定することができた。また、一つの組織で担当するエリアが広いため、一部の地域の活動で人手が足りない時は組織を挙げて支援をするなど、柔軟な運用を行っていた。そのため、復興支援員の年齢構成や経歴などの属性にばらつきがある地域では役割を明確に分けることができ、若い復興支援員は積極的に新しく関わる地域で積極的に動きまわり、壮年の復興支援員はその経験を活かした相談業務をこなすなど、比較的柔軟な運用が可能となっていた。

　小千谷市の東山地区、真人地区、入沢地区に関してはそれぞれの地域担当として一名ずつの復興支援員が配置されたため、組織としての活動はなかった。しかし、配属先がそれぞれの地区の住民センターであり、行政職員が前任として行っていた取組みもあったため、「住民センター」に配属されている人材という意味でさほど混乱はなかったという。一方でこれらの地域では、「前任者」がいたことにより、復興支援員という立場への理解がなかなか進まなかったという。

活動ミッションは当初はなかった

復興支援員に課せられたミッションは曖昧であった。復興支援員を設置する際の設置目的は多くの地域で未記載であったこと(注9)から、設置地域ですら復興支援員の具体的な活動イメージを持ち合わせていなかったことがうかがえる。つまり、先達となる中越復興市民会議の取組みは比較的広く知られているが、それを事業化する際に彼らの活動を言語化した上で説明することも難しいことから、具体的な設置目的を示すことができなかったのではないかと推測される。

設置目的が明確でないゆえに、活動指針もなく、復興支援員となった人々は大海に小舟で漕ぎ出る気持ちではなかっただろうか。一見するとミッションなく導入することは大きな問題をはらんでいるようにも見えるが、結果としては着任する復興支援員のキャラクターや興味関心が支援活動を引っ張ることとなり、多種多様な復興支援員による多種多様な取組みが実現することとなった。

またその後、復興支援員から支援を受けることとなる地域の側でも復興支援員の位置付けに対して十分理解が進んでいたかというと、そうではなかったため、多くの復興支援員が着任当初の活動に戸惑うケースが見られた。復興〝支援員〟と名付けられていることからも、地域の側からすればどのような「支援」が提供されるのか、という視点になりがちとなり、「何をしてくれるのか?」と地域から期待される結果となってしまった。特に旧山古志村など、元々仮設住宅の生活支援を行う生活支援相談員から復興支援員となった場合には、復興支援員として着任する前の活動がキャラクターと関連して認識されていたことから、地域からは生活支援相談員としての役割を復興支援員着任後も強く求められたことからくるジレンマもあったという。とはいえ、明確なミッションがなかったことが結果として地域の状況に応じた復興支援員の自由な裁量で多彩な活動につながったことは事実であり、結果論であるとはいえ、十分に評価ができるのではないだろうか。

復興支援員となった人材

復興支援員には一体どのような人が着任したのか。その経歴はさまざまである。旧山古志村で活動することとなる五名が他の復興支援員とは違い、被災直後から同地域で支援活動を続けてきた生活支援相談員が復興支援員に横滑りすることとなったこと以外は、新たに担当地域に着任し、ゼロからの支援活動を始めることとなる。実際に復興支援員として活動した方を紹介したい。

旧栃尾市で活動することとなる杉崎康太氏は、神奈川県出身。大学では都市計画を専攻し大学院在学中は全国の過疎地域での地域づくりに関わっていた。大学院修了後は一旦就職していたが、退職した直後に復興支援員の募集を知り応募、着任している。

旧小国町で活動した西沢卓也氏は長岡市のなかでも旧越路町出身。地元の大学で建築を学ぶなかで中越地震に遭う。地元大学の学生ボランティアとしてさまざまな集落との関わりを持っていた。こうした取組みにやり甲斐を強く感じるなかで、仕事として復興支援にあたる復興支援員を知り、大学の卒業と同時に復興支援員に着任している。

旧川口町で活動した星野晃男氏は前述の二人が若手の復興支援員であるのに対して、壮年の復興支援員である。星野氏はもともと川口町役場のなかで復興事業担当として、さまざまな復興事業を進めてきており、復興支援員の第一号の設置も担当していた。こうした復興支援の経験のなかで、より積極的に支援を行うために役場を早期退職した上で復興支援員に着任している。

このように応募の動機はさまざまであるが、中越地震からの復興ボランティアや地域づくりに何らかの関わりを持ち、復興支援に強い意欲を持った人材が多く復興支援員として着任することとなった。一方で、地域づくりや復興まちづくりに対して強い関心を持っておらず、中越地域との関わりも少ないなかで就職活動の一環として復興支援員に応募し、着任しているケースも少ないながらもあった。ちょうど昨今の就職不況のなかで、復興支援員も公的な就職情報のなかに掲載されることから、復興支援とは比較的遠い関係にある人々が応募するケースである。

事務所の所在

復興支援員はどこを拠点に活動していたのか。それも活動エリアによってバラバラである。復興支援員の活動は雇用主体となっている団体と連携する場合もあるが、多くの場合は復興支援員の事務所を持つ。ではその事務所をどこに置くのか。行政庁舎内に置くケースと行政から独立して置くケースがある。それぞれ一長一短といえるだろう。行政庁舎内に置くことになると、必然的に行政との連携が日常的なコミュニケーションのなかで可能となる。行政庁舎内に事務所を置くことで行政に所用でやって来た地域住民がついでに復興支援員の事務所を訪れることも可能であり、さらに庁舎内に事務所を置いている組織というだけで、農村部では信頼されるというメリットがある。一方で、庁舎内に事務所を構えると、行政機構と近しい関係にあるというイメージが持たれる傾向もあるが住民活動の中心となるアフターファイブ（一七時以降）の時間や週末などはきわめて使いづらい事務所となってしまう。このように事務所の場所によっても住民との関係は変わってくる。特に復興支援員は地域住民とのコミュニケーションがきわめて重要だと考えると、事務所の配置も地域や住民の状況をよく理解してから検討する必要があるようにも考えられる。とはいえ、実際にはそれぞれの行政や雇用団体、地域のまちづくり組織との調整のなかで事務所の配置が決められていったというのが実態である。

具体的には、旧栃尾市、十日町市、魚沼市では行政庁舎内に復興支援員の拠点が置かれたのに対して、旧山古志村、旧川口町、小千谷市は庁舎外の公共施設に、旧小国町、南魚沼市(注10)は民間施設にその拠点を置いている。

3 「地域復興支援員」の活動

初動期における取組み　ビジョンの有無と活動の関係

着任時に明確なミッションが示されていなかった復興支援員の実際の取組みはどうであったのか。そこに強く影響したのは活動エリアにおける「ビジョン」である。復興支援員が活動するエリアは「集落」よりも広い範囲である。人口減少が進み将来的に集落間連携を模索する必要があるなかで、どの集落を支援するのか、集落をどの方向に支援するのか、地域全体をどのようにしていくのか、という時に一定のビジョンが必要となる。

しかし、復興計画がそのビジョンどおりになりうるか、というと必ずしもそうではなかった。

小千谷市東山地区は震災により急激に人口減少が進み、地域の存続が危ぶまれる状況となっていた。元々一○集落あった東山地区は十二平集落が集団移転したのをはじめ、多くの住民が市の後押しもあり、比較的利便性の高い地域に移転した上で再建を行ったため、人口が約半数にまで落ち込んだ。結果として集落単位での再生よりも東山地区全体としての持続性を考えることとなった。そこでできたキーワードが「一つの東山」である。残った九集落がそれぞれバラバラに取組みを展開するのではなく、東山全体として取組みを進め、無駄な事務作業などを軽減しながら地域全体の持続性を図ろうというものである。このような大方針が決まった後に復興支援員が着任することとなる。そのため、復興支援員の活動はこの「一つの東山」という方向性を目指す活動を戦略的に考え、実行することとなった。着任したのは渡邉敬逸氏（現、阪神・淡路大震災記念 人と防災未来センター研究員）である。渡邉氏はもともと東山地区で行われてきた闘牛を対象に研究を進める大学院生だった。被災前から足繁く東山地区に通っていたこともあり、住民との信頼関係ができていたため、復興支援員のなかでは数少ない「一本釣り」の復興支援員である。復興支援員としての活動は「一つの東山」というコンセプトをもとに、情報誌の発行や住民協議組織「東山振興協議会」の事務など、地域全体のビジョンの実現に向けて必要と思われることを企画実行していた。また、活動については地区全体のリーダーが積極的に相談に応じるなど、後見人的な役割を果たすことで、大きな活動上の悩みを抱えることもなかったと振り返っている。このように、復興支援員の活動範囲で地域の方向性が定められている場合は、それが復興支援員が活動する際の指針となっていたことがわかる。

旧山古志村では、復興支援員が着任した時点では東山のようなビジョンは有していなかったが、震災前から村長の指示もあり村民有志による地域づくりの検討が行われていた。被災後も長岡市に吸収合併された山古志の行く末を検討し、復興支援員が着任してまもなく「山古志夢プラン」（以下「夢プラン」という。）がまとめられる。これがそれまで生活支援相談員として被災者の生活支援を行っていた復興支援員が生活支援から地域づくり支援へと活動内容を変更する際の大きな指針となる。また、夢プランの策定メンバーはその後、復興支援員の活動に対して相談にのり、時として助言を行うなど、復興支援員の良き相談相手となっている。山古志の場合は、特に生活支援を行っていた人がある日、復興支援員となってこれまでの生活支援から手を引いていくなかで、それまで生活全般に対して支援を受けてきた住民からは継続的な支援への期待も含めて不満が述べられることもあったが、夢プランが活動根拠として明示されることで、それぞれの役割を自覚することができるようになった。このように、地域住民のなかで一定のビジョンが共有されていれば、復興支援員としても活動の理念が明確となり、悩みも少なく活動することができただけでなく、活動に際しての相談もビジョンを策定したメンバーが中心となってあたるなど、十分な支援体制が地域のなかに作られていたといえる。

一方で、東山や山古志以外の地域では、集落レベルでは復興計画やビジョンを持っている地域もあったが、活動エリア全体でのビジョンがなく、復興支援員としてもどのような方向で支援活動を行えばよいのか、ミッションも曖昧であることからくる悩みが多かった。結果として、復興支援員それぞれが活動内容を悩みつつも地域の寄り合いへの参加やイベントの支援など、地域との関係づくりからスタートすることとなる。集落の会合に行くと、地域からは歓迎され、酒の席に同席することで信頼関係は深まっていった。一方、各地で頻繁に開催される会合へ参加することで信頼関係ができ、その後も何かにつけて声がかかるようになったことは喜ばしいことではあるが、毎日のようにどこかの地域に顔を出す必要が生じるなど、その活動量は雪だるま式に増えていくこととなる。復興支援員たちはプライベートの時間も割いて地域に足を運び、地域住民とともに汗を流していった。

しかし、このように地域との信頼関係が作られたあとは地域の取組みを後押しすることが重要であるが、それ以前に地域との関係づくりをどうするのか、被災により力の低下した地域で新しい取組みをスタートさせるにはどうしたら良いのか。多くの復興支援員が着任当初はそのきっかけを掴めずにいた。というのも、支援する側は地域の動きを後押しするというのが重要となるが、支援される側は被災により人口が減少し、地域の活力は大幅に低下している。このなかで新しい取組みをスタートさせるというのは高齢化も進んだ地域にとっては非常に荷が重いものとなる。ここで、大きな役割を果たすこととなるのが、復興基金による支援事業として新たにメニュー化された「地域復興デザイン策定事業」や「地域復興デザイン先導事業」である。事業の詳細は他章に譲るが、こうした地域の復興に向けた取組みを促すような事業がメニュー化されることで、地域が先導事業の事業費という（不純であるとも言えるが）インセンティブに向かって何らかのアクションを起こし始める。この二つの事業が復興支援員と地域との接点を作ることとなる。つまり、デザイン策定事業に取り組む際に、事業の進め方や情報共有などを復興支援員がサポートすることにより、地域と復興支援員の関係が構築され、そこから人間性を介した信頼関係づくりが進められたのである。

このように、復興支援員の活動範囲で地域の方向性が共有されている地域では、活動する際に大きな不安や混乱はなかった。当時は復興支援員の活動範囲としてどの程度のエリアが適切であるか、という明確な根拠はなかったといえる。結果論からすれば、複数集落によるまとまりがある地域で、地域の方向性がある程度共有されていた地域というのが適当であったといえるかもしれない。しかし、どの地域でもこうした方向性が共有されているエリア単位が存在したか、というとそうではない。実際に復興支援員が地域との信頼関係づくりから活動を始めたエリアでは、具体的なビジョンは行政による復興計画しか立てられていないことを考えると、いずれにせよビジョンが共有されていない地域での活動は必要だったといえる。

また、ビジョンが共有されている地域で活動した復興支援員の振返りを見てみると、地域全体での取組みの支援は積極的に行ったが、他地域のような集落単位との密な付き合いや関係性を構築することはできなかったという。広域的な地域での活動が中心となることから、集落単位での付き合いが減り、他の地域のような人対人という人間関係に依拠した支援活動よりも地域自治組織の事務局のような位置付けとなったことが、むしろ小さな声を拾うような日常的なコミュニケーションから始まる地域づくりとは異なっていたことがそう思わせていると考えられる。

このように、ビジョンの有無が着任直後の活動指針に少なからず影響を与えていることは事実であるが、ビジョンがない地域での支援活動は難しいのか、ということではなく、ビジョンがない地域では必然的に小さな声を拾い上げるような緻密な支援が求められ、そこから始める必要がある、ということだと考えるのが妥当ではないだろうか。つまり、地域住民の合意形成が比較的進んでいて地域が一体となったビジョンを有している地域における復興支援員の役割は、共有されたビジョンの実現に向けて粛々と戦略的な取組みを企画・実施していくということであり、そのようなビジョンが共有されていない地域での復興支援員は、高い専門性を発揮するというよりも地域住民との丁寧な付き合いをベースとして、小さな声の拾い上げを行いながら、地域のやる気を少しずつ後押ししていくということだろう。地域の状況に応じて復興支援員の役割や求められる能力、動き方も変わってくるということである。

地域の成熟と支援内容の変化

地域ビジョンの共有などが進んでいない地域の復興支援員は雪だるま式に増える業務を必死にこなしていく、ということをただ続けていくのかというと必ずしもそうではない。というのも、中越地域における復興支援員の事業は前述のとおり復興基金による支援事業であることから、復興基金に定められた事業年限が過ぎれば、その任を解かれることとなる。つまり、時限的な支援となるということだ。支援の期限が定められているなかで、復興支援員は必然的に「任期終了後は地域が独自で活動を展開する」ということを自覚し、その上で支援活動をしていたため、その思いが住民に伝わったのかは定かではないが、いくつかの地域では復興支援員の支援活動を引き継ぐような組織や動きが誕生してきた。

旧川口町は、復興支援員をいち早く導入したあとも、その活動範囲が平成の大合併前の自治体の単位で面積も広いことからまとまったビジョンを持つには至っていなかった。しかし、荒谷集落や木沢集落、田麦山地区、東川口地区などは復興に向けた力強い取組みで、集落復興の先進事例として紹介されることも多くあった地域である。ここでは、多くの集落が「地域復興デザイン策定事業」に取り組み、それを復興支援員がサポートしていた。この地域では地域住民のリーダーのなかに「復興支援員にずっと頼っていてはいけない」という意識も生まれ、復興支援員に対しても「地域が自立するための支援」を強く依頼し、自らは持続的な地域支援組織の可能性について検討を続けていた。結果として二〇一一年にＮＰＯ法人くらしサポート越後川口（通称：くらサポ）が誕生する。くらサポは現在、長岡市に吸収された旧川口町の新しい地域自治組織としてコミュニティバスの運行や都市農村交流事業、集落支援事業に取り組んでいる。つまり、復興支援員の活動を地域の担い手が引き継ぎ始めたのである。このように、期限の定められた事業であるということが、住民に対して時間認識を強く持たせる結果となり、復興支援員以上に持続的な地域運営を思考し行動に移す結果となった。現在、復興支援員の活動は縮小され、多くの部分をＮＰＯが担っている。しかし、これですべてがうまくいくのか、というと難しい。復興基金によって支えられてきた復興支援員の人件費の捻出は、ＮＰＯでは難しい。それゆえこれまでのように地域に足繁く通いながら小さな声を拾い上げるような支援を続けることは難しいとＮＰＯ理事長の水落優氏は語っている。住民の強い自覚を基にした新しい担い手が誕生している一方で、復興支援員に依存しがちな集落の存在もあるという。というのも、復興支援員は震災により力の落ちた集落との膝詰めの関係から小さな声を拾い上げ、支援することで住民のやる気を引き出していったが、集落にとってそのように手厚く支援してくれる復興支援員はきわめて重要な存在となる。それは地域の復興支援員への依存をも創り出してしまう。復興支援員自身も支援活動を続けるなかで地域側から大きな感謝を伝えられることから、自らのやり甲斐に結びつきやすいため、どうしても支援が過剰になりがちになる。結果として、集落は復興支援員に活動を依存しがちになる。これは、旧山古志村で生活支援相談員が生活支援から復興支援員としての活動に転換していく際にも見られたことであり、一部には必ず起こることとも言える。重要なことは、こうした状況を単純に否定するのではなく、依存状態にある地域については、丁寧に支援に対する依存状態からの自立を促していくということである。

旧小国町では別の形で次なる担い手を創り出している。小国町の復興支援員は事務所が支所でも他の公共施設でもないことから、行政との連携を意図的に行っていた。そのため、小国支所の復興支援担当部署のみならず、支所に事務機能のあるさまざまな部門との情報交換を積極的に行っていた。一方で、小国支所の当面の課題としてのコミュニティセンター（公民館）の問題があった。というのも、長岡市に合併された後の行政施策として合併地域においても旧長岡市で整備を進めていたコミュニティセンターを配置することを目指していたが具体的な動きに至っていないなかで、人事異動等によって地域のことをよく知る職員が少なくなっていた支所は、具体的な課題や方向性を見いだせずにいた。ここで地域と深い関係を構築してきた復興支援員が仲介役となり、地域課題や地域の取組みをコミュニティセンターの企画に取り込む方向で議論が進んでいる。

このように、復興支援員の取組みは着任当初から時間を経過するなかで、大幅に変わっていった。これは、答えのない問いとも言える「復興とはなにか」に帰着するものかもしれない。当初の地域の元気づくりに向けた活動から、これまで集落単位で行われてきた住民自治の取組みが過疎・高齢化で難しくなるなかで、新しい地域自治の枠組みを創り出す方向で住民をはじめとする地域関係者たちが動いていったということである。当初から一定のビジョンを持っていた地域は、復興支援員の着任の段階で地域自治の大まかな見通しが見え始めていたため、それを打ち出しながら復興支援員の活動を展開していたし、そのビジョン策定にあたった当事者たちが復興支援員の活動の良き理解者となり、助言したり相談に応じたりしていた。一方で、ビジョンが明確でなかった地域では復興支援員が各集落との関係づくりから始まり、さまざまな復興に向けた取組みを後押ししていたが、支援される側の地域もただ単純に支援を受けるだけでなく、自らも復興支援員による支援からの自立を目指し、地域自治のあり方を模索していったというプロセスを歩んでいったことがわかる。つまり、復興支援員からの支援を受ける過程で地域自ら思考し、主体的に自治のカタチを創り上げていった。これはいわゆる行政が策定し、実施するような行政施策ではなく、まさに住民自治が創り上げられたプロセスだといえる。

このように、復興支援員の活動は地域自治のカタチを模索する方向へと流れていった。

しかし、すべての地域でこのような方向に行ったわけではない。旧栃尾市では復興支援員が精力的に集落との関係づくりを行い、さらに「かりやだ交流会議」（栃尾を流れる刈谷田川から命名）と称した集落同士の交流イベントの開催を通じて、集落復興に限らず地域づくりに取り組む集落の横の連携を作り上げてきた。しかし、旧小国町や旧川口町のような地域自治のカタチには至っていない。旧栃尾市は、合併前も「市」であるほどの人口規模（二万一、〇〇〇人）があったこともあり、地域自治を住民レベルで思考するには、旧小国町（六、五〇〇人）や旧川口町（五、二〇〇人）と比較すると、規模が大きすぎた可能性もある。このような地域ではさらに支援を続けながら、自立を促し続けることで何らかの住民自治の模索をする必要があるだろう。

復興支援員との取組みで特徴的ともいえるのが、前述のような住民自治の担い手ができつつあるなかでも、対個別集落の関係づくり、支援活動を続けている点にある。つまり地域自治組織ができつつあるなかでは、その組織づくりの支援に傾注し、個別集落に対する支援を縮小する方向で考えがちであるが、川口にしても小国にしても集落での会合に積極的に出る、という取組み自体は継続している。これは集落単位よりも広い単位で検討される地域自治組織の取組みから漏れてしまいがちな小さな取組みへの支援意思が表れたものである。このような支援は政策的に行うと政策の比重と支援活動の比重がダイレクトにリンクし、かつてやってはいたが将来的になくなる支援は手薄になる傾向がある。しかし、復興支援員の場合はそうではなく、地域自治組織の組立てを支援する一方で、草の根的とも言える小さな動きへの支援をやめずにいたということは特筆すべきことだ。

一方で、着任当初に円滑に活動をスタートした〝ビジョンが共有された地域〟はどうなったのか。復興支援員の役割や助言をする住民リーダーたちの役割が明確になっている分、着任当初から〝完成された体制〟であった。そのため、活動自体は円滑に始まり安定していたといえるが、復興支援員が経常的な体制に組み込まれているため、復興支援による支援からの脱却が難しいという課題がある。実際、旧山古志村や小千谷市東山では、現在でも復興支援員を含めた同じ体制で活動が続けられているが、基金による支援期間の終了後の活動体制をどう構築していくのかが課題となるだろう。現実的には後に詳述する地域おこし協力隊や集落支援員といった総務省による別の人的支援の事業による継続が想定されていると考えられているが、これは外部人材への依存状態に変わりなく、地域自治の持続的な仕組みを構築するという点からいえば課題として残っている。

中越地域における復興支援員は何を支援したのか？

これまで示してきたように、中越地域における復興支援員は、被災しさらに吸収合併された条件不利地域で住民との濃厚なコミュニケーションを通じて草の根的支援を行ってきた。このような情熱的ともいえる支援活動が地域の内発力を生み出したことは疑いようもなく、それが評価されることで二〇一一年に発生した東日本大震災の被災地である福島、宮城、岩手の各県でも導入されることとなるが、そもそも復興支援員が支援したものは何だったのか。結論からいえば、それは自治の再生であった。

唐突ではあるが、我が国の自治の歴史は複雑である。根源的には、日本の自治は地域の為政者とともに歩んできた。そして、軍国主義の時代を経て戦後の民主化のなかで住民自治を凌駕するように行政による団体自治が拡大してきた歴史がある。このなかで、特に行政が強い地域では住民による自治活動は弱まり、陳情型の活動が増えていった。しかしバブル崩壊以降、財政悪化が進んだことから行政は縮小を続け、さらに平成の大合併が地域に追い打ちをかける。財政が逼迫するなかで、その効率化を目指して合併した地域は団体自治が大幅に縮小・効率化した。結果として、条件不利地域を多く抱える被吸収合併地域は諦め感を持ち始める。そこに地震をはじめとした自然災害がとどめを刺すという悲惨な物語が語られかける直前に中越大震災は発生した。

中越大震災が発生した時点では長岡市周辺では合併協議はほぼ終わりつつもまだ合併はしていなかったのである。そのため、吸収され縁辺部化したことによる支援の不足という事態には陥らなかったが、被災後の人口減が物語るように、多くの住民が地震を契機に山を降りた結果、地域には大きな喪失感が生まれた。さまざまな復旧事業によって生活再建は進むものの精神的な喪失感が大きいなか復興支援員が地域に入り、住民と丁寧なコミュニケーションを取ることから始まった。これは何を意味するのか。まずは地域に住まうことへの積極的な肯定という意味合いがあった。というのも、過疎化が進み、災害リスクのある地域では時として、そこに住まうことの意義を問う声が上がることもある。また、都市部に移り住んだ子や孫から医療サービスなどの条件も悪い地域に住み続けることへのマイナスイメージから、同居を勧められる

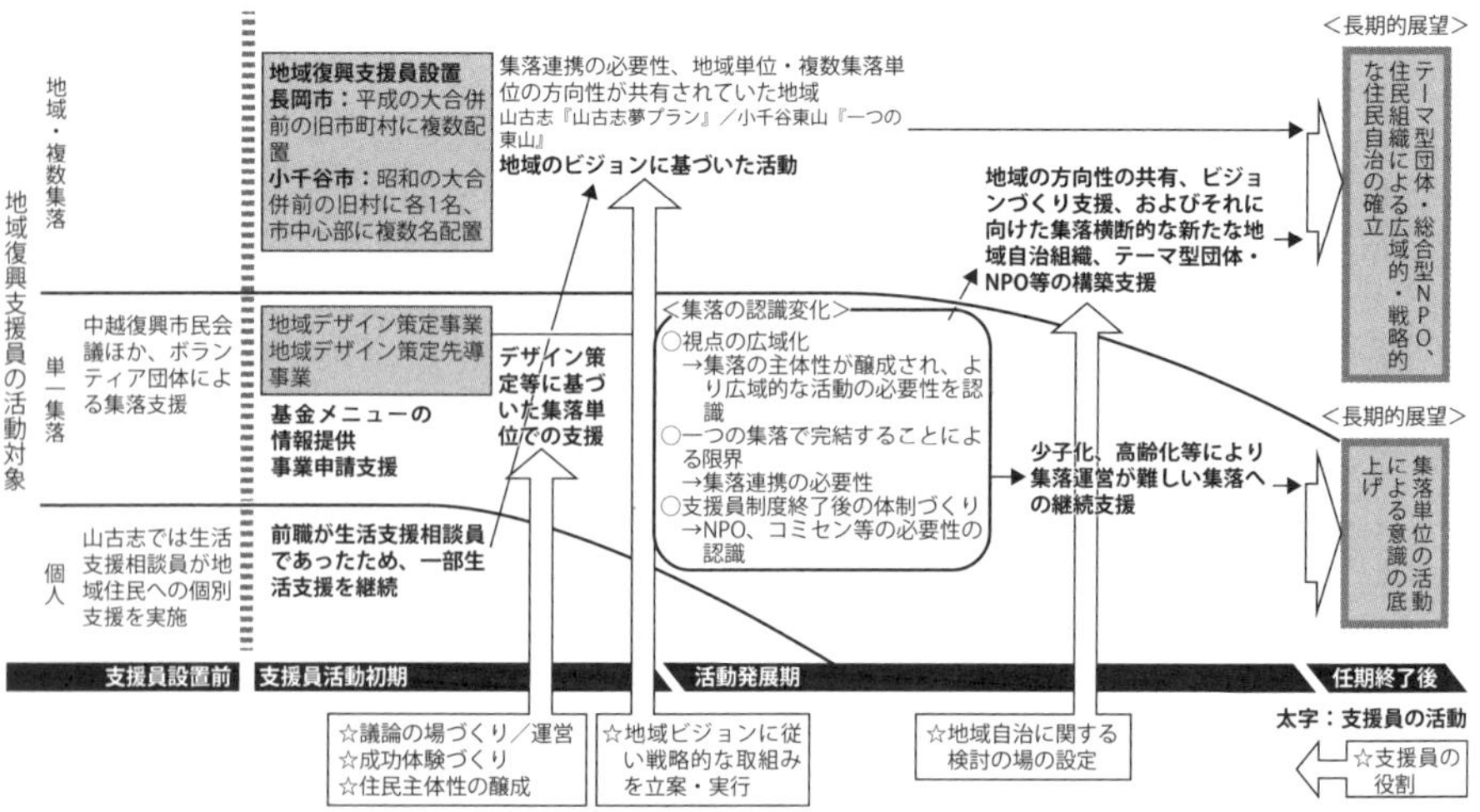

図２-23　地域復興支援員の取組み変化

ケースも多くある。こうした社会の状況から地域に住み続ける、ということを前提として考える復興支援員の動きは地域に暮らす人々に強い安心感を提供したに違いない。また、彼らとの対話を通じて、「小さな成功体験」が多く創り出される。これは、人口減少や過疎化によって気力を失いつつあった地域における新しい「芽」ともいえるもので、右肩下がりの状況にあった地域を再び奮い立たせる大きなきっかけとなった。この後、復興支援員はその小さな芽を大切に育てながら、都市農村交流事業から直売所の設立、農家レストランの開業などさまざまな具体的成果を引き出し、さらには集落内の相互除雪など、地域課題の解決に向けた取組みをも生み出していく。一部では前述のとおり効率化により縮小されてしまった行政に代わる新しい地域自治組織までが育ってきている。すべての成果が復興支援員なくては成立し得なかったのかの検証は難しいが、復興支援員が一定の役割を果たしたことは確実である。復興支援員は地域づくりの黒子であるがゆえに果たした役割を明確に示すことができないが、これこそが復興基金等の特別な財源や公的な財源で働きかけをする意味であるともいえる。昨今の行政施策ではとかく費用対効果や成果主義が導入されているが、地域づくりや復興支援の現場ではその成果は定性的で時間のかかるものも多く、人口や経済などのように具体の数字として表現することが難しいものが多くある。それを復興支援員は主たる活動のベースとしていた。

このような取組みを振り返ると中越地域における集落支援員は、①地域が潜在的に持つ内発的な力を発見し、②引き出し、③強めることで、④地域の持続性獲得に向けた取組みへと昇華させるような支援を行ったといえるのではないだろうか。また、地域社会に対して〝地域自治への気付き〟を提供するということが大きいのではないだろうか。

復興支援員のキャリア・パス

復興支援員が復興基金による時限的な復興支援策であることは先にも述べたが、時限的取組みであるということは復興支援員自身にも任期が設定されている、ということでもある。任期が設定されているということは、その職に長く就いていることができないため、表面上は職業としての魅力は他の仕事と比較して低くなってしまう。現実には、復興支援員という基金事業自体がその成果や取組みの性質ゆえに、度々事業期間の延長が図られており、事業スタート時点から二〇一四年現在も活動している復興支援員もいる。一方で当初任期として定められたのが五年であったため、この時点を契機に多くの復興支援員が次のステップへと進んでいる。次のステップに進んだ復興支援員たちにとって、復興支援員としての活動履歴はキャリア・パスとして有効であったのか。これは今後、同様の位置付けの人材を募集するにあたり、成長意欲のある人材が集まるかどうか、という点でも重要である。

たとえば、旧栃尾市で活動していた杉崎氏は任期終了後、どのような道を進んでいるのか。彼は二〇一三年三月に五年の活動期間を経て集落支援員を退職し、現在は出身地である神奈川県寒川町の職員として勤務している。現在は都市計画を担当しているため、直接的に復興支援員の取組みが生かされているかというとそうではないが、さまざまな計画業務にあたるなかでは住民との関係づくりやモチベーションを向上させる取組みなど、復興支援員としての活動経験が大いに役に立つことが期待される。また、現在でも遠方ではあるが、神奈川県からはるばる栃尾地域まで度々やってきてはボランティアとして集落支援の取組みも続けている。

小千谷市岩沢地区で活動した桑高氏は、任期終了と同時に総務省が事業化している「地域おこし協力隊」となり、現在は徳島県那賀町木沢地区で活動している。彼は復興支援員としてきわめて過疎化の進んだ岩沢地区で活動するなかで、地域との関係づくりやモチベーションの上げ方、事業化の仕方などのスキルを学び、それを活かせる職として「地域おこし協力隊」に着任した。現在、地域の高齢女性たちとともに楽しく地域づくり活動を展開している。

旧川口町で活動していた中林氏は任期終了後、同地域に新しい地域自治組織として誕生したNPO法人へと鞍替えし、現在もかつてと同様に集落支援活動を行っている。そう考えると、旧川口町の事例は、政策的にスタートさせた集落支援員の取組みから地域自治組織が誕生し、そこに復興支援員が横滑りすることで、実は持続的な取組みとなっていることがわかる。同じ地域で活動していた脇田氏は、近隣の大学である長岡大学に地域コーディネーターとして雇用され、学生と地域とのコーディネートを主たる活動としている。まさに復興支援のなかで、地域と外部ボランティアや都市住民をコーディネートしてきた人脈とバイタリティがそのまま次の職に活かされているといえるだろう。

小千谷市東山地区を担当していた渡邉氏は、もともと研究者の卵であったことから、本来の研究活動の場に戻り、現在は災害関係や集落支援員をはじめとした地域への人的支援の研究に従事している。

このように、復興支援員として活動した人材のその後を見ると、少なからず地域との関わりを持った職に就いていることが多く、(一定の活動期間を精力的に活動したという条件付きではあるが) 復興支援員としての活動が次の職場では重要な経験値として活かされているといえる。また退職後、中越地域を離れた元復興支援員たちも、地域と疎遠になってしまったかというとそうではなく、現在でもそれぞれの地域と密接な関わりを持っている。

復興支援員がその任期終了後に地域を去っていくケースが散見され、一見見捨てられたかのように感じる読者もいるかもしれないが、決してそうではない。むしろ、近しい関係者が全国的に活躍することによって集落と外部との新しい接点が生まれてくる。また任期を終了した復興支援員は次は良き評価者として、地域のことをよく知る第三者という視点から地域を見守り、より的確なアドバイスを地域に提供することとなろう。

4　中越地域における人的支援の意味～なぜ「人」なのか～

集落支援員の何が新しいか、というと「人」であるということである。これまでの日本の地域支援は事業支援が中心であった。これまでの行政施策では、その内容や成果の安定しない人的支援という手法は、ＪＩＣＡなどによる途上国支援を除いてはあまり見られなかった。その点で、中越地域における人的支援は我が国の中山間地域施策として大きな一歩であったといえる。

地域復興は何を目指すのか

集落支援員が中越地震で被災し過疎化の進んだ集落復興に大きく寄与したことは前述したとおりであるが、では一体、その集落復興、地域復興とは一体何か。これは議論を始めると終わりがない（実際に、日本災害復興学会では「復興とは？」を考える研究会が長く続いている。）。しかし、中越地域における復興の取組みを見ていると、新聞やテレビなどで盛んに言われるような「早急な生活再建」とは違った様子が見えてくる。

「災害は地域に新たな課題を提示するのではなく、地域における潜在的な課題が顕在化する機会となる」ということは中越地域に限らず多くの被災地で語られていることである。つまり、復興の取組みは個々人の生活再建のみならず、地域の潜在的な課題が顕在化したものへの対応であり、地域課題の解決とその持続性である。その実現のためには地域に住む人々が主体的な力を取り戻すことが重要である。しかし、すっかり依存型の体質となってしまった地域において震災が発生し、過疎化が一挙に進んだ。これまで手厚いサービスを提供してきた行政は財政が悪化し、十分に手を差し伸べることは難しくなっている。そこで、住民による主体的な地域づくりの取組みが必要となってきた。都市部の住民であれば、行政批判を展開し、具体的な動きを生み出せないままになるケースが多いが、中山間地域の住民は力強い。復興支援員の力を借りつつも、自ら考えながらオリジナルの取組みをスタートさせ、再び住民自治のカタチを創り始めた。これはもはや災害からの復旧の取組みというよりも災害を契機とした公共サービス依存体質からの体質改善を伴う脱却といえる。これは今や全国の地域で必要とされていることであるが、なかなかその糸口を見いだせずにいる地域が多いなか、中越地域の集落は震災という大きな災害を契機に力強く復活したのである。これが中越地域における「復興」であるとは限らないが、少なくとも復興支援員が関わった復興地域づくりの取組みはここに結実しているように考えられる。そこに大きく寄与した、ということ自体が復興支援員の大きな成果であるといえるだろう。

では、これはどう評価することができるのか。それは「地域の自律化に向けた取組みが始まった」と解釈できる。地域の自律化とは何か。これまでの地域は行政への陳情により公共サービスを受け、さらに新しい取組みを始める際には補助金を受ける。補助金も地域の需要に一〇〇％マッチするものではないので、本来したい取組みとは若干違う形で事業が進むこととなる。そして、補助金がもらえなくなると予算がなくなり、事業はストップする。これがこれまでの地域づくりの一側面であった。また、外部から多くの観光客を受け入れるにあたり、地域はサービス疲れしていた。しかし、被災後のボランティアや多くの支援者との関わりのなかで、自らの将来は自らが決める。そのために有効な外部者は誰か。外部者との正しい関係づくりは何か、ということを考えた。それは「自律型まちづくり」である。ここではあえて「自立」ではなく、「自律」という言い方をしている。この違いは何か。過疎対策の費用対効果を問う議論のなかでよく耳にする言葉は「経済的自立」である。つまり過疎地におけるさまざまな事業も経済的に自立する、つまり採算がとれるようにしよう、経済が地域のなかで循環するような仕組みを作ろうという取組みが多かった。しかし、現代の社会は高流動性社会である。人の流れは集落のなかで完結することなく、ダイナミックなものとなっている。こうしたなかで重要なのは地域のなかだけで完結するような地域づくりではなく、地域内外のさまざまな担い手がそれぞれの立場を効果的に利用し、地域を盛り立てていくことである。そして地域は外部に迎合することなく自らが強い自覚を持って意思決定をすることが重要である。つまり、ダイナミックなつながりを持ちつつも意思決定の主体は地域のなかにあるということである。これを、独立的な意味合いでとらえられがちな「自立」ではなく、セルフ・コントロールの意味をも包含する「自律」として使用している。これからの中山間地域は地域に関係するさまざまなファクターを上手に利用しながら地域の未来を創っていく戦略性が重要なのである。

「事業」ではなく「人」であることの意味

「地域復興支援員」という制度は我が国の行政施策上も画期的なできごとであったといえる。それは「人」

を送り込むことを制度化した、ということである。これまで、行政事業というのはある程度普遍的なアウトプットが期待できるものとして行われてきた。しかし、「人」というのは当然のことながら、人格や性格の違いもさることながら、その能力や特徴にも大きな幅がある。つまり、アウトプットが安定しないのである。アウトプットが安定しないということは、それが成功するかどうかがわからないということであり、そのような不安定なものに対して公的な資金を投じることは説明力を伴わない、とされてきた。そのような意味では、この制度を創り上げた中越大震災復興基金は英断を下した、といえる。災害という未曾有の事態に直面するなかで、地元ボランティアによる集落支援活動を見守ってきた基金事務局は、リスクを認識しながらも復興に際しては失敗のリスクよりも復興支援員と地域住民の化学反応の可能性を選択したのである。

しかし、集落も人の集まりである。人の集まりである集落はそれぞれ気質も違い、雰囲気も違う。そうであるにもかかわらず、地域の状況を無視して行われてきた事業型の支援の方がむしろ、アウトプットが不安定であるともいえる。つまり、人の集団である地域を支援する際には、紋切り型の事業ではなく、それぞれの地域に合ったオリジナルの支援策が必要となる。そこで個性を持つ「人」を送り込むことが（もちろん復興支援員の能力に依存する所が大きいことも事実であるが）最も地域の状況に寄り添える方策であるともいえる。そうした意味では復興という非日常的な取組みのなかで、復興基金という自由度の高い財源を利用したということを考えると、先駆的な社会実験と位置付けることも可能であり、さらにその成果が比較的高く評価されていることから概ね成功したともいえるのである。これがかつてのような依存型の社会で行われていても今回のような成果は生まれなかったであろうし、過疎化がより深刻化していれば、人による支援であっても、もはや手遅れであったかもしれない。そういう意味では、中越地域という過疎高齢化が進みつつある地域において大型災害が二〇〇四年という時期に発生したことは我が国における中山間地域施策、過疎高齢化対策の歴史のなかで、大きな節目となったともいえるのではないだろうか。

では、「人」であることの意味はなんだろうか。それは一言でいえば柔軟性ということができる。プロセスや条件が文言として規定された事業の場合は、それを利用する際には事業がイメージしている支援と実際の活動地域の支援ニーズが一〇〇％合致していれば問題はないが、完璧にマッチするケースというのは稀であろう。そうした地域では支援事業を利用するために、地域側の活動を若干事業目的に合わせて拡大・変更するケースが多くあるのは、日本の地域施策のなかではもはや一般的ともいえる。しかし、このようなズレは地域にとっても身の丈やニーズに合わないばかりか、負担意識をも生み出しかねない。そこで「人」なのである。人である以上、さまざまな情報を咀嚼することが可能であり、人が地域の状況に応じて役割を使い分けることすら可能かもしれない。このように「人」というのは、知識や経験を拠り所にしつつも、地域の状況やニーズをきちんと汲み取った上で、支援内容を検討することができるし、支援のなかで地域のニーズと合っているかどうかを検証し、軌道修正することも可能である。実際、中越地域でもさまざまな軌道修正が行われてきた。このように、これまで提供される側によって条件や目的が明確に規定されてきた地域支援策に柔軟性が加わり、提供される側、つまり地域側に寄り添った支援策が実現した、というのが本事業を評価する上ではきわめて重要な視点であるといえる。これからの社会は単一の価値観によって進む時代から多様な価値観が乱立し、地域それぞれが独自性を際立たせていく時代である。こうした時代には全国一律型の大規模事業というのはなじみにくく、地域それぞれに対して制度をオーダーメイドする必要がある。それを現場で地域とのコミュニケーションを取りつつも将来的な持続性を検討しながら計画立案をしていくのが中越地域における復興支援員の役割であり、現在高く評価されている一因であろう。

「人」であるがゆえの課題

これまで、人による支援の可能性や成果について述べてきたが、では「人」はこの時代において、万能なのかというと残念ながらそうではない。これも前述したとおりであるが、人であるがゆえに、その人自身のキャラクターや経歴、人脈、技術に依存する所が大きい。つまり復興支援員と地域のマッチングが重要なのである。さらに、人である以上誰もが何らかのキャラクターや経歴、人脈、技術を持ちあわせてはいるが、それが存分に発揮できるかどうかは、復興支援員のモチベーションや倫理感に依存するところでもある。中越地域における復興支援員は復興基金という公的資金で雇用されるという性質上、ハローワークなど公的な求人情報ネットワークに登録される。ゆえに時として、復興支援という職務をよく理解せずに着任しているケースがあったことも事実である。具体的には、地域内で求職をしていた者や昨今の不景気により就職活動がうまく行かず、就職先として辿り着いた者である。彼らは、着任と同時にあまりにも大きな自由度と責任を負わされていることに戸惑い、困惑した。また、活動のなかで度々、週末や夜の集会などの業務が発生することに負担を感じるものもいた。彼らはやがて去っていくのであるが、こうしたミスマッチは被災地のみならず退職者となった元復興支援員たちにとっても〝残念な履歴〟として残ってしまう。これは双方にとって不幸なことである。本来的にはこのような問題を未然に防ぐには雇用の段階できちんと業務内容を説明し、本人の遂行意志と提供可能なノウハウなどを確認することが重要であったと後から振り返れば指摘することができるが、各地で一斉にスタートした時点ではどの自治体も具体的なミッションを示せていないことからも、復興支援員にどのような能力や経験を求めたら良いのかわからない、という状況であったことがわかる。したがって、的確な人選をすることが難しかったということがうかがえる。この経験は今後の同様な施策の際の重要な経験となったことだろう。

このように人による支援策はマッチングをはじめとして「どのような人を復興支援員として雇用するか」という点がきわめて重要である。また、着任後も高い志を持ちながら長くモチベーションを維持できるような人材、つまり仕事としてではなく自己実現として職務に取り組むような人材でないと、この職務をまっとうすることは難しい。

実際に復興支援員の取組みを見ていると、地域に入って住民との丁寧なコミュニケーションを図ることで、初めて地域の実情が見えてきている。また、行政的には十分情報を把握しきれていない地域もある。こうした地域を支援する際には事前にどのような職能が求められるか、ということは明確ではない。もちろん前述したような〝ビジョンが共有されている地域〟であれば、そのビジョンの実現に向けた専門性を有する人材を雇用することが可能であるが、そうではない地域は一体どのような人材を雇用する必要があるのか。復興支援員の取組みを見ていると、地域ごとに対応の仕方を変えるなどの方法をとっている。また、復興支援員がさまざまな支援者と情報交換をしながら、地域にあった支援の方策を検討していることも事実である。このことから、復興支援員に求められているのは専門的な能力というよりも、柔軟な思考性と多様な情報を取り扱うゼネラリストとしての役割であるといえるだろう。

5　復興から平時のまちづくりへ～人的支援による地域自治の再興～

中越地域では、復興支援員と集落が一緒になって、さまざまな取組みを展開しながら復興に向けて歩み続けている。これは必ずしも大規模な災害があったから実現したものであるとは言い切れない。というのも、復興に向けた取組みとは都市農村交流であり、転出者との交流であり、直売所や農家レストランの立ち上げであり、地域の相互扶助の再生であった。これはなにも震災によってもたらされた課題に対する対応とは言い切れない。ここにあげた活動はどれも、全国の過疎化に対抗する中山間地域の集落が取り組んでいる活動である。つまり、中越地域における集落復興の取組みはまさにむらおこしであり、地域づくりなのである。災害を契機に人口が大幅に減少し、過疎化の度合いは他の被災していない地域と比べると状況の深刻度が一挙に進んだために、残った地域住民はそれぞれが強い危機感を持ち、主体的に取り組んだ。結果として現在は各地で「地震のおかげで今がある」といったフレーズが聞けるようになった。災害というのは一般には地域にとって悲惨なできごとと思われがちであるが、そこからの復興の取組みを積極的に進めている地域では災害が〝気付き〟の機会となり、災害を契機としたさまざまな外部支援者との関わりが地域の活力を生み出している。

復興の取組みはどこまで続くのか

このように復興を目指した取組みはいつしか、各地の地域づくりの取組みと同じような活動になりつつあるが、それは一体いつまで続くものなのか。結論からいえば永遠に続くのである。災害という大きな災いは地域が自らの潜在的な課題を自覚し、その課題を解決するか、課題との付き合いかたを模索するきっかけとなる。そのきっかけを外部からの支援を利用しつつ活かすことができたかどうかが、復興に対する評価を分けている。新潟県が二〇一一年三月に策定した「新潟県中越大震災復興計画（第三次）」には計画の基本的な考え方として、「震災復興を超えた新しい日常の創出」が謳われている。復興の段階を超えて、被災前の右肩下がりの文脈とは異なる〝新しい日常〟を創り上げていくというのが最終段階であり、さらにその先には「新しい日常の持続」があることだろう。多くの過疎地域では一九五〇年代後半から始まる人口減少が延々と続いてきたことから、新しい取組みをスタートすることができず、取組みも後手にまわりがちであった。特に中越地域は比較的公共投資が多くなされたこともあり、地域住民は地域の課題を陳情によって解決していくということが日常化していたといえる。この縮小均衡状態に陥っていた地域に災害という強力なパンチが浴びせられたことにより、地域が気付き再び地域自治の取組みをスタートさせた。きっかけは災害からの復興であったかもしれないが、取り組むべき課題は復旧事業のみならず、慢性的に抱えてきた課題の解決である。その取組みを通じて地域は人口減少は進みつつも活力を取り戻した。これからは今なお続く過疎化、高齢化の流れを踏まえつつ、いかに持続的な自治のカタチを創り上げるかという点が主たる課題であるといえる。持続的な自治のカタチを実現した時、それは我が国の中山間地域が新しいフェーズに入ったことを意味することになるだろう。中山間地域は過疎化、高齢化が進む条件不利地域から、自然と共存しながら豊かな暮らしが営まれる本物の多自然居住地域となるだろう。

復興まちづくりと平時のまちづくり

中越地域での復興支援員と集落が取り組んだ集落復興は、平時のまちづくりに多くの示唆を与えてくれている。災害は地域課題を顕在化させる機会であるが、地域課題を抱えていること自体は被災地に限らず多くの地域で同様である。中越地域ではそこに震災という機会があり、復興支援員という外部人材と集落との接点が生まれた。そして、集落と復興支援員の二人三脚による取組みが始まり、さまざまな成果が生み出されていった。では、災害が起こらなければこのような取組みに至るプロセスを描くことはできないか、というとそうではないように思える。中越地域でも被災直後のみならず長期的に集落に寄り添った支援を続けてきた復興支援員の果たした役割は大きい。そして、復興支援員が取り組んだ集落支援は災害復旧事業ではなく、地域の声に耳を傾け、後押しすることである。これは必ずしも被災地にしか適用できないものではなく、平時のまちづくりの場面においても十分可能である。強いていうならば、なかなか前向きな取組みをしようという意欲を持ちにくい高齢化集落などが活動を始めるためのきっかけとしての中越地域における基金事業のようなインセンティブがあれば、平時の過疎高齢化集落における地域づくりの取組みにも応用可能であると考えられる。それが実際に行われているのが、ほぼ同時期にスタートした総務省による「集落支援員」や「地域おこし協力隊」である。地域おこし協力隊は、東京をはじめとする大都市圏から人材を地域が受け入れ、ともに地域づくりの活動を展開することで地域の活性化を図ろうとするものであり、各地で多種多様な成果をあげている。一方で、集落支援員は地域の状況をよく理解したものが、集落点検などをした上で地域の将来ビジョンなどを検討することを後押ししようという制度であるが、双方とも基本的には中越地域における復興支援員と動き方は似ている。つまり、すでに時を同じくして、同様の問題意識から全国的な取組みもスタートしていた。ただ、中越地域の復興支援員は厳密には公金ではない復興基金事業で雇用されていることから、その動きはより自由度が高い。復興支援員のキャラクターや能力への依存度は高いが、良い人材であればむしろ自由な方が良いのである。

このように、中越地域で展開された復興支援員と集落の共同による復興まちづくりは、前提としての条件がいくつかあるものの、基本的には全国的に取り組まれている過疎高齢化集落の地域づくりと同列に見ることができ、中越地域での経験を全国の集落活動へと応用する可能性は大いにあると考えられる。さらに必要なのはこうした制度を思い切って導入することができる人材が行政内部にいるかどうか、にかかってくるだろう。人であるがゆえに活動から成果が生まれないリスクも大きいといえるが、予算の面でいえばこれまでの土木事業の規模とは比較にならないほど小さいものである。気にするべきことは間違った人材を送り込むことによる集落側の痛手であろう。外部からやってくる人材とうまく取組みを展開することができずにわだかまりが残るようなことがあると、移住者が問題を引き起こした時と同様にその集落はしばらくはそれまで以上に門戸を閉ざしてしまう。こうなってしまうと、正論も何もなく、ただただ時間が経過していくのみとなってしまうのである。そういう意味でいうと、重要なのは地域が疲弊するような人材を投入しないことだろう。この人選とマッチングさえ失敗しなければ、その後の軌道修正や情報提供、後方支援によりサポートが可能となるのである。

昨今は、田園回帰と呼ばれる、若者を中心に都市から地方へという人の流れのトレンドができつつある。近い将来、過疎化の進んだ各地の集落に若者が移り住みながら古くから住み続けてきた住民と連携した小さな成功体験づくりが広がり、新しい自治のカタチができてくるかもしれない。

6　人的支援への後方支援

過疎化の進む地域において、集落支援員が果たした役割は大きい。その大きな役割はどうして果たすことができたのか。もちろん復興支援員のひたむきな努力によるところが大きいことに疑いはないのだが、復興支援員の取組みをさらに後方から支援した組織の存在がある。その一つが復興支援員事業のモデルともなった中越復興市民会議を母体とする（公社）中越防災安全推進機構復興デザインセンター（以下「デザインセンター」という。）であり、もう一つが（公財）山の暮らし再生機構（ＬＩＭＯ）である。復興基金による支援事業として「地域復興支援員設置支援」が設定された際、それまで集落支援を行っていたデザインセンターは復興支援員に横滑りしたのではなく、多く配置される復興支援員を後方から支援する役割へと移行した。具体的には、①復興支援員の人材育成（研修会などの開催）、②必要に応じて復興支援員の活動の直接的なサポート、③センタースタッフ自身が直接集落に出向いて行う支援活動などがあった。このように活動がシフトしていったのにはいくつか理由がある。一つは、復興支援員制度を設計する際に何らかの人材育成が必要となるだろうという認識が関係者の間で共有されており、その担い手としての期待があった。二つ目は、復興支援員が行政や集落との関係づくりがうまくいかない際に第三者として参加し、間を取り持つことが必要となることが予想されたことなどである。そのため、復興支援員を本格導入する二〇〇九年からはデザインセンターによる研修会も同時にスタートすることとなる。

もう一つの支援組織であるＬＩＭＯは、長岡市、十日町市、南魚沼市の復興支援員の雇用主体でもある。そのため、ＬＩＭＯとしての理念が「山の暮らしを再生する」というものであり、復興支援員の支援業務も組織としての主たる業務として位置付けていたが、実際には雇用主体であることから労務管理をするにとどまりがちとなってしまった。(注11)

復興支援員設置当初の戸惑い

復興支援員に着任当初は明確なミッションが提示されていなかったというのは前述したが、復興支援員の取組みは文字通り当時としては全国的にもきわめて珍しい取組みであった。それまでのボランティアは都合の良い時に集まり支援を行っていたりしたが、復興支援員は常に支援する立場にあると同時に、ボランティアではなく正式に雇用され業務として支援にあたっている。そのため、活動の際に参考になるような事例も存在しておらず、自ら活動方法を考えながら取り組む必要があった。着任当初から具体的にどのように活動をしていけば良いのかわからないという声もあり、そこにもデザインセンターによる後方支援や研修への期待は大きかった。

復興支援員への支援～活動支援～

実際の活動支援はそれこそデザインセンターのスタッフによる個別対応であり、デザインセンターとしての組織的戦略を持っていたかというとさほどそれは見えない。実際には各地との情報交換から課題のある地域に対して重点的に支援をするという方法をとっていた。つまり、復興支援員が設置される以前からの集落支援を展開していたデザインセンタースタッフが、集落支援に新たに加わった復興支援員と地域の間を取り持つところから始まり、必要に応じて復興支援員とともに集落の会合にも出かけながら地域の状況を汲み取り、その先の取組みを復興支援員とともに考えるなど、復興支援員が地域に寄り添うように、デザインセンタースタッフが復興支援員に寄り添うカタチで進められていた。しかし、デザインセンターのスタッフも「人」である。当然、人と人との人間関係であるため、すべての復興支援員と同等の関係を築いていたわけではなく、どうしてもスタッフ自身が思い入れのある地域に多く通うようになるなど、バランスを欠いていたともいえる。しかし、それも人であるがゆえである。結果として関係の濃い復興支援員もいれば、ほとんど関わりを持つこともなかった復興支援員もいた。一時的にはバランスを欠いているという問題意識のもとでセンタースタッフに支援地域の担当を割り振っていたが、それもやがて自然消滅することとなる。どんなにシステマティックに役割分担をしたとしても、復興支援員やその雇用主体から後方支援の委託を受けているという契約関係でもないために支援は効果的なものとはならない。結果として中越復興市民会議の時代から強い関わりを持っていた旧川口町、旧小国町、旧栃尾市の復興支援員とは深い人間関係を築いていたが、それ以外の復興支援員との関わりはそこまで深いものとはならなかった。

そもそも、復興支援員は地域の公的な機関が雇用し担当地域内の集落支援にあたっている。一方でデザインセンターは中越地域全体を俯瞰的に見て活動している組織であるため、復興支援員とは雇用関係も連携義務もない。完全なボランティア的支援であったといえる。そのためボランティアと地域のマッチングと同様に支援を受ける復興支援員と支援をするデザインセンタースタッフの相性次第で、支援が効果的かどうかが左右されるものとなった。

復興支援員への支援〜人材育成〜

一方で、二〇〇八年の本格導入以降、着任した復興支援員の人材育成として「地域復興支援員研修会」が復興デザインセンターの主催でスタートする。それは毎月開催され、二〇一〇年度いっぱいまで続いた。そして、この研修活動を通じて、いくつかの人材育成キットや研修プログラムが開発され、後に総務省による「地域おこし協力隊」や「集落支援員」向けの研修でも利用される。

地域づくりコーディネイト・ゲーム

これは地域づくりを支援する際に、地域にある資源や人材をどのようにコーディネイトし、ストーリーを作っていくかというプロセスをイメージするための思考訓練ツールである。さまざまな状況下でどのような地域づくりのプロセスを描けるかという企画力、構想力が重要となるため、さまざまなシチュエーションのなかでも、地域づくりのプロセスを思考できることが重要である。実際に復興支援員が支援活動を展開している地域の条件は多種多様であり、そこから集まる復興支援員が一緒になって議論し、アイディアをシェアする必要があるため、具体の集落とせずに仮想集落を設定した上で、そこでの地域づくりの物語を考えるという一連のプログラムとした。また、現実的な支援活動を日々忙しく進めていると、必然的に視野が狭くなり、俯瞰的に分析評価する機会がなくなってしまう。そこで、活動全体を俯瞰的にとらえるためのツールとしての意味合いもある。

ゲームは六つのカード（集落カード、課題カード、内部人材カード、地域の声カード、資源カード、外部人材カード）を用いる。「集落カード」（四種類から各一枚を引く。）は集落の世帯数、高齢化率、役場（支所）までの距離、隣の集落までの距離を規定し、「課題カード」（三枚を引く。）は地域から行政に上がっている課題を示している。この二つのカードに記載されている内容は、集落に入る前に把握可能な情報である。まずこの二種類のカードを引いた時点で、集落課題の整理を行う。つまり、集落の側が自覚している課題が「課題カード」に書かれている内容であるが、「集落カード」で規定される集落の状況を考えると、「課題カード」に記載されている課題の他にもさまざまな課題が潜在的にあることを知ることができる。たとえば、世帯数が二〇〇世帯を超えるような地域で、課題カードとして「高齢者の見守りが必要」とある場合、そこから連想されるのは二〇〇世帯以上という一定規模の集落であるにもかかわらず、地域内交流が低下しているために高齢者の見守りが必要となっている、ということがうかがえるのである。この場合、高齢者の見守りを事業として実施していても本質的な課題である地域内交流の衰退という課題の解決は図ることができず、見守り以外の課題がまた発生してくる。結果として取り組むべきものがどんどん増えていくこととなる。ここでは得られた情報から地域コミュニティが衰退しているであろうという仮説を持った上で、その解決を図ろうと動くことが妥当である。このように集落から上がってくる課題は氷山の一角であることも多く、重要なのは現れた課題の背後にどの様な本質的課題が隠れているのかを推測し、その解決を図ることを目指すことである。こうした課題の掘り起こしは、一人でやるよりもさまざまな集落支援の現場情報を交換しながらやることがより効果的である。そのためにグループワークとしてこの「集落課題の整理」を行う。

次に引くのは「内部人材カード」（三枚を引く。）、「資源カード」（二枚を引く。）、「地域の声カード」（一枚を引く。）である。これは地域に入っていくと見えてくるものである。実際に地域と関わりを持ち、集落を歩いてみるとさまざまな発見がある。それが内部人材であり、資源である。一方で、「地域の声カード」は地域のリーダーが言っている「やりたいこと」である。地域に入ると何らかの人材がいて、何らかの資源があるものである。実現性はさておき、何かをやりたいと思っている人もいる。こうしたさまざまな要素をゲーム感覚で引くことで多様な集落を設定することができる。その上で、引いたカードによって規定された集落で、どのように地域づくりを展開して行ったらよいのかを丁寧にイメージしていくのがこのゲームである。ゲームを通じて、グループ内で経験値の共有やアイディアの交換を行いながら、地域づくりのプロセスを企画する訓練をするものである。

経験のない復興支援員の場合は、まず冒頭に「集落のビジョンづくり」をしようとするというケースも多い。まちづくりのさまざまな文献にもビジョンの重要性がうたわれていることからも、一見これが正しく見えがちである。しかし、実際の活動現場では集落に入ってまず「ビジョンを」といっても、地域の人は何のことやらとピンとはこない。これまで縮小均衡が続いてきた地域である。ビジョンといってもそもそもカタカナ言葉は理解が難しい。であるならば、まずは小さな声を拾うところから始める必要がある。たとえば、地域の集会に挨拶がてら出かけて行き、知り合いをつくり、後日再訪する。その時に出していただいた〝ちょっとしたもの〟を喜びと感激をもって評価することで小さな驚きを得てもらう。過疎高齢化した集落とはいえ、そこに暮らす人々は人生の達人である。男性は大抵の外仕事はできるし、女性は大抵の家内作業はできる。料理もうまい。その美味しい料理を「うまい！」と伝えることが重要なのである。外で男性が何気なく修理している道具を「す

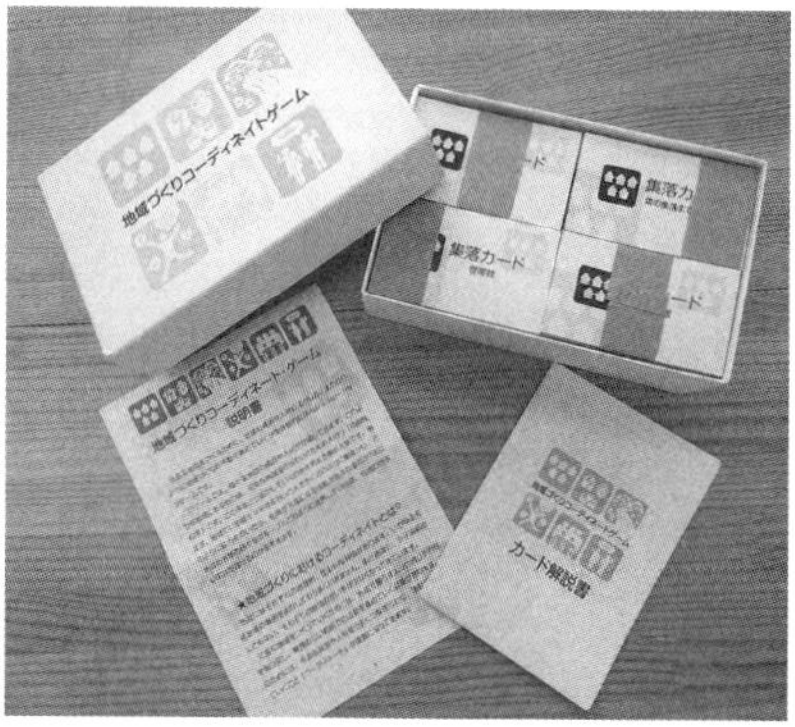

コーディネイト・ゲームセット

コーディネイト・ゲームカード

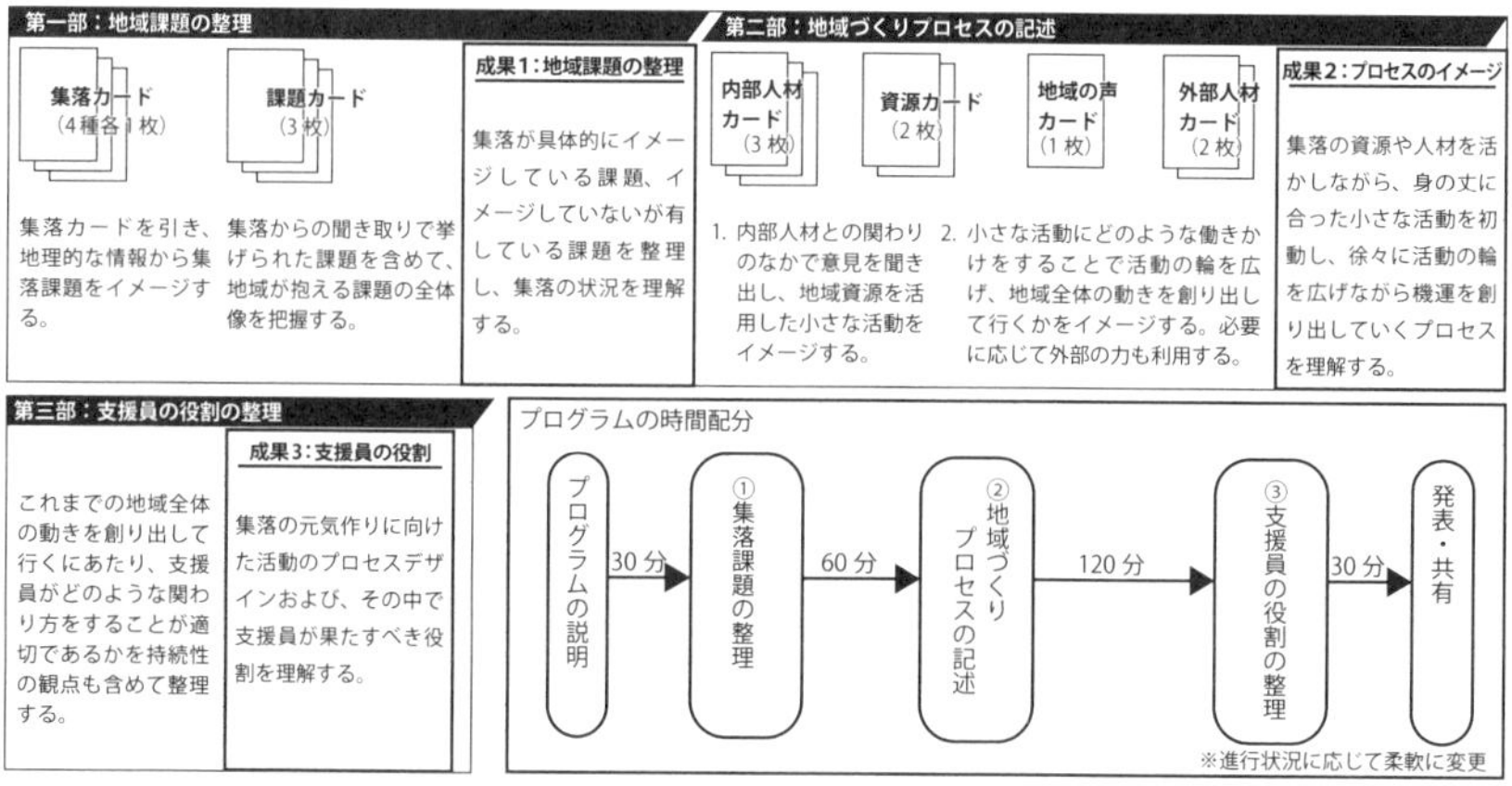

図２-24　プログラムの流れ

ごい！」と伝えることが重要なのである。外部から来た若者にとっては素晴らしいものであっても、長年見てきた地域の人にとっては"当たり前"のものになっている。その技術の素晴らしさには気付いていない。だからこそそれをきちんと伝えることで、小さな自信を持ってもらうことが重要なのである。こうして自信を持った人はすこし積極的になる。この小さな成功体験の積み重ねが地域に考える主体性を創り出していく。そして、地域のなかにある程度「やるぞ！」という自信がわいた時、初めて集落の将来ビジョンが語れる環境が整うのである。このようなことは教科書などに載っているはずもな

集落カード	想定される課題	
「集落カード」から引いた４種類のカードの内容を記述する。	「集落カード」「課題カード」を踏まえて、地域の課題を潜在的なものも含めて数多く列挙する。	想定される課題を踏まえて、この集落での重要課題を３～４点程度にとりまとめる。
課題カード		
「課題カード」から引いた３種類のカードの内容を記述する。		

図２−25　地域課題整理のフォーマット

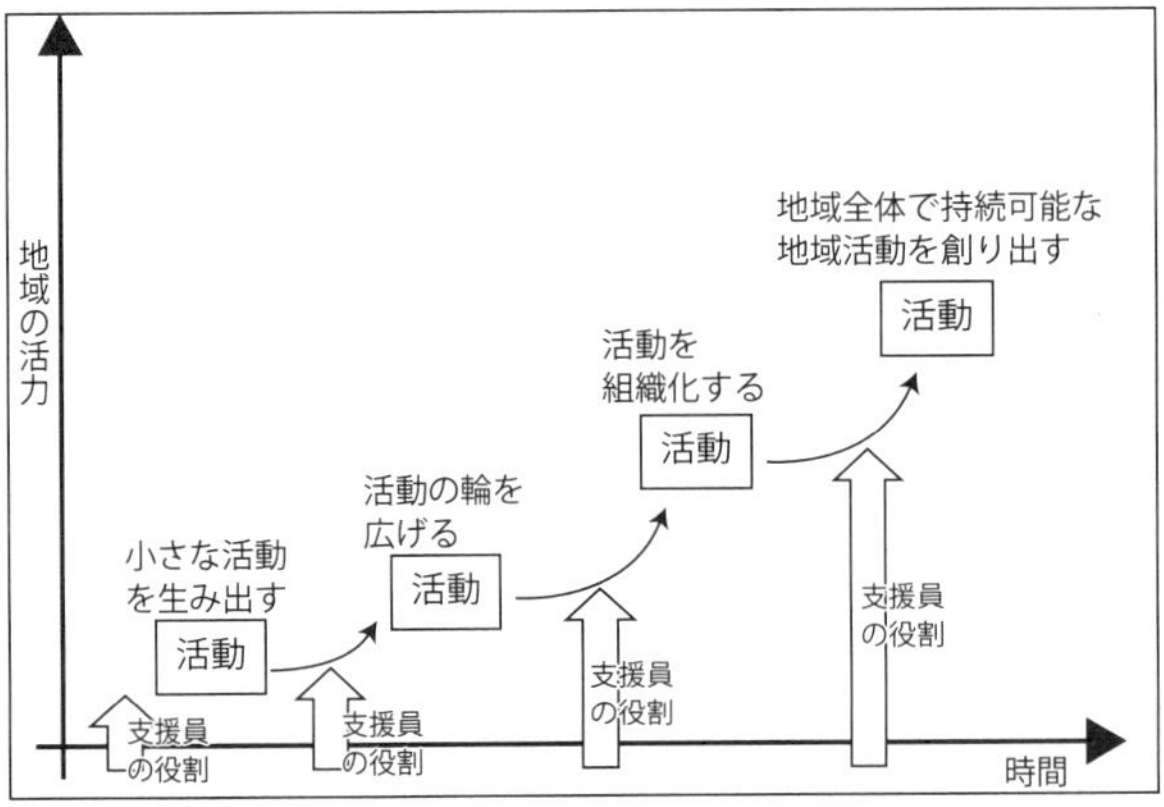

図２−26　プロセスを記述するフォーマット

く、経験によって学んでいく必要があるが、コーディネイト・ゲームを通じてグループ内で意見交換をすることでさまざまな考え方を知ることができる。このような作業を通じて、それぞれの復興支援の取組みのなかで得た経験を広く共有することを行った。

プロセスシート、ロードマップ

これは活動の振り返りをするためのフォーマットである。日々業務に追われている復興支援員は自らの活動を冷静に評価分析して軌道修正をするような時間的・精神的余裕はあまりない。また、行政とも一定の距離を持っているため、行政が相談に乗るというのも現実的ではないケースが多い。したがって、振り返りの機会とフォーマットを提供することが重要である。そこで「プロセスシート」、「ロードマップ」による振り返りが実施されている。

プロセスシートは、一つのプロジェクトが進むプロセスを詳細に記述し、誰がどのような動きをし、それが次の動きにどのようにつながっていたのか、をまとめるものである。そうすることによって、支援する活動が復興支援員のみの活動になっていないか、などを確認してより的確な集落との関係を模索するために用いる。プロセスシートに事業のプロセスを記述したものを見てみると時として復興支援員から集落への働きかけや提案に終始し、集落側から始まる動きの記述がほとんどないケースがある。

実施風景

復興支援員としては集落から感謝の言葉をかけられるなど、活動に充実感があることもあるがこれは復興支援員への依存状態にあることを示している。つまり、復興支援員が動かなければ何も起こらないということである。この場合は復興支援員としてはスピード感はなくなるかもしれないが、住民との双方向のやりとりに時間をさいて、主体的な動きの芽を再確認する必要がある。一方で、復興支援員や住民のさまざまな気付きや発意が多数書き込まれるようなプロセスシートは、復興支援員と住民との創発的なやりとりにより事業が進んでいることであり、大きな成功体験を誘発するため、事業自体が小規模であっても大きな意味を持つ。このように事業一つとっても規模や結果ではなくてそこに至るプロセスが重要であるが、その部分は一般的には可視化されないままである。それを可視化しようと試み

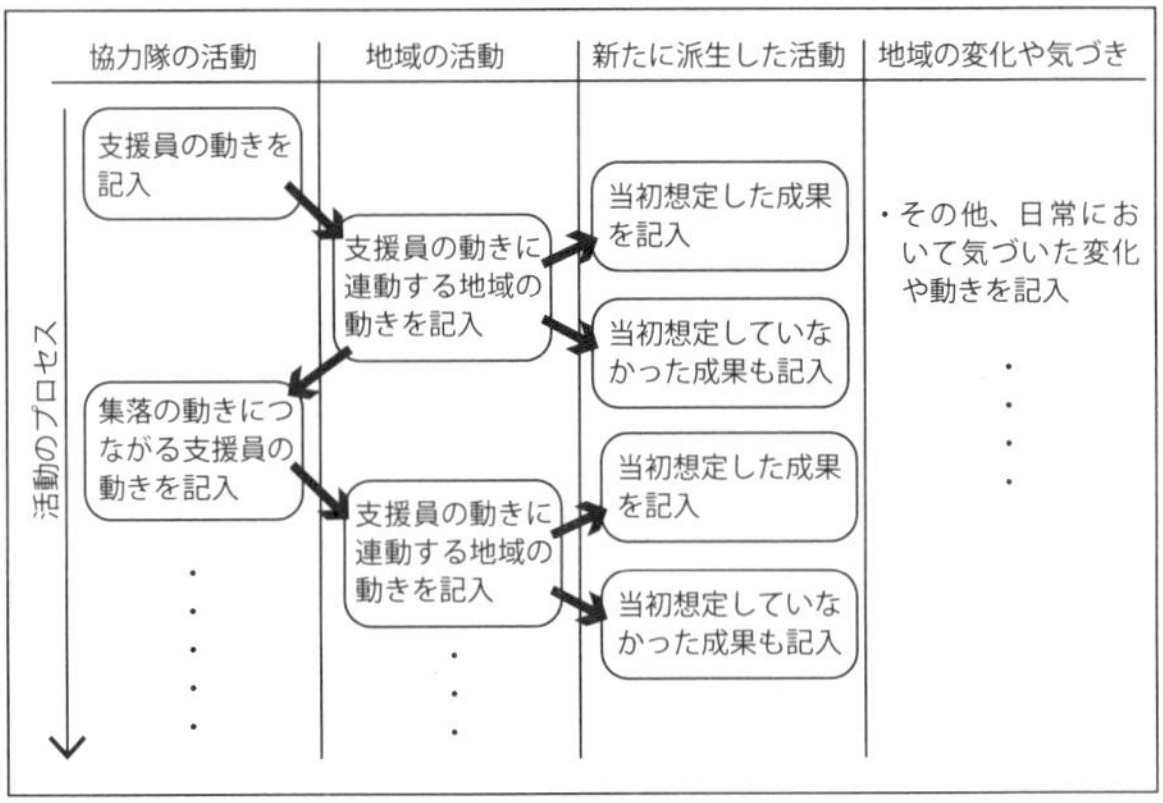

図2-27　プロセスシート

たのがこの「プロセスシート」である。活動の振り返りについては定期的に各所に提出することでできているように思えるかもしれないが、このような報告の文面では、さまざまな活動がそれぞれどのように関連しあっているのかがわかりにくいばかりではなく、それが全体の取組みのどの部分に位置付けられているかもわかりにくい。そこで、このようなフォーマットを通じて可視化することで評価も含めた振り返りが可能となる。また、各地域で活動する復興支援員がそれぞれの活動を同じフォーマットに記述することにより、相互の比較や情報交換もより容易になる。このような手法を用いて、研修会の場を通じて復興支援員相互の情報交換が行われた。

一方で、ロードマップは支援期間全体を俯瞰するものである。復興支援員の取組みは地域それぞれの状況に合わせた支援であることはすでに述べているが、同じ地域でもその状況も常に変化する。たとえば、当初は活発でなかった地域が復興支援員との取組みを通じて少しずつ自信を持ち始め、主体的な動きを始めるケースが多くある。その時に、支援する側はその支援内容を少しずつ変化させる必要がある。というのも、復興支援員による支援活動は恒久的な事業ではないため、将来的には復興支援員による支援からの脱却、あるいは復興支援員が雇用されるような経済モデルの確立が必要である。いずれにせよ、復興支援員が支援するなかで集落側の熟度も上がってくるが、そこに同様の支援を延々と続けていても集落の自律化は成しえない。そのため、支援の方策を考える際には、集落の現状の確認と復興支援員の支援方針を立てる必要がある。そのためのフォーマットがロードマップである。横軸に時間、縦軸には地域の自律性をとり、復興まちづくりのスタートから現在までを記述することで、それまでの活動を可視化することができる。同じような支援を変化なく続けてきた場合、一見成果は積み上がっているかのように見えるが、このフォーマット上では地域の自律性に向かって進んでいないことがわかることもある。また、想定したような状況になっていない場合も、それまでの取組みを否定するのではなく、再びロードマップを描き直すことにより、今後の活動理念や具体の戦略を立案することができる。

このように、毎月一度開催される研修会ではさまざまな研修ツールを用いたワークショップや先進事例の紹介などを行っていたが、一方で復興支援員からあがった声として「一か月に一度現場を離れる」ことの重要性が挙げられていた。先にも述べたが、復興支援員の活動は多忙を極める。そのため、日々何かに追われているような日常を過ごしているため、自らの取組みを冷静に振り返る機会もさほどないのが現実である。また、研修会なども不定期に開催されているとどうしても支援業務を優先してしまい、他の復興支援員と情報交換するチャンスさえなくなってしまうのである。そこで、毎月必ず集まるという研修スタイルが復興支援員が自身の取組みを振り返る機会となり、復興支援員自身も有効で

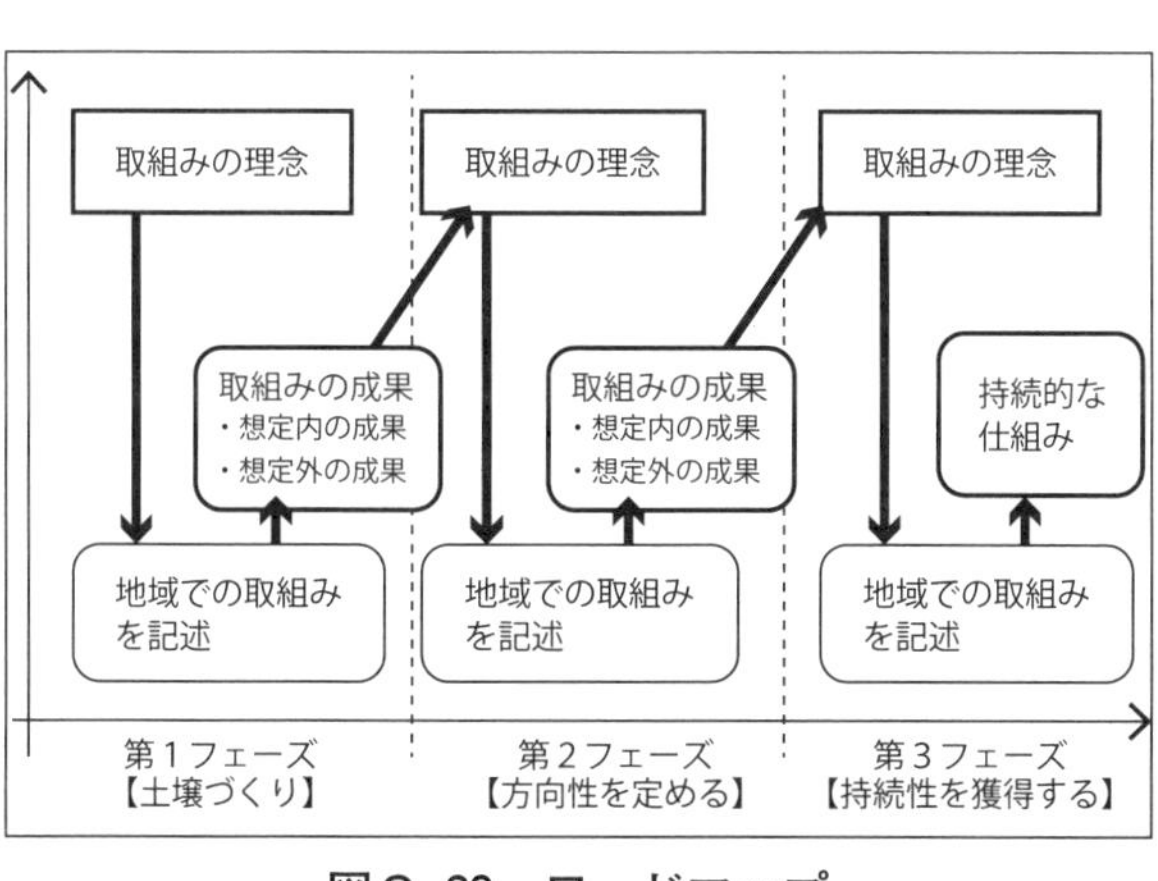

図２-28　ロードマップ

あったと指摘している。

つまり、復興支援員の支援活動は日常的な支援や情報提供、人材育成の研修も大事ではあるが、何よりも大事なのは「定期的に現場を離れて冷静に振り返る」機会の提供なのである。こうした機会があれば、日常業務のなかでの悩みを同じような立場で活動している仲間に相談することも可能だが、そうした機会がなければその悩みはそれぞれのなかに蓄積されていくだけであるともいえる。この観点からいえば、中身も重要であるが、まずは場の設定が重要であるということがわかる。

他にも定期的に復興支援員が集合する、ということに大きな意味を見いだしている復興支援員が多かった。日常的には各支援組織のなかでのコミュニケーションはとれているものの、復興支援員は常に現場で状況をつぶさに観察して支援策を考えながら活動するため、他地域でどのような取組みをやっているのか、どのように課題を克服したのかなどの話に非常に関心が高い。しかし、忙しい日常業務のなかでは他地域のことにまでなかなか気がまわらないのが現実である。このなかで一か月に一回程度の研修は、他地域の復興支援員と情報交換することで大きな安心感を得られていたという復興支援員も多い。中越地域というまとまった範囲で同様の活動を展開していた復興支援員が定期的に集まり、情報交換することはさまざまな経験値を共有することや自身の活動の意味を確認する上でも非常に有益だった。

中越地域における復興支援員支援の成果と課題

復興支援員を支援する取組みは、日常的な活動支援、研修会の開催で十分であったのか。欲を言えばきりはない。しかし、デザインセンターが行ってきた支援活動への課題もある。小千谷市東山地区の復興支援員であった渡邉氏は「もっと本気で議論がしたかった」と語っている。復興支援員の支援にあたるデザインセンターのスタッフも被災した集落への支援活動をしてきた。その成果が集落支援員という基金事業に結実している。つまり、活動歴で言えば先輩にあたる。だからこそ考え方や活動戦略など多くの懸案事項をデザインセンタースタッフとの議論を通じて考えていきたいという思いが渡邉氏のなかにはあった。しかし「そこまで、議論が深まらなかった」と振り返っている。その背景には多少の遠慮があると思われる。被災地で支援活動にあたるのは孤独な仕事である。支援対象である集落は被災前から濃密なコミュニティを形成してきた地縁組織である。一方で復興支援員は地域外から着任し、自らが先導するのではなく、集落の取組みを後押しする〝黒子〟である。実際にどの程度まで表に出るのか、どこまで引っ張り、どこから引くのか、など難しい判断、局面が多くある。地域の考えと自らの考えにギャップが生まれることも多くある。そうしたなかで、同様の経験をしてきたデザインセンタースタッフとの議論はきっと有益であっただろう。それが十分でなかったという評価はどこから生まれたのか。おそらくはデザインセンターのスタッフも同様に難しさを感じていたため、現場で活動する復興支援員の活動を尊重するというスタンスであったのかもしれない。地域に常駐し、毎日地域住民と顔を合わせている復興支援員以上に地域のことを知り尽くした人材はいない。この復興支援員が考えていることに対して異を唱えるのはなかなか難しい。結果として、あまり否定的なことはいえずに議論が深まらなかったと推察される。これもおそらくは人間関係からくる課題だろう。当然、復興支援員を支援するデザインセンターも人の集団であるため、人間関係に濃淡が生まれるのは前述した通りである。深まらない人間関係のなかから深い議論は生まれにくい。この点でいうと、復興支援員を支援するということは、復興支援員と深い人間関係を構築した上で本気の議論ができるかどうかという点が重要である研修の場よりも日常的な情報交換や活動支援の場で特に重要だろう。研修の場は、ある種イベント的な場でもあるので、プログラムが明確に示されていれば、議論の土壌はできる。しかしそれを日常的な連携のなかでは不確かな情報も多いことからなかなか難しいのかもしれない。とはいえ、復興支援員を支援するということはそこまで踏み込むことであるべきで、そこまで至らなかったということは課題が残ったということだろう。

支援体制と役割

中越地域では、復興に向けた取組みを支援する復興支援員の背後に、復興支援員を雇用する公的な団体と復興支援員の支援を標榜する支援団体という体制が作られていた。そのため、復興支援員だけでは難しい取組みについては必要に応じて後方支援組織がサポートしたり、復興支援員同士の中間支援の役割を後方支援組織が担うなど重層的な支援体制が支援事業を円滑に進める上で有効であった。一方で、雇用主体と後方支援主体が異なることは多少のわかりにくさを内在している。復興支援員は雇用主体に雇用されているため、従うべき〝上司〟は雇用主体である。しかし、復興支援の経験やノウハウを多く持つのは支援団体であり、各種研修機会を提供していたのも支援団体である。つまり、雇用と支援がリンクしていないため、誰の意見に従ったら良いのか、誰に相談するのが適切なのかという面で混乱もあった。特にデザインセンターの場合はかなり柔軟な動きをしていたため、組織的な動きが強い傾向の地域では少なからず混乱があったことは否めない。

このように、後方支援主体がどのような位置付けにあるのか、という点をそれぞれの関係主体のなかで共有していれば混乱も少ないのであろうが、柔軟な復興の流れのなかで、そのあたりはあまり言及されずに動いたことがかえってわかりにくさを招いていた可能性がある。

7　中越地域における復興まちづくりからみる「人」による地域づくりの方向性

中越地域における「地域復興支援員」以降の人的支援の動き

中越地域において集落支援員の第一号が設置されたのは二〇〇七年一一月である。その後、二〇〇八年四月に本格導入されることとなるが、ほとんど時を同じくして、国政レベルでの人的支援施策がスタートする。そのきっかけとなったのが、二〇〇八年三月に総務省過疎懇談会で出された答申「過疎地域等の集落対策についての提言」のなかでの「集落支援員」への言及である。このなかで集落点検を行いながら集落の今後の方向性を考える集落支援員の設置が提案されており、年度をまたいですぐの二〇〇八年度から「集落支援員」が配置され、農林水産省でも短期的な人材派遣の取組みであったが「田舎で働き隊」事業がスタートした。翌二〇〇九年度には都市部からの移住を伴う総務省「地域おこし協力隊」が始まった。このように、人的支援の流れはこの時期に一気に全国に広まっていったといえる。

背景の一つはこれまでのハード整備を中心に進められてきた地方振興策が過疎化を食い止めることができていない現実と、一方で、都市農村交流や若者と農山村集落の交流の取組みが地域の元気を引き出すような事例が各地で出てきたことがある。また、このような取組みが始まってすぐに自民党政権から民主党政権への政権交代が起こり、スタートしたばかりの施策や成果の見えにくい施策はことごとく「事業仕分け」による予算削減の波を受けることになるが、人的支援施策に限っては「コンクリートから人へ」を民主党が標榜していたこともあり、積極的に進められることとなった。まさに奇跡的に持続された制度ともいえる。

特に地域おこし協力隊の取組みは各地でメディアなどに多く取り上げられるようになり、中山間地域ではよくその名前を聞くようになるなど、過疎対策の取組みのなかでもっとも普及した施策になりつつあるといえる。二〇一四年には安倍晋三首相が島根県と鳥取県の地域おこし協力隊の取組みを視察した際に「三年間で地域おこし協力隊を三倍に」と指示を出したことにより、現在、隊員の数や募集地域はうなぎのぼりに上昇している。

また二〇一一年三月に発生した東日本大震災でも発災直後から、被災地と同じように過疎高齢化が進んだ地域での災害復興で大きな成果を残した「地域復興支援員」の取組みがいち早く紹介され、二〇一二年度からは総務省により中越地域における地域復興支援員をモデルとした「復興支援員」事業がスタートしている。

実際にこれまでのハード中心の地域振興から、人を送り込むことによる振興策である人的支援は予算上も非常にやりやすい制度である。たとえば、地域おこし協力隊を一人受け入れる際の人件費、活動費の合計が約四〇〇万円である。それが仮に三、〇〇〇人を各地に配置したとしても必要な経費は一二〇億円。これまで各地で進められてきた道路事業などの予算規模と比較すると格段と小さなものになる。こうした予算上での導入のしやすさもあるのか、人的支援はこうして急速に全国に波及していった。

「人的支援」の難しさ

確かに、これまでのハード事業は時として地域の景観を破壊し、また、インフラの充実により過疎化が一挙に進んだ地域もあるなど、地域振興策が裏目に出るケースも多くあるなかで、少ない予算で多くの取組みを生み出している人的支援は過疎対策のウルトラCのようにとらえられる傾向がある。しかし、前述したように、こうした「人」を送る支援は、どのような人材を雇用するのか、地域とのマッチングがきわめて重要である。中越地域でもあったように、人的支援は地域が何らかの動きをして初めて支援が可能となる。そういう意味で言えば地域の主体性がなく、縮小均衡が打開される状況にない地域では、復興支援員の着任自体が一つのキッカケとして機能しない限り、新しい取組みを生み出すのが非常に難しくなる。その意味でも、どのような地域にどのような人材を、どのように入れるか、など導入前に慎重に施策を検討する必要がある。

また、地域おこし協力隊は任期が最大三年に設定されている。もちろん導入自治体が独自の予算で延長することは可能であるが、そうしない限り着任した三年後には自ら生計をたてている必要がある。中越地域では外部から復興支援員として着任し、退任後も地域に定着している人材がほとんどいない。地域づくりという活動は自らの生計をたてる準備（たとえば就農や起業など）をすることとの両立がきわめて難しいことから、定住人口を獲得することを目的とした導入は必ずしも地域づくりにはつながらない。

また一方で、田舎暮らしがブームのように広まっているなか、集落での暮らしのあり方を十分に理解せずに移住するケースも多く出てきている。こうした場合は、集落での暮らしに馴染めず周辺住民との軋轢を生みながら最終的に転出してしまう。このような事例が一度起こると、転出していった時点で問題自体はなくなるが、地域には移住者に対する悪い印象が残り、その後の移住政策に大きな足かせとなる可能性が大きい。これは、人的支援の際のマッチングに気を使うだけで解決できることではないが、就業先の少ない過疎地域で、こうした人的支援に携わることが〝手っ取り早い〟就業先となっていることは事実である。これでは良い人材が集まらず、結果として地域も良くならない。

人的支援は施策として普及すればするほど、有能な人材の確保が難しくなる。実際に最近では「募集しても応募がほとんどない」という悩みを各地の行政職員からよく聞くようになっている。結果として本来的には選考で落選するような人材がそのまま地域に人的支援の担い手として着任し、集落も人材も疲弊してしまっては元も子もない。「人」に頼る方策は、慎重にかつ丁寧に進めていく必要があり、運用も非常に難しい。

人的支援の可能性と課題

人的支援の難しい側面について述べてしまうと、多くの地域がその導入に二の足を踏んでしまうかもしれない。しかし、慎重に人材を厳選し、地域の力を引き出すことができる人材を獲得した時には地域には大きな変化が生まれる可能性が高い。過疎化が進んだ集落の最大の課題は人材不足である。特に、転出ばかりが続いてきたこともあり新しい風ともいえる転入者による刺激はほとんど皆無であった。温かい人間性など、集落社会は都市住民には非常に魅力的に映るが、いざ移住を考えるとやはり職の問題が大きく、行動に反映されないケースも多い。一方で、都市部の有能な人材のなかには東日本大震災を契機に自らの生き方を再考し、より土着的な暮らしを求めて過疎地域に移住する強い意志を持った若者も多数出現している。こうした若者は、地域の高齢者と積極的に交流をはかり、地域住民に尊敬の眼差しを向ける。最初は条件不利な地域に移住してくる若者を不思議な目で見ていた高齢者たちは若者との交流を通じて自らの暮らしの価値に気付く。やがて高齢者は自らの暮らしに誇りと自信を持ち、外部からやってくる若者たちへの良き語り部となる。集落には生きる力を身につけようと若者が集まり、再び農業に取り組む人材が現れ耕作放棄地が再生され、美しい景観が蘇っていく。それればかりか、若者が増えることで地域の担い手問題が解消し、伝統行事の復活など再びその活力を取り戻していく。そのような未来は簡単には訪れないかもしれないが、昨今の若者の田園回帰の流れはこのような未来を全くの空想から可能性の世界に引き戻してきたことは事実である。

4章　転居者における暮らしの再構築

1　災害による転居の発生

大規模災害が発生すると、住宅被害を受けた被災者などを中心として復旧・復興過程において転居（移動）する事例が散見される。まず住宅の損壊、ライフラインの停止により地域の避難所や被害の少なかった地域の親戚宅へ避難するなど災害発生直後の避難生活があげられる。一～二か月で自宅に戻れない場合は応急仮設住宅などによる仮住まいが数年続く場合が多い。そして本格的な住宅再建を災害発生当時に住んでいた場所とは異なる場所で行うことによる転居である。

災害からの住宅再建により転居する理由としては、災害発生当時住んでいた場所が地盤変形等により再建不可能になる、災害危険区域に指定され制度的に再建が認められない、高齢化により身の回りのことを自身で行うことが困難になるなど将来の日常生活への不安から親族と同居や近居を望む、経済的に自力で住宅再建することが難しい、借地、借家など権利関係がまとまらない、通院、買い物等生活の利便性を高めたい、就業先の変化、道路建設や再開発事業など基盤整備により立ち退きせざるを得ないなどがあげられる。

災害という突発的な出来事により短期間のうちに転居の判断を迫られるという点で平常時の転居とは異なる。とりわけこれまでと同じ場所における生活の継続を望むものの、物理的な理由や経済的な理由でやむを得ず転居することも少なくない。災害が発生するたびに、多くの転居者が発生することをふまえると、転居後の生活環境を向上させていくことも復興への視点として重要である。

応急仮設住宅における生活

中越地震では、一二万棟を超える住宅に被害が発生したが、このうち全壊、大規模半壊、半壊などそのまま住み続けることが困難な甚大な被害が発生した世帯や道路の寸断などにより地域全体が孤立状態となり全村避難が行われた当時の山古志村などの世帯は、住み慣れた自分の住まいを離れて応急仮設住宅などの仮住まいで過ごすことになった。中越地震の被災地全体で三、四六〇戸の応急仮設住宅が建設された。応急仮設住宅は災害救助法という法律に基づき行政が主体となって整備する。このため、建設場所は公園や学校の敷地など公共用地が優先される。このため震災発生当時の自宅から徒歩では難しい場所に建設された応急仮設住宅へ入居する世帯が数多くみられた。中山間地域の集落で生活していた被災者にとって長年生活してきた集落から離れた生活には環境の変化への戸惑いが予想され、とりわけ近隣が見ず知らずの住民になることへの不安が懸念された。阪神・淡路大震災の応急仮設住宅においては孤独死などの問題が生じたことが関係者から災害対策本部などには早い段階で伝えられていた。こうしたことから行政側にも建設や入居に関する配慮が必要との認識があり、具体的な形となった。たとえば、各住戸の出入り口（玄関）が向かい合わせとなり、互いに顔を合わせやすいような配置とする応急仮設住宅が計画され、同じ従前居住地（集落）の被災世帯がまとまって入居できるように進められた。一か所の応急仮設住宅団地へ複数の集落から入居する場合は、家族人数や間取りなどをふまえながらパズルの組み合わせのような調整が行われた。被災者側からの行動により実現に至った事例もあった。当時の川口町岡平地区に建設

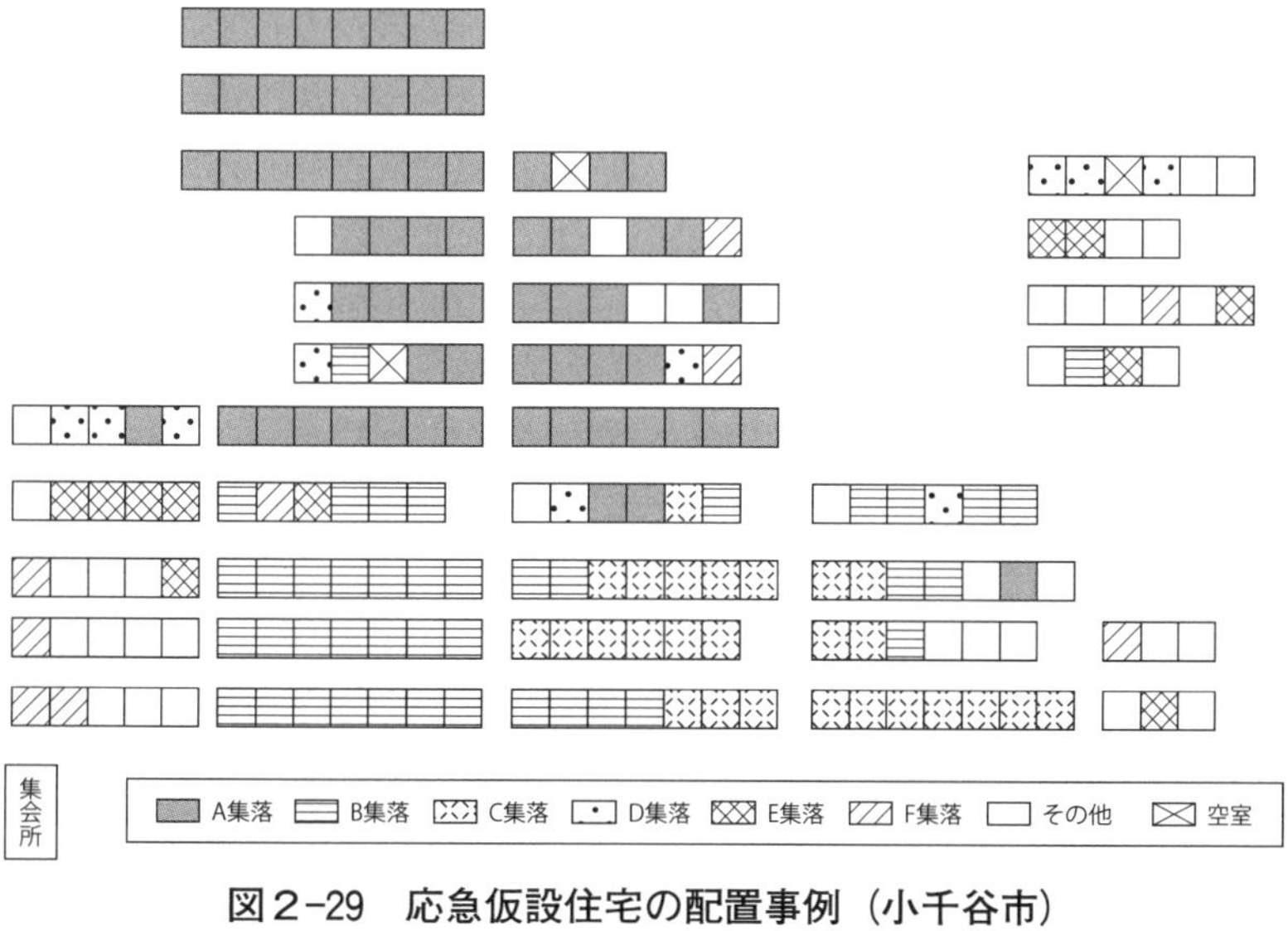

図2-29　応急仮設住宅の配置事例（小千谷市）

された応急仮設住宅（七八戸）は、当初の行政による建設計画にはなかったものである。被害が甚大だった田麦山集落（川口町大字田麦山）では集落内で建設できる応急仮設住宅の戸数が必要数の半分に満たず、残りは集落から自動車で一〇分程度離れた場所の応急仮設住宅へ入居するよう行政から打診された。しかし住民は集落内の建設にこだわった。高齢者が徒歩で頻繁に自宅や集落の様子を確かめられることが必要との声があった。また田麦山は一九五四年まで一つの村であり、行政から勧められた魚野川の対岸になる応急仮設住宅では何となく地域性が異なるという感覚が住民にあったように思われる。結果的に住民が複数の地権者を説得し、田麦山集落内の岡平地区の農地を応急仮設住宅の用地とした。災害発生当時のコミュニティ維持を目指した事例といえるが、応急仮設住宅入居後も従来の暮らし（生活環境）を途切れさせない工夫がみられた。応急仮設住宅に隣接して畑が確保された事例もその一つであろう。中山間地域で生活してきた高齢者にとって「土いじり」は水田耕作や野菜づくりなど生業としてだけではなく、生きがいとしての意味が大きい。また山古志村住民が入居した応急仮設住宅では集落に存在した診療所や理髪業などの自営業が営まれた。

地震発生から約三年後の二〇〇七年一二月末で応急仮設住宅がすべて解消し、おおむね住宅再建の目処は立ったと考えられる。新潟県が二〇〇八年三月にとりまとめた資料によると、中越地震で応急仮設住宅に入居した世帯（三、二二四世帯）のうち、九六・一％（三、〇九八世帯）が従前と同じ市町村内（ただし長岡市などは震災発生後に合併した市域内）で再建している。震災発生当時と同じ場所もしくは近い場所に再建できた事例が大多数であった。土地、建物とも自己所有だった世帯が多かったこと、自動車さえあれば、市街地から通勤・通学可能な地域が被災地でかなりの割合を占めていたことなどが背景としてあげられる。

中越地震における災害復興公営住宅の供給

市町村界を越えて転居した被災者は少ないものの、甚大な被害が発生した中山間地域の集落などを離れて、従前とは異なる地区で住宅再建する事例もみられた。集団移転などにより大幅に人口減少した地区・集落では、コミュニティの弱体化が懸念されるとともに、その地域の存続に大きな関心が寄せられ、地域復興支援員などの支援者が関わっている。一方で、転居により新しい地域で再建し始めた被災者に関しては高齢者を中心に生活環境に慣れるまで時間を要していると考えられるが、従前の集落に比べると支援者の数や関心は少ないのが実態である。

特に自力による住宅再建が難しく行政が提供する災害復興公営住宅へ入居した被災者は、その住宅の性格上、立地場所等に関して自らの意思だけで決定することができず、さまざまな制約条件のなかで生活再建を行っている。ちなみに四万戸を超える災害復興公営住宅が供給された阪神・淡路大震災では、入居者のコミュニティづくりと主に高齢者を対象とした見守り体制づくりが、地震発生から二〇年を経た今日まで継続的な課題となっている。

中越地震では長岡市（旧栃尾市、旧小国町、旧川口町、旧山古志村を含む。）、小千谷市、十日町市、魚沼市（旧堀之内町）において約五〇〇戸の災害復興公営住宅（被災者のための一般公営住宅、改良住宅、震災による建て替え分などを含める。）が建設された。長岡市と小千谷市で全体の九〇％以上を占める（図2-30）。二〇〇五年度、二〇〇六年度に大部分が完成している。行政は被災者へアンケート調査や個別ヒアリングにより入居希望者を把握し、必要戸数を定めていった。一か所に最少四戸から最大七四戸と阪神・淡路大震災の時など比べて小規模なものが多い。戸数の少ない住宅は、平屋または二階建ての長屋造りであり、三〇戸を超えるような住宅は三階建てもしくは四階建ての中層集合住宅が多い。旧山古志村や旧川口町のように地域へ分散して建設した事例と小千谷市や旧栃尾市など比較的市街地にまとめて建設した事例のように自治体によって建設場所（立地場所）は分かれている。

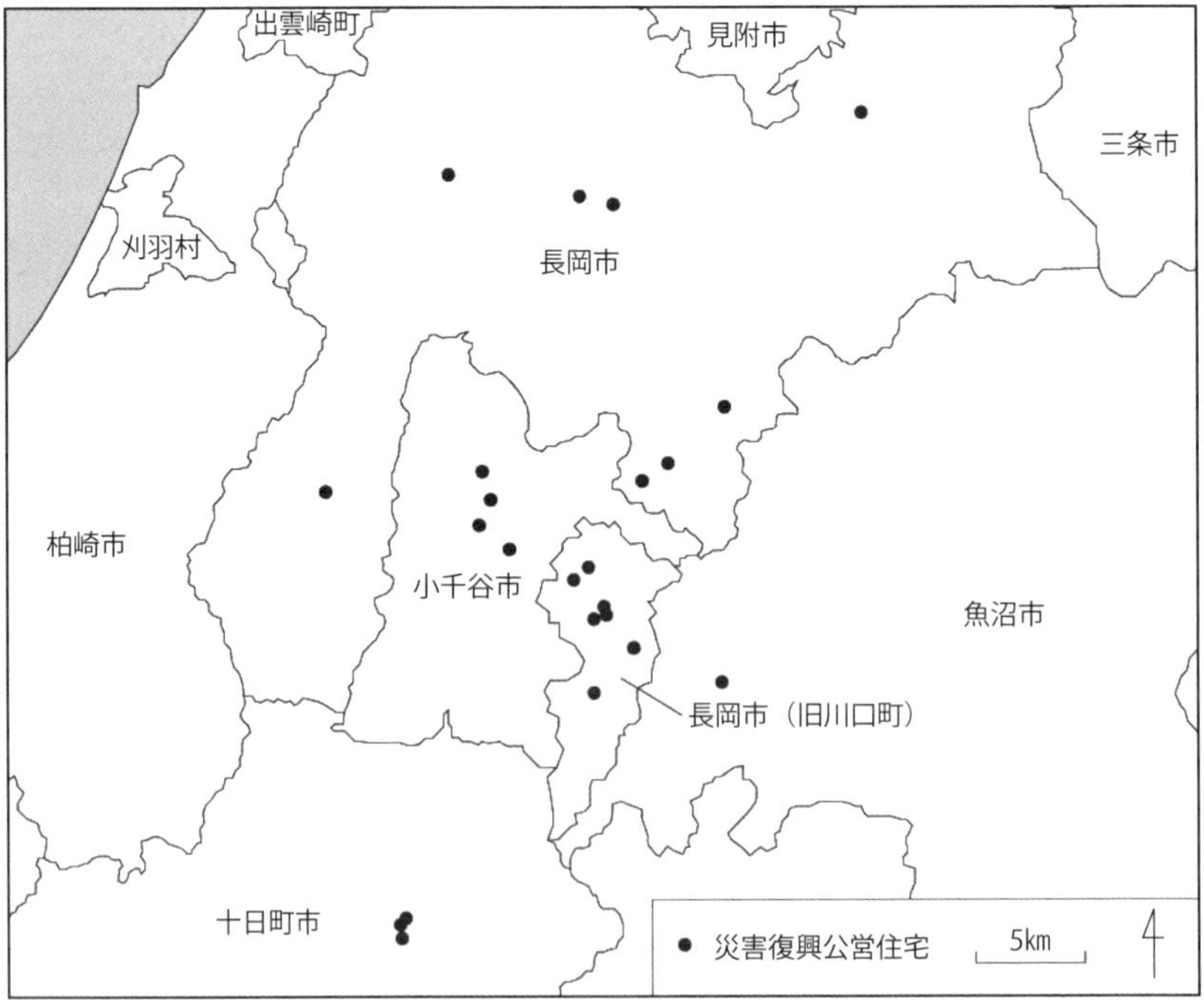

図２−30　中越地震における災害復興公営住宅の分布

2　災害復興公営住宅が建設された地域の対応

これらの災害復興公営住宅ではどのような暮らしが営まれているのかタイプの異なる四つの災害復興公営住宅団地を取り上げたい（表2-9）。

入居者についてA団地は、中山間地域からの被災者が多く、B団地は、半数が特定の集落（中山間地域）で残りが市内広域からで構成され、C団地は合併前の町内から、D団地は市内広域からとなっている。団地が建設された地区（集落）の人口、世帯数の変化は、B団地の地区はほぼ横ばいであるが、A、C、D団地が立地する地区では震災前より増加した中越地震の被災地では数少ない地区である。B団地は周辺地域が建物で囲まれた工場跡地に建設されたのに対して、残りの三団地は周辺が農地等空地の広がる地区である。いずれも市役所もしくは支所（合併前の市役所、町役場）から自動車で一〇分以内の地元では「町場」と呼ばれる市街地に相当する。

建設場所の選定

A団地は、防災集団移転促進事業による移転先造成地とともに建設された。この場所となったのは、いくつかの候補地を被災者が見て回り、この場所を選んだことによる。団地が完成した際には団地とその隣接する造成地で新しい地名がつけられた。A団地の入居者と隣接する防災集団移転促進事業による転入者は震災前の居住地が近く、親和性が高かったと考えられる。団地建設を受け入れた既存の町内会側に反対の声はなかったと

表2-9　事例団地の概要

		A団地	B団地	C団地	D団地
住戸数		40戸	21戸	25戸	40戸
従前地域		中山間地	特定の集落＋市内広域	町内	市内広域
団地内単独町内会		なし	なし	有り	なし
地区の人口世帯数	H12	547世帯　1,321人	118世帯　339人	312世帯　1,305人	326世帯　968人
	H22	574世帯　1,556人	113世帯　310人	357世帯　1,400人	512世帯　1,519人
居住者の年齢構成		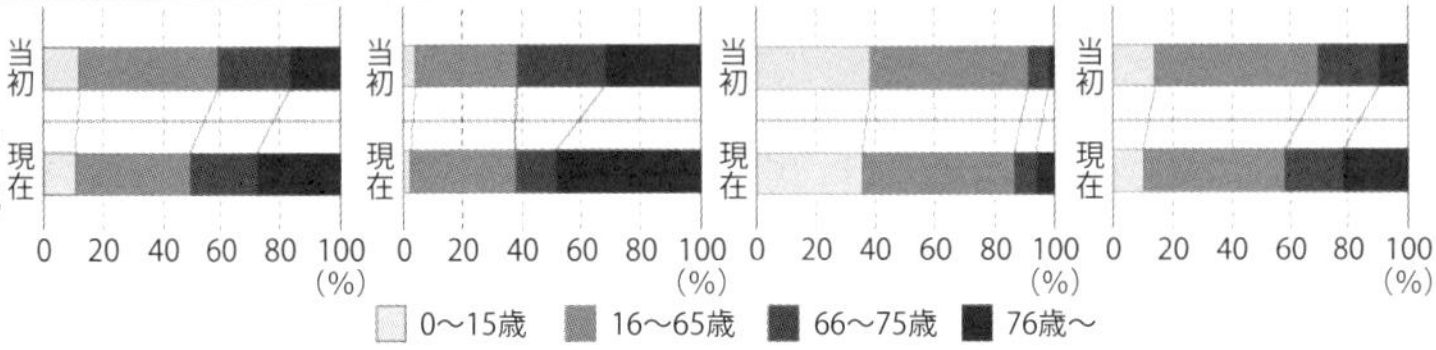			

いう。この地区では過去に工業団地を造成する際に今回の場所周辺に宅地開発する計画もあったことが抵抗感のなかった背景にあるのではないかとの指摘が町内会役員から聞かれた。震災前から農地の宅地転用なども行われている。D団地が建設された地区も、元々は農家が点在する地域だったが、長岡の住宅地として区画整理事業などを行ってきた。D団地は区画整理事業による保留地を行政が購入して建設した。震災発生前から人口移動、新たな住宅建設などがあったため、災害復興公営住宅等の転入者を受け入れる素地があったと考えられる。

既存町内会と災害復興公営住宅との関係

町内会活動に関して、A、B、D団地では立地する地域の既存町内会に加入している。既存町内会が転居者を対象に町内会説明会などを実施した地区もある。既存町内会としては、地区で開催しているお茶会・サロンや敬老会への参加を災害復興公営住宅入居者へ呼びかけているものの、参加者は固定された一部にとどまっている。地区の盆踊り、賽の神の案内を行っている事例も多く、既存町内会との結びつきは、こうした地区の祭事の存在が大きいとの指摘が複数の災害復興公営住宅側から聞かれた。ただし、いずれの事例も既存町内会側からの働きかけによるものであり、災害復興公営住宅側から自発的に参加した事例は確認できなかった。さまざまな行事等を通して新たな地区住民となった災害復興公営住宅入居者が既存の地域住民と関わる機会を設けようとしているが、こうした試みが比較的円滑に進む要因としては、班長など既存町内会の役員の一部を災害復興公営住宅入居者が担うことの重要性について指摘する地区が複数存在した。たとえばＤ団地が立地する地区の既存町内会では、最初から役員機能を担ってもらうために班長等をお願いするのではなく、傍で町内会の仕組みを知ってもらうこと、災害復興公営住宅入居者とのつなぎ役となってもらうことを重視しているとのことだった。

3　災害復興公営住宅入居者の暮らし

災害復興公営住宅内における自治・交流

四団地とも居住者の年齢構成は入居当初に比べると高齢化が進んでいる。しかしそもそもの年齢構成が団地により大きく異なる。Ｂ団地では入居当初から六六歳以上の高齢者割合が六〇％を超えており、現在では七六歳以上の後期高齢者が過半数を占めている。一方、Ｃ団地では入居開始から五年以上経過した現在でも高齢化率は二〇％未満にとどまる。特に一五歳以下が三分の一の割合となっており、子ども会活動が盛んとなっている。Ｃ団地がこのような年齢構成となった背景として、徒歩圏内における商業施設や公共交通が脆弱である一方、中心部に比べて駐車場の空間を広く確保できたことが影響している。(注12) Ｃ団地は団地単独の町内会となっているが、現在四〇～五〇歳代が町内会役員の主力を担っている。各団地において町内会役員等自治を支えているのは、定職を持ちつつも自治活動に参加できる、もしくは参加せざるを得ない生産年齢者、定職から退くものの体力等は十分ある前期高齢者である。こうした団地における自治等を担える「動ける人」の存在、確保が必要であるが、最初から「動ける人」は少ない。C団地において入居開始時に規約、組織体制、目標づくりなど団地として新しい町内会の発足に関わった中心人物は、震災発生当時居住していた地区で町内会役員を務めた経験があった。このことを把握していた行政が介在して役割を担ってもらうように働きかけがあったそうである。ちなみにA団地における入居者から選んだ管理人も、当初は当該行政が事実上指名している。住民と行政（基礎自治体）との関係性が近いことによりできることと考えられる。

団地内の交流を育む機会としては、年一～二回の納涼会、飲食会等親睦会（A団地、C団地）、お茶会（B団地）、清掃活動（A団地、D団地）、ラジオ体操（A団地）などである。「意見交換会など堅い感じの会合は集まりが悪く」（D団地）、気軽に集まれる内容の方が居住者の参加が多く、長続きするとの声が聞かれた。団地内で入居者が集まれる場、空間としては集会所（集会室）があげられるが、団地として単独で存在するのは、B団地のみで他は地区の集会所を利用する形になっている。団地内の役員会合や交流スペースとして設置を求める声は強い。地区の集会施設では気兼ねすることがうかがえる。しかしB団地では団地専用の集会室があるにもかかわらず最近までほとんど使用されていない。高齢者の多いB団地では、集会室の使用による光熱水道費の負担共有を避ける声が強かったためである。せっかく空間が確保されてもどのように活用するか議論や計画がなければ負担感だけが増え、本来のねらいが実現しないことを示している。しかし後期高齢者が多く、「動ける人」が乏しい状況では難しい。被災した中山間地域の集落では、災害発生直後から関わっている学生やＮＰＯ等ボランティア、地域復興支援員などが中長期にわたる復興過程においても存在する事例は散見されるものの、こうした集落からの転居者で構成される災害復興公営住宅においては外部支援者が現在も関わる事例がきわめてまれであり、Ｂ団地などにおいて社会福祉協議会職員の関与がみられるにとどまっている。

従前地区・集落との関係

中山間地域の集落から転居した入居者が多いＡ団地などでは、震災発生時まで暮らしていた従前集落との往来が頻繁に行われている。従前集落に農地や作業小屋を残している事例も多い。いわゆる通い農業である。そのため天候のよい日中の災害復興公営住宅は閑散としており、戻る先のない入居者からは「うらやましい」という声も聞かれた。ただし現金収入のためよりは「土いじり」という言葉のように生きがいとしての農業である。山菜やキノコ取りも楽しみの一つである。こうした状況に関して災害復興公営住宅が立地する既存の町内会関係者はふるさとへ通うこととして寛容に見守る意見が多い。一方、震災で大幅に人口、世帯数が減少した中山間地域の集落にとっても、見慣れた元住民と交わる機会や耕作放棄地を防ぐという点から歓迎する声が聞かれる（注13）。

なお、自分の農地を保有し、通い農業となっている場合は、従前集落に協力金を支払っている事例も多い。協力金の存在は、震災で過疎・高齢化が進んだ従前集落にとって貴重な収入であるとともに、離村した災害復興公営住宅入居者にとっても通いやすい環境づくりになっているという。しかし通い農業者自身も高齢化が進んでおり、現在の居住地における町内会費と従前集落の協力金の両方を負担することは重荷であり、従前集落側の気遣いから協力金を廃止した事例も確認された。

以前からの暮らしへの想い

従前集落とのつながりは、農地だけでなく、神社の維持をあげる転居者も多い。こうした人は現在の居住地も含めて、両地域の神社とつながりを持っている。ただし道普請、祭事の運営など集落活動の根幹的な部分は従前集落に残った住民だけで運営していることが多い。

個人的な事情で通い農業を諦めた転居者もいるが、通い農業が活発な地区・集落とそうでない地区・集落では、従前集落側が通い農業となった離村者（転居者）を前向きに受け止められるかどうか（包容性、寛容性）に影響されているようにうかがわれた。規模の小さい集落の方がそのあたりの意思統一を図りやすいようである。

転居者自身の高齢化進展は、両地域に関わる経済的負担だけでなく、体力的にも負担となり通い農業が減りつつある。特に自身で自動車を運転できなくなった時が転機であるようにみえる。こうした状況から災害復興公営住宅がある現在の居住地への関心、想いは、転居直後に比べると高まりつつある。しかし人生の長い期間を従前集落で過ごした転居者にとって、最後まで従前集落への想いは残ると考えられる。

4　周辺環境に影響される暮らしの再構築

　これまで述べてきたように災害復興公営住宅内の自治、交流は、年齢構成など入居者の属性に大きく影響される。とりわけ「動ける人」の存在の有無が大きい。その点で入居に際しては高齢者等災害弱者とされる人の優先入居、構成だけにこだわるのではなく中長期的に考えた時に、災害復興公営住宅内の自治、交流等が成立するのかという観点から検討する必要があるだろう。

　災害復興公営住宅（団地）と住宅が立地する地域との関係は、その地域における既存町内会の役員の一部を災害復興公営住宅（団地）の入居者が担うことで、意思疎通や信頼の醸成など良好な関係が築けることへつながる。転居者にとって新しく住まう地区との結びつきを強めるものとしては祭事（とりわけ神社）への協力が大きい。

　従前集落との結びつきは通い農業など震災発生から一〇年経過した今日でも散見される。興味深い点は、震災により集落を離村して災害復興公営住宅へ転居したものの通い農業などを行っている人にとって震災からの復興という認識（復興感）は、現在居住している

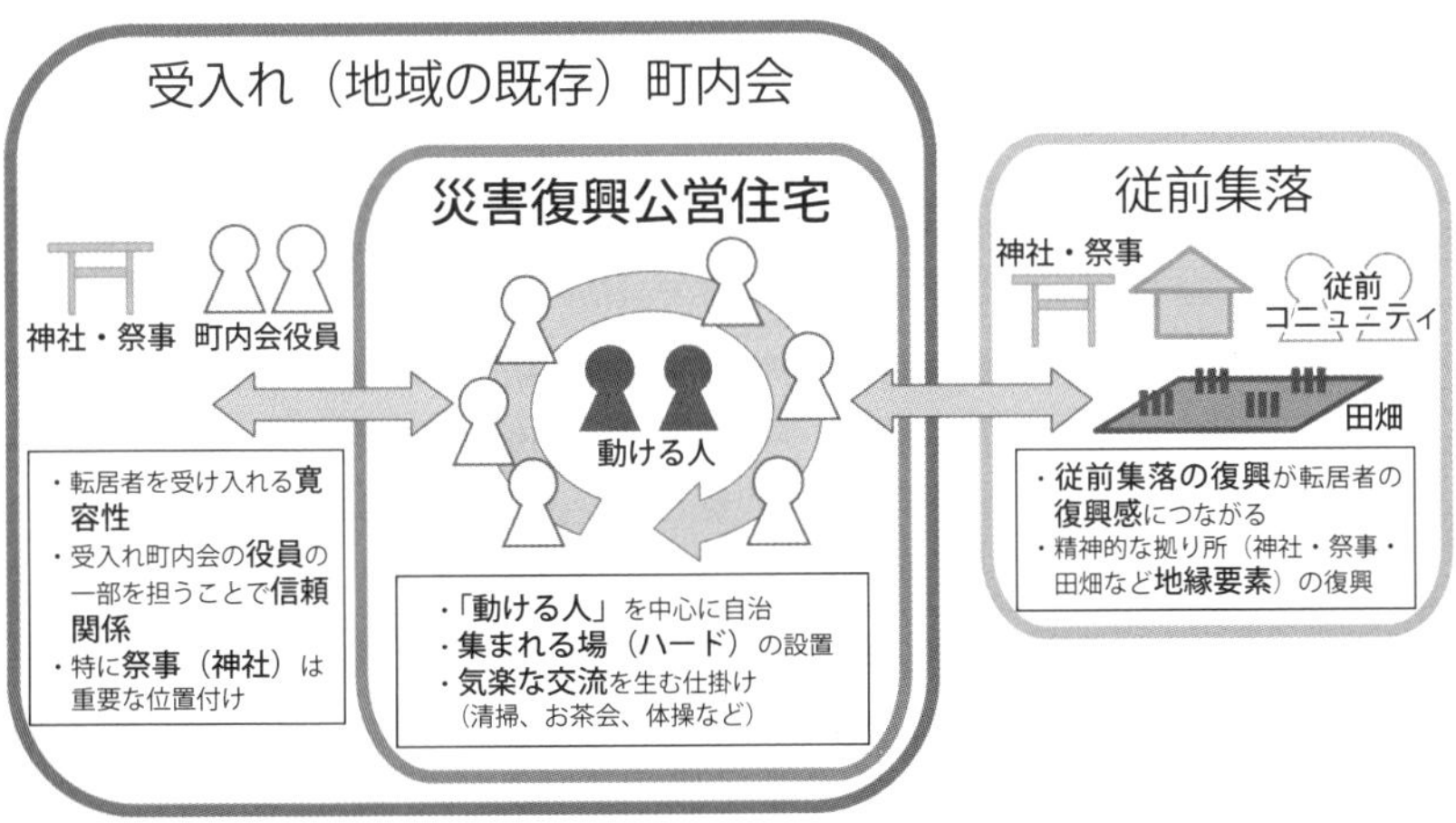

図２−31　転居者が暮らしを再構築する視点

災害復興公営住宅やその周辺地区だけでなく、従前集落の復興状況も大きく左右しているということである。神社、祭事、田畑など中山間地域ならではの土地に起因する事象が精神的な拠り所となっていることがうかがわれる。こうした部分は、狭義の意味において個々の被災者の生活に直接関わるものではないものも包含される。個人の想いや努力だけでは実現しないため、復興基金等による支援のあり方に配慮が必要となる。(注14)

以上より高齢者を中心として中越地震の転居者においては現在のコミュニティと従前(震災発生前)のコミュニティの両方への帰属意識を持つことが充実した暮らしを実現し、暮らしの再構築につながると考える(図2-31)。ただし、本人の意思、想いだけで実現するわけではなく、それぞれの地区住民、組織の関わり、姿勢に影響されることをふまえて今後の支援策等について検討する必要がある。

5章　被災地における一〇年目のコミュニティ復興感

1　地域復興の本質的課題

災害は既存の社会課題を一層深刻な形で露呈させる。中越地震の場合、それは折からの過疎化であった。たしかに、地震によって過疎化は一層深刻なものとなった。しかし、中越地震の復興においてより深刻な問題となったのは、過疎化による高齢化、人口減少ではなく、そうした問題に対する心の構え、言わばそれらの問題が自分たちにはどうしようもない課題であるという諦め感と、自分たちが無力である以上、誰かにお願いして解決してもらうほかないという依存心だった。しかし、豪雪をはじめとしてあれほど過酷な自然環境のなかで自ら知恵を育み、豊かな自然の恵みを享受しながら生きぬく術を培ってきた山の人々が、どうして根深い依存心をもつようになってしまったのか。

実は、災害からの復興を考える時、「災害から後のこと」を考えるのと同じくらい、「災害より前のこと」、つまり被災地がどのような歴史的背景のもとで、どのような状況にあったのかを理解することが肝要である。中越地震からの復興を考えるにあたり、まずは災害以前の中越地域がどのような歴史をたどってきたのか、特に地震直前の被災地の状況に大きな影響を及ぼしていたと考えられる戦後期に焦点を絞って振り返っておきたい。

中越地震復興前史

一九四五年八月一五日、終戦。中越の農村が終戦後に最初に迎えた大きな出来事がＧＨＱによる農地改革だった。農地改革により、農村の封建的な関係が解体されていき、やがて新しい憲法も公布される。こうした変化のなかで、耕作者としての自覚を持った農民が、次第に自分たちの暮らしや社会を見るまなざしを変化させていったことは想像に難くない。「国家や社会の変化を否が応でも敏感に感じ取らざるをえなかった」と、山古志村史は記している。村の青年たちは、集落のなかで青年団を結成し、弁論大会やスポーツ大会などさまざまな地域活性化の活動を行っていく。時には近隣集落の青年団と合同で催しを行うこともあり、それらは若い男女の格好の交流の場となった。その一つが盆踊りである。これらは当時の農村の人々にとって貴重な娯楽の場であった。実は、後の中越地震の復興過程において中心的な役割を果たした人々は、これら青年団活動の中心として活躍した人やその後輩世代であり、その熱気を経験した人々である。

このように中越の農村でも、新しい時代の風を人々は感じていたが、それでも山間地での暮らしが大きく変貌したわけではなかった。つまり農村はまだまだ貧しく厳しい生活を強いられていた。とりわけ、交通手段の不備による問題は深刻だった。たとえば、旧山古志村の小松倉集落では、冬季に病人が出れば、医者のいる隣の旧広瀬村（現魚沼市）に行くのに、雪深い中山峠を越え4㎞もの道のりを歩かなくてはならなかった。病人を背中に背負って、先頭に立つ人間が道をつけながら雪山を越えていくのである。もちろん、途中で命を落とすものもあった。小松倉では一九三三年より、この中山峠に、つるはしを用いて、手掘りの隧道を通すことを決める。隧道掘りには、この地方独特の横井戸を掘る技術を生かし、掘り出した土は養蚕に用いていた棹《さお》をレールとしたトロッコで運び出した。この事業は、戦時中に一度休止するものの、戦後再開され、一六年の歳月を経て一九四九年についに開通する。この手掘り隧道の例をとっても、交通手段の不備による問題がどれだけ切実なものだったかがわかるだろう。

このような時代背景のもと、一人の政治家がこの中越の地から生まれる。田中角栄である。田中は、すでに保守の有力者がいた都市部を避けて、辺境の村を熱心にまわり、支持を固めていった。田中の「皆さーん、県境の三国の山々を切り崩してしまえば、日本海の季節風は太平洋側に抜けます。魚沼にも雪は降らなくなるんだ」というような豪快な演説は山村の人々を魅了した。田中は、自らの選挙区の、とりわけ山間僻地からの陳情を積極的に取り次いだ。やがてこれらの地域には「越山会」という田中の後援会が設立され、陳情と引き換えに巨大な田中の集票田となっていく。保阪正康によると、一九六三年の「三八豪雪」の際には、当時大蔵大臣であった田中が、この雪害を国の「激甚災害」指定とする前例をつくり、豪雪を補助金の対象とすることで、それ以後、市町村は国からの補助金によって豪雪による「復旧工事や道路整備、それに住民の日常生活を保護するさまざまな設備への投資」を行えるようになった。田中は、都市と農村を対立軸でみるのではなく、農村を都市化・工業化し、「全国に道路網を敷き、新幹線を走らせ、そして全国をまったく同質の都市空間にしてしまえばいい」という独自の開発論により、地方への大規模な公共投資を続けた。その結果、中越地域でも、村にトンネルが通り、道が舗装され、山に国道が通り、新幹線が開通して、人々の暮らしが一変する。そして先述の「越山会」を通して陳情をすることで、村が豊かに便利になっていくという構図が形づくられることになる。

日本経済は、一九五〇年に開戦した朝鮮戦争による特需等を経て順調に回復し、一九五四年から一九五七年の「神武景気」を発端に、一九六〇年から一九六一年の「岩戸景気」と、高度経済成長を遂げていった。これが、中越地震の被災地となった地域を含めて、日本の農村のあり方を大きく変化させると同時に、皮肉なことに人口流出の駆動力となった。過疎化の始まりである。たとえば、山古志村史によれば、山古志村では農業就業者が一九六〇年には二、六八九人と同年の就業者総数の八八%であったものが、一九八〇年には八九三人と四六%にまで減少し、それに応じて第二次産業や第三次産業の就業者は一貫して増加した。人々は「テレビ・モーターバイク・耕耘機・洗濯機などの購入、有線電話の設備、風呂場の改造と、際限なく増大する現金支出」を農業だけでは賄えなくなった。現金収入を得るために、農家は養蚕を行ったり、冬季間は出稼ぎに出るようになった。出稼ぎに出ていくのは主に男性であった。当初は青年だけであったのが、次第に世帯主も出稼ぎに出るようになる。そうなると冬の村には高齢者と子どもと母親しか残らなくなった。

出稼ぎが次第に長期化し、そのまま村を離れる人も出てきた。茶の間に入りこんだテレビの存在も大きかった。テレビは都会の華やかな生活をそのまま茶の間に持ち込み、村人の日常生活は、そのまま都市の〝近代的〟生活と比較された。そこに、欠落感や窮乏感を覚えた若者の流出が強まった。村の生活は、華やかな都会の生活に比して何が「ない」のかという視点で見られるようになった。また、村人の社会意識の変化によって、それまで所与のものとして諦めていたさまざまなことが、改めて不平等感を伴って見直された。インフラの不備、豪雪、通勤・通学そして医療へのアクセスの不便さ等々が、より強く感じられるようになったのである。これらの「不備」は、先の陳情政治の確立によって、役場にあるいは政治家の「先生」にお願いすることで解決されるものもあった。村の生活は少しずつ便利にはなったが、一方で行政への依存心は強まり、人口流出はますます進んだ。

以上が、中越地震の被災地の戦後から地震前までの簡単な歴史である。半世紀以上もの震災前をあえて振り返ったのは、中山間地域の三つの慢性病と言われる「依存性」、「保守性」、「閉鎖性」の三つ、とりわけ主体的な復興の最大の障害となる「依存性」が中越地域でどのように生まれてきたのかを確認したかったことと、一方で、その三つとは全く逆のもの、つまり「自立性」、「革新性」、「開放性」とも呼ぶべき要素が決してなかったわけではなかったことを強調したかったからである。一六年の歳月に及ぶ手掘り隧道工事に象徴されるように、この地に住む人々は自らの生活を少しでも良くしようと知恵を絞り技を磨いて生活してきた。それはトンネルのようなインフラ整備だけでなく、青年団活動のように地域のにぎわいをつくろうというようなソフトの取組みにも及んでいた。そこには農地改革後の「進歩的」な土壌のもとでの「耕作者」としての目覚めもあった。また、それぞれの集落は決して陸の孤島であったわけではなく、近隣集落住民との盆踊りや相撲大会などの交流があった。さらに多くの住民が出稼ぎ労働者として都市生活も経験していた。

しかし、やがてトンネルは公共事業として整備されるようになり、旧道の横には国道や県道ができた。人口減少とともに、青年団を組織することは難しくなっていった。そして地域の行事も少しずつ減っていった。同時に近隣集落との付き合いも減っていった。人口の流出は、自らの地域や生活を都市との対比によって「価値がないもの」としてみる視点を、よりゆるぎないものにしていった。そして、その欠乏感を満たすために、陳情は続いた。結果的に自分たちにはどうにも止めることができないという「無力感」と、子どものいない年寄りばかりの村にもはや未来はないんだという「諦め感」、そして誰か何とかしてくれという根強い「依存心」が生まれていった。

「Xがない」をめぐる依存関係

このような心の構えの問題は、中越地震の復興過程でどのように現れたのか。この「無力感」、「諦め感」、強い「依存心」の問題は、災害復興において、いわゆる「ニーズ」との関係のなかで少々厄介な形をもって現れるので注意が必要である。ここでは、これを「『Xがない』ことをめぐる問題」と名づけて考えてみる。具体例をもって考えた方がわかりやすいので、中越地震の「震央の村」と呼ばれる木沢集落を例に考えてみよう。

木沢集落は、旧川口町の北部の山間、標高約三〇〇ｍに位置する集落である。集落には標高約三〇〇ｍの二子山があり、頂には鎮守様が祭られている。その二子山を北風からの盾にして、集落は山の南側斜面に広がる。

冬には優に三ｍを超える雪が積もる豪雪地である。かつて木沢集落は、山古志や小千谷市東山地区とともに、「二十村郷」と呼ばれた村の一つであった。「二十村郷」は行政区ではなく、この地域の一つの文化圏の総称である。闘牛、錦鯉（発祥の地）の文化をともに受け継ぎ、盆踊りの太鼓のリズムも共通する。かつては盆踊りの日付をあえてずらすことで、互いの盆踊りを訪れて交流していた。実に、中越地震で甚大な被害を受けた地域の中心に、この二十村郷はすっぽりとおさまる。

木沢集落は、地震によってほとんどの家屋が全壊か大規模半壊し（全壊率七七％）、一人の女性が家屋の下敷きとなって亡くなっている。ふもとに続くすべての道が崩落して集落は孤立。度重なる余震へのおそれから、建物内での避難を避けて集会所前で野宿した。地震から二日後の二五日に、ふもとに続く道の一つを集落内にあった重機を用いて自力で復旧を開始。その日のうちに道を開通させた。生活再建の過程で、特に子どもを持つ子育て世代が、生活に便利な市街地での再建を選んだため、折からの過疎化に拍車がかかった。世帯数は地震前五五世帯であったのが一〇年目には三五世帯に、人口も約一五〇人から約七〇人へと急減した。

木沢集落で復興に向けた話し合いが始まったのは二〇〇五年一二月頃である。今後の地域のことを考える懇談会の場が、川口町役場の呼びかけによって設けられ、中間支援組織である中越復興市民会議のメンバーも同席した。ところが最初の話し合いでは、何を話そうにも「水がない」の一点張りで、話がまったく前に進まなかった。「水がない」とは、震災前に木沢集落では山の地下水を利用して田んぼを耕していたのだが、地震で地下水脈が変わって水が出なくなり、生きがいである米づくりができないというのである。さらには「あの道はいつになったら直るのか」、「そもそも役場は何をしてるんだ」、「こんな山ばっかのところに活用できるものなんて何もない」、「だいたい、こんな子どももいない、年寄りばっかの村に未来なんてない」と、根強い行政依存や諦め感に満ちた発言が続いた。

「○○がない」という言葉は、木沢集落だけでなく、災害後のさまざまな局面で耳にするものである。生きるために必要なさまざまなものが破壊される災害後にその回復を図ろうとするのだから、当然と言えば当然である。ここで、このような言葉を「『Xがない』ことをめぐる問題」として整理してみよう。もちろん、災害によって破壊された人間の生活にとって欠かせないものは速やかに復旧されたり、代替されるべきである。しかし、「Xがない」ことをめぐる問題は、次のような場合に事態を八方ふさがりにすることがある。

第一には「X」を回復することが非常に困難な場合である。木沢の例でいえば、地震で地下水脈が変わってしまった山から水を出すことは容易なことではない。水源探査や掘削には多額の費用が必要となるだろう。新たに井戸を掘るにも何百万円のお金がかかってしまう上に、地震で地下水脈が変わってしまった以上、掘ったからといって安定的に必要量の水が出続ける保証はない。たとえ水が出ても、その水路をつくらなければ使いものにならない。「山間部から水が出ないのなら、ふもとの信濃川からくみ上げれば……」という案も出たが、それは数億円かかるという話だった。とてもすぐには解決できない問題だったのである。第二に、たとえ実現が困難であった、ある「X1」が満たされたとしても、「X2」、「X3」……が次々に現れてしまう可能性がある。木沢の例でいえば、「X1＝水」が出たとしても、今度は「X2＝耕作地までの道がない」、「X3＝そもそも耕す若い人がいない」、「X4＝若い人がいないのは子どもの通う学校がないから」……というように、あるものが満たされても、すぐさま次の欠如が指摘されて支援が要請されることになる。その延長が、やがて限界にたどりつくことは想像に難くない。

「Xがない」ことをめぐる問題の本質は、次の二つの視点から考えることができる。一つは「誰が」その「X」

を満たすのかという主体の問題であり、もう一つは「何が」その「X」として意味づけられているのかという認識の問題である。前者においては、ある依存関係が暗黙の前提としてとらえられていることに根本的な問題がある。つまり、何らかの問題を抱えた木沢集落にとって「その問題を解決してくれる主体は、行政に代表されるような外部者である」という前提である。もちろん、地震による被害を受けた被災地にとって、誰か外部者の支援が必要なことは否定も批判もできない。ここで問題にしたいのは、私たちが支援の対象を「誰かの支援がなければ生きていけない」無力な存在としてとらえる見方を強固にしてしまった時に、その対象自身が本来持ちえた、問題を自ら克服していく力を見逃してしまったり、その機会を奪ってしまうことがあるということである。厳しい自然のなかで自ら知恵を絞り技を磨き、時には手掘りトンネルまで掘って生活基盤を自ら整えてきた中越の山村の人々が、このような行政との依存関係を結ぶに至った背景には、まさに本稿の前半で述べた戦後の「行政にお願いすれば村が豊かになる」という成功体験の積み重ねがあった。後者の、何が「X」として意味づけられているかという認識の問題も、この戦後の歴史が深く関係している。戦後の中越地方の歴史は、まさに都市との対比において、自らに何が欠けているのか、欠如を語る視点を強めてきた。そこには、そもそも自分たちにとって望ましい暮らしや生き方はどうあるべきであるのかということを改めて考えることや、欠如によって語るのではなく、むしろ自分たちの足元にある、知らず知らずのうちに生き方を根底から支えている豊かさに気づく機会が希薄であった。

元来、木沢集落住民にも、地震直後に自ら道路を復旧させたように、自ら困難を切り開いていくという気概や力が備わっていたはずである。しかし、戦後の中越地域の歴史が、自分たちの地域は「過疎問題」や「災害復興」という問題の俎上で無数の欠如を帯びたものとして顕在化し、その解決を誰かにお願いするほかないという語り口を生んだのである。そのために、自らの可能性を発揮したりその力に気づくという回路を閉ざしたまま、「何かがない」と自らを否定的なまなざしで諦めざるを得ないような閉塞感を生んでいたのではないか。同様の閉塞感は木沢集落だけでなく、被災後の中越の多くの集落に漂っていた。しかしこの閉塞感は、その後の復興過程で突破され、内発的な地域復興が各地で展開されていくことになる。一体これらの集落に何が起こったのだろうか。

2　地域復興の目標と外部支援者の役割

災害復興では、「目標」の共有が大切と言われる。室﨑益輝は、災害復興には「総論」（地域住民全員で共有する「復興の憲法」のような理念）と「各論」（「総論」に付随する「それぞれの利害関係が絡むもの」）の二種類の議論があり、初期の段階で「総論」の議論を徹底することと、その共有の重要性を述べ、「各論」が先行する日本の原形復旧主義を批判している。しかし、前節でみたように、災害がなくとも諦め感や無力感、依存心が根強く漂っている地域の場合に、災害直後に復興の目標を（とりわけ地域の復興の全体像を示すような「総論」を）議論することは非常に難しい。実際に、中越地震の復興過程においても、当初はなかなか地域の将来についての議論は前に進まなかった。それでは、中越地震の被災地ではどのようなプロセスを経て目標を語れるようになり、共有され、実際の活動に活かされていったのか。そこには、災害を契機としてこの地域を訪れ始めたボランティアをはじめとした外部支援者の働き（存在）があった。本稿では、中越地震の復興における目標の議論の過程と、外部支援者が果たした役割について、前節で紹介した木沢集落を例にとって考えてみる。

「Xがない」のその後

復興に向けた最初の話し合いが行われた二〇〇五年一二月の会議の後、木沢集落では、同集落出身の役場職員と中越復興市民会議のメンバーとの間で、地震前から形式的に存在していた「フレンドシップ木沢」という団体を、木沢の復興の中核に据えようということが話されていた。それには理由がある。中越地域には、総代組織という自治機構が各地区・集落にある。大概は、選挙で選ばれる集落の総代（代表）と、集落の各組から選ばれる組長衆で構成され、集落の自治を担う。木沢の総代組織の役員は単年度交替である。そのため長期的な復興を総代組織が担うとすると、復興事業の継続は困難だと予想できた。選挙で選ばれるとはいえ、実質は持ちまわりで「役」がまわってくるため役員には義務感・負担感が強かったし、集落の活動に意欲的な人が役員になるとは限らないため、新たな事業を展開するのも難しいのではないか。そもそも総代組織というのは、前節で述べたとおり、「陳情」を地域から吸い上げて役場に届けるという行政依存の構図を具現化する体制そのものだった。これらの理由から、「フレンドシップ木沢」という地域づくりグループを中核に据えて、意欲のある住民がメンバーとなって継続的に活動を続けようということになったのである。このように自主的に結成された地域づくりグループが中核となって復興のための活動をするという状況は、木沢集落に限らず中越地震被災地の多数の集落で見られた。

二〇〇六年四月、フレンドシップ木沢の活動がスタートする。当初の会議では、フレンドシップ木沢がどのような活動を目指すのか、木沢集落の望ましい復興像はどのようなものかを議論しようとしたが、やはり「水がない」問題が訴えられたり、とにかく子どもがいない村に未来はないというような諦め感が漂っていた。そんななか、集落で始まったのは大学生による畑づくりだった。当時、中越復興市民会議の一員であった大阪大学の学生が、木沢集落に通っていろいろな話を聞く「口実」として、最初の会議で畑を借りたいと申し出た。その畑づくりをきっかけに、当時長岡市内の仮設住宅の見守り活動で継続的に訪れていた関西圏の大学生や、長岡市内の地元の大学生らが木沢集落を訪れるようになる。畑に来て草抜きなどをしていると、必ず村人から声をかけられる。時には、そのまま「お茶のみ」に誘われる。この地域には、お互いの家を訪ねあってお茶を飲みながら話を交わす文化があり、それに誘われるのである。家を訪れると、地元の野菜や山菜でつくられたおいしい料理が並ぶ。すると、「これ、何ですか?」、「ぜんまい、知らねぇ?」、「めちゃくちゃおいしいですね!」、「そんなうめぇもんでもねぇろ」、「おいしいですよ!」、「山菜なら、ほかにもたくさんあるぞ」というような会話がはじまる。山歩きに誘われることもある。すると、「あの木はなんですか?」、「桐だよ、知らねぇ?」、「あー箪笥の」、「おまえ、なんであそこに桐があるかわかるか?」、「わかりません」、「昔は女の子が生まれたら桐の木を植えて、その子がお嫁に行く時にそれで嫁入り道具の箪笥をつくったんだ」、「へぇ～すごいですね!」、「じゃあ、今度はこの木の名前は知っているか?」といった会話が繰り返される。

言うまでもなく、ここで質問をして感嘆しているのは大学生である。都市部に生まれ育った大学生らにとって、木沢集落の暮らしはとても珍しく新鮮に思えた。そして、厳しくも豊かな自然に対して、知恵を絞ってあらゆる資源を活用しながら生きる生活が、とても素晴らしいものに感じられ、感嘆したのである。木沢のことを知らない外部者が来るから、村人は木沢のことを話す、それに大学生らが感嘆する、すると村人はさらに木沢のことを話すといった連鎖反応が生まれていった。そして、大学生ら外部者の視点を通して、住民たちはそれまで何気ないものとして意識することのなかった足元の豊かさに気づいていった。

ここで、木沢集落住民に、大きな価値観の転換が起こる。これまで、自分たちの生活や自分たち自身を何らかの理想像（たとえば都市の生活、「経済的・物質的」に豊かな生活）からの乖離あるいは欠如を通してみる立場から、自分たちの暮らしが本当に大切にしてきたことは何だったのか、自分たちがその地で生きてきたなかで豊かだと感じてきたことは何だったのかを改めて認識することとなった。そして、その語り口は「何かがない」から「何があるか」へと変わっていった。この価値観や語り口の転換は、具体的な活動となって進んでいく。典型的な活動例が遊歩道復旧であった。復興の当初の話し合いで「役場はいつになったらあの道を直すんだ」といわれていた道は、木沢集落の背後にある二子山のなかを通る遊歩道のことだった。村を訪れてくれる大学生らに「ぜひとも（地域の宝である）二子山に登ってもらいたい」と考え、「壊れた遊歩道も、自分たちで直せばいいんじゃないか」、「地震の時みたいに、自分たちで道を直そう」と自力で復旧したのである。それ以降、木沢集落では、フレンドシップ木沢を中核として内発的な復興の取組みが展開されていくことになる。

外部支援者の役割＝「めざす」関わりと「すごす」関わり

木沢集落で大学生らが果たした役割を考えてみる。大学生らは「水がない」と訴えられた被災集落で、水源が復旧されていないなかったにもかかわらず、集落住民の価値観の転換（再認識）の触媒となることで、事態を好転させ、住民自身が主体的に取り組む復興の始まりに寄与した。このことの意義を、肥後功一が提起する「めざす」関わりと、「すごす」関わりという二つのキーワードから考えてみる。肥後は、保育の現場で子どもたちと接するなかで、何らかの問題を抱える子どもたちが、何かが「できる—できない」ことをめぐる傷つきに多かれ少なかれ出会っていたことに気づく。何かが「できる」状態を「めざす」ことは、もちろん子どもたちの成長にとって大切な要素であるが、「成長するにしたがって目指したようにはいかないこと、しょせんとどかないこと」が目に見えてきて、「それでも『めあて』に向かって目指す生活態度のみ求められると、次第に充実感や達成感よりも、緊張感、失敗への不安、『できない』ことや『変わらない』ことからくる無力感の方が大きくなってくる」。そこで「めざす」生活態度が活かされるためには、もう一方で「変わらなくてよい」、「このままでよい」というメッセージを含んだ「すごす」生活態度が形成されていることが大切だと肥後は指摘する。「変わっていく」ことを「めざす」関わりには、対象に何らかのより良い状態への変化を求めている時点で、同時に対象の現在の状態の否定を含んでいる。つまり、「より良い状態をめざす」ということは、それに照らし合わせて現在の状態の何らかの欠如を暗黙の裡《うち》に示しているのである。このまなざしに、当事者が気づいた時、「めざす」関わりは頓挫する。それは、「できる—できない」をめぐって傷つき、無力感を強めていた対象であればあるほど、「めざす」関わりによって自己を否定的にとらえる見方を一層強めてしまうのである。このような子どもへの願いや期待をこめた大人の関わりが期待に反する結果を生んでしまうことは、災害復興の支援においても共通するものがある。

　復興支援とは、さしあたって当該の被災地あるいは被災者の現在およびこれからの問題を分析し、それを解決することを支援しようとする関わりである。実は、災害復興において多くの外部支援者が前提とするこのような関わりが、「めざす」関わりに該当する。しかし「めざす」関わりに特化した復興支援は、なかなか内発的な災害復興に結びついていかない。「被災地で必要とされるものを支援する」という、「ニーズ」に応えようとする一見何ら問題のないような「めざす」関わりの場合、端的に言えば、この関わりが先の子どもたちについての「めざす」関わりと同様に、知らず知らずして被災者自身が自らを無力な存在と受け止め自らを否定するまなざしを強化することに加担してしまっているのである。たとえば、根強い行政依存の風土をもつ被災地で、住民の陳情に応えて被害の回復に努めることは善意に満ちているのだが、同時に、自らの地域を「無数の欠如を帯びた、誰かの支援がないと生きていくことができないもの」としてとらえている地域住民にとっての地域像を、よりゆるぎないものにしてしまう。そのことによって内発的な復興を妨げてしまうのである。つまり、「めざす」関わりは、前節で述べたように、暗黙の裡《うち》に「Xがない」という言明に内在する依存関係や欠如でもって語る視点に絡めとられてしまうのである。

目指したくても目指せない時に、それでも「めざす」関わりがとられる時、「めざす」関わりはむしろその反作用として当事者をより無力にしてしまう。そんな時は、「変わらなくてよい」ことを前提とし、相手の存在のかけがえのなさを確かめ合うような「すごす」関わりが大切である。木沢集落において大学生らが行ったことは、木沢についての話を「聞いたり」、畑仕事を「習ったり」、木沢の生活について「驚いたり」というような受容的な関わりを通して、木沢集落住民自身が自らのかけがえのない価値に気づき、力を得たということだ。さらに重要なのは、このような「すごす」関わりは双方向的に存在していたということである。つまり、大学生らにとっても、木沢の人々の生きざまに触れる過程のなかで、自分たち自身もどのような生き方を豊かだと思えるのかを再認識し、成長していった。その成長ぶりをながめて、木沢集落住民もまた元気になるというような、お互いの存在を認め確かめ合う双方向の関わりが木沢における「すごす」関わりだったのである。

ちなみに、切実であった「水がない」問題は、のちに復興基金事業が弾力的に運用されるようになり、木沢でも基金の補助を受けてボーリング調査が行われ、新たな地下水源を確保することができた。木沢の事例は、基金によってこの問題が解決されるのをただ待っているのではなく、それまでに自分たちでできることは自分たちでやるという考え方の下にさまざまな活動が展開できたこと、その前段として自らの存在価値を再認識する「すごす」関わりが重要であったことを示唆している。

地域復興の目標は生まれたのか

大学生らの受容的な関わりを通して、復興に向けた主体的な活動に踏み切った木沢集落で、結局のところ復興の目標は生まれたのだろうか。当初の会議では、地域の将来像を議論することは非常に難しかったが、大学生らとの畑づくりや山歩きの場では、「次はサツマイモを植えてみようか」、「イモなら焼き芋大会だね」、「遊歩道も、来年はもうすこししっかりした階段をつけよう」など、非常に小さなものではあるが「次はこんなことをしてみよう」という声があがりはじめ、それが連鎖する形で活動は続いていった。

フレンドシップ木沢が再出発をはたして活動が始まった二〇〇六年の翌二〇〇七年四月、中越復興市民会議のメンバーは、米国カリフォルニア州のサンタクルーズ市に「物語復興」調査に出かける。サンタクルーズは、一九八九年のロマプリエータ地震で市街地が被害を受けていた。その復興は、本稿の冒頭に紹介した室﨑が、災害後に「総論」をしっかり議論した好例として紹介していた。しかもその「総論」は、みんなで共有がしやすいように、難しい計画書のようなものではなく、物語として書かれていたというのだった。サンタクルーズは素晴らしい町だった。中越地震の被災地とは真逆のようにも見えた。シリコンバレーに近く、経済的に余裕のある人たちが、優雅に日差しを浴びながら暮らすリゾート地であった。ところが、当時を知る関係者へのヒアリングのなかで、災害直後に復興計画を議論するためのビジョン・サンタクルーズという会議が招集され、そこで喧々諤々の議論がなされたことを知る。ビジョン・サンタクルーズは、民間一八名、行政関係一八名の三六名から構成されたが、三六人を対等な存在と認めテーブルを円卓に配置するまでに、何回かの会合を要したとのことだった。「ビジョン・サンタクルーズ」は復興計画の名称でもあったが、これを決めるまでにも五回もの会議を経ていた。ビジョン・サンタクルーズを話し合った一年九か月の間に、大小合わせて三〇〇回もの話し合いを重ねたそうである。ようやく完成したビジョン・サンタクルーズには、「ダウンタウン（市街地）をCivic living Room（市民のお茶の間）に」というキーフレーズが書き込まれていた。サンタクルーズで学んだことは、やはり長期的な復興のためにはしっかりとした「総論」を地域で議論し共有すること、しかもその話し合いはだらだらと続けるのではなく、短期間に集中的に徹底的に行われるのが良いということだった。

被災前と被災後の地域の活力（経済や人口）のトレンドが右肩上がりだったサンタクルーズとは異なり、衰退の一途であった中越地震被災地では、直後から「総論」を議論することは難しかった。しかし、その後の外部者との交流などを通して、徐々に主体的に将来を語ることができるようになっていった。木沢集落でも、住民から「何のために活動をしているのか。ただ忙しくするんじゃなくて、ちゃんと活動目標を話し合った方がいいのではないか」といった意見も出はじめ、その機は熟そうとしていた。そして二〇〇七年一二月から翌二〇〇八年二月まで、「冬会議」と呼ばれた徹底的な話し合いの場がもたれる。合計九回、特に一月後半から二月は毎週会議を開き、自分たちの活動が何を目指すのか、そのときに大事にしたいことは何かが話し合われた。

その結果「体験交流を通した定住促進と永住促進」という活動理念がつくられた。この言葉には、外部の人たちとの交流を通して元気を得て、木沢に今、住んでいる人、あるいはこれから木沢に移住してくれる人が、ずっと安心してこの地に住むことができる村づくりを目指そうという思いが込められた。そして、この活動理念を達成するための原則として、「木沢復興七か条」が定められた。この「七か条」は、震災から一〇周年を機に木沢集落でまとめられた復興記念誌の最初のページに、木沢から眺めた美しい山の風景をバックに、誇り高く掲げられている。

木沢集落では、その後、二〇一〇年四月に、地震直前に廃校となっていた小学校を改修して、宿泊型体験交流施設「朝霧の宿　やまぼうし」としてオープンさせ、フレンドシップ木沢が指定管理者として管理・運営し、活動理念を達成するための拠点として活用している。もちろん高齢化は一層深刻になっているし、人口減少も止まらない。しかし、さまざまな課題を抱えながらも、集落住民は試行錯誤をしながら活動を続けていて、木沢の豊かさを発信しながら、今も同様の課題に悩むさまざまな人を勇気づけている。

以上で見てきたように中越地震の復興では、外部支援者の受容的な関わりによって、地域住民に主体性が育まれ、やがて復興の「目標」が議論・共有され、これが長期的な復興の骨格をなすというプロセスがあった。そして、それは被災者自身が、自分たちの生きる豊かさの根幹をいま一度見つめなおすことから進められたのである。

木沢復興7か条
1　木沢にしかできないことにこだわる
2　木沢らしさを楽しむ
3　木沢らしさを伝える
4　みんなでやる
5　収入を得られるようにする
6　よその人や、何度も来てくれる人を温かい気持ちで迎える
7　適切に情報を発信する

3　創発する地域復興

ここまでは主に、外部者との関わりが地域復興にとってどのような意義をもったのかを論じてきた。たしかに、中越地震の復興にとって、「よそもの」との出会いは、自らが生きるよりどころとする価値観の再認識をもたらし、主体的な復興の契機となった。一方で、中越の復興においては、当事者間の交流、つまり被災者同士や、被災集落同士の相互作用も大きな復興の原動力となった。震災復興を通じて出会った遠くの他者や身近な他者が互いに影響しあい、当初は誰も想像できなかった展開を生んだ、まさに創発のプロセスであった。中越地震の復興を振り返るにあたり、こうした身近な人々との交流がもちえた力を無視するわけにはいかない。本稿ではこのような中越地震被災地内でなされた交流の例を紹介し、復興における当事者同士の交流の意義を考えてみる。

復興における当事者同士の交流

中越の復興では、被災した集落同士が互いに影響を与え合った。ここでも、これまで例にひいてきた木沢集落に再び目を向ける。大学生らとの交流が始まった二〇〇六年のもう一つの大きな出来事が、六月に行われた旧小国町（現長岡市）法末集落への視察だった。法末集落には、木沢と同様に廃校になった小学校があったのだが、地震前から都会の子どもたちの体験学習の拠点である宿泊施設「法末自然の家　やまびこ」として改修し、地域住民がその運営を担っていた。主に東京・武蔵野市の人たちと交流をしていて、田植え、蛍狩り、稲刈りツアーと、たくさんの子どもたちが村を訪れ、もたらされるその笑顔が集落の生きがいになっていた。実は、法末集落は、中越復興市民会議（以下「市民会議」という。）が最初に集落の復興の話し合いに加わった地域であり、その後の集落との関わり方を模索する上で、大きな影響を受けた地域であった。二〇〇五年六月、法末集落で行われた会議では復旧の目処が立たない道路や農地の問題が語られ（Xがない問題）、お金もコネもない市民会議のメンバーは途方に暮れていた。その時ある人が「法末には、廃校を改修したやまびことという民宿がある。ここには都会から小学生たちが来て、女性が料理をする。集落の活性化には欠かせない場所なんだ」と話してくれた。村人の「元気の源」を村人と一緒に立て直す、市民会議の原点が生まれた瞬間だった。その後、市民会議は法末集落で、「やまびこ」再開に向けて、集落の宝を探す「まちあるき」を企画したり、今後の地域のあり方を議論する話し合いの場を設けたりした。そして、「やまびこ」は、まだ集落に続く道路が完全には復旧していない二〇〇五年一二月、仮設住宅で暮らす住民も集まるなかで、リニューアルオープンした。その後、法末集落は、「自分たちでやれることは自分たちでやる」という精神を活かしながら住民主体の復興に取り組む、復興のトップランナーとして知られるようになっていった。

とはいえ、法末集落への視察で木沢集落住民の心の琴線に触れたのは、法末集落の「先進性」ではなくむしろ法末集落の「身近さ」だった。法末集落を視察に訪れた木沢集落住民は、法末がとても自分たちの地域によく似ていることに気づく。法末に向かう道は、平場からどんどんと山を登っていく道で木沢とよく似ていた。むしろ法末の方が山奥にあるのでは、とさえ感じられた。地震の被害も、地震前後の世帯数の変化も、集落の高齢化の様子も、住環境もよく似ていた。そして廃校の存在があった。法末集落を訪れた木沢集落住民は、一様に「木沢によく似ている」、「法末にできるなら木沢にもできるんじゃないか」という声をあげた。意気揚々と「やまびこ」の活動を語り夢を語る法末集落住民が、木沢集落住民の目にはまるでもう一つの自分たちのように映ったのである。この視察研修の後、木沢の話し合いでは、「法末ではこうしていた」というように具体的にイメージができるようになっていった。そして、この視察から四年後、法末での体験は、廃校を活用した宿泊施設「やまぼうし」に結実することとなる。このような、中越地域内での視察研修は、木沢集落以外でも積極的に行われた。その仲立ちをしたのは、市民会議であったり、地域復興支援員であったりした。これらの視察研修では、知識や知恵を得たりすること以上に、自分たちとよく似た身近な人たちが、同じような課題を抱えながらも、諦めることなしに生き生きと活動している様子に接することで、「自分たちにでもやればできるんだ」という自信を得られることに意義があった。

このような集落間の交流を一層促進するために、市民会議が中心となって開催したのが「地域復興交流会議」であった。二〇〇七年二月に、長岡市の蓬平温泉で第一回が開かれたのを皮切りに、合計六回開催された。地域復興交流会議は、復興に関わる地域や団体や支援者が一堂に会し、情報交換を行う場として設けられた。昼間は、各団体の活動紹介や新しい復興基金事業の紹介などがなされ、夜は懇親会で親睦を深める。そこではたとえば、木沢集落が長岡市の子育てグループと出会うことで交流が始まり、その後木沢集落住民が長岡に出張もちつきに行ったり、逆にお母さんと子どもたちが木沢を訪れて農業体験をするなど、交流会議で生まれたつながりはその後の活動に具体的に生かされていった。その他にも、先の視察研修のように自分たちと同じような立場で頑張っている人たちの存在に気づけることに大きな意義があった。とりわけ、活動を始めたばかりの地域や団体にとっては、そうした仲間の存在が近未来の成功モデルとして目に映ることで取組みへの自信につながったのである。

コミュニティを束ねた震災記録集づくり

視察研修や地域復興交流会議は、地域や団体同士の交流の場であった。その他に、集落内での住民同士の交流や力づけに寄与した取組みがある。その取組みとは「震災記録集」づくりである。中越地震では、およそ六〇集落が被災したといわれているが、そのうち少なくとも一一地域で、集落単位の記録集がつくられている。被災地で行政や、各種団体、学校、個人などが記録集をつくる例はこれまでにもあった。しかし、これだけ多くの地域が、集落単位での記録集をつくった例は他になかったのではないだろうか。この記録集がつくられたタイミングというのは、仮設住宅から再建した住宅へと戻ろうとする前から、戻った地域での生活再建が始まったころであった。それは、生活再建にあたって元の居住地域を離れざるを得ない人たちがいて、地域住民が離れ離れになってしまうという時期であった。

そもそも、自らの災害の体験を記録することに、どんな意味があるのか、その根本にさかのぼって考えてみる。災害を体験することは、生きることの偶然性と必然性の両者に同時に向き合うことである。「なぜ誰々は被災しなくて自分が被災したのか」、「なぜ誰々は亡くなって、自分は生きているのか」という偶然性に対して、それでも「自分が生きていていい」と思える必然性と対峙することを余儀なくされるからだ。だから、大きな災害を経験した人々は、多かれ少なかれ、自分が生きていることの意味、災害が起こるまでに生きてきた自分の人生と、災害によって断絶されたその後の人生をつなぎ合わせるような視点を模索することになる。自らの災害の体験を記録することは、言語化を通じてそのような視点をつくり出したり、誰かに投げかけることで共感をもたらすことであり、被災者の力づけの一端となりうるのである。

コミュニティがばらばらになってしまう恐れがあったり、新しいコミュニティのなかで生きていかなければならない時に、災害体験を記録することができた意義は大きかった。第一に、記録集をどのようなものにするかという編集作業が、地域の人たちが集まる場と機会をつくった。インフラ復旧を待つ仮設住宅での生活期間中というのは、それらの復旧が終わらないことには、なかなか将来のことや地域のことを語る「とっかかり」がない。そのため継続的に集まって地域のことを話すことは容易ではない。そんな時期に、記録集づくりがきっかけとなり地域の人々が集まり、震災当時のことを振り返ったり集落の将来のことを話せる機会は貴重なものとなる。第二の意義は、震災直後の地域の様子を地域住民が一緒に想いおこす意義である。災害直後の人々は、すべてがそうではないにせよ、積極的に助け合いながら、危機を乗り越えようとした。そのことを一緒に思い出し、語り合い、記録に残して誰かに伝える価値があるものだと認識することが、その後の復興の原動力となるのである。たとえば、先に紹介した木沢集落の例では、地震直後に役場まで続く道を自力復旧したことが繰り返し語られることで、その後の復興においても「あの時のように」と想いおこされる物語となった。第三の意義は、記録集は、残る人と離れる人、加えて集落を訪れた人も交えて一緒につくられ、完成後も共有されることで、物理的に離れても気持ちをつなぐ媒介となった。住むところは離れても、記録集に立ち返れば一緒に語り合うことができる、そんな足場をつくったのである。

このように、さまざまな意義をもった記録集が、なぜ中越では「集落単位」で多くつくられたのか。実は、このことにも、中越の集落同士が陰に陽にお互いの復興状況について関心をもち、交流を続けていたことがその背景にあった。中間支援組織などによって間をとりもたれること以上に、そもそも中越地震の被災地では、かつてより特に山間部を中心に近隣集落と相互交流があり、近況を情報交換し合う関係があった。それは、先に書いた通い合いの盆踊りのような形でも存在していた。それが戦後の社会変化のなかで徐々に希薄なものとなっていった。震災は、「同じ困難を抱える仲間」としてこれらの集落の関係を、再び浮き上がらせた。その過程で、記録集づくりのアイディアも集落間で伝播していったのである。たとえば、木沢集落で震災記録集がつくられた背景には、隣の小千谷市塩谷集落で、かつての小学校の先生が、塩谷が経験した地震の記録集をつくっているということを聞き、木沢でもつくろうという発想に至ったという経緯があった。このように、中越地震で盛んに「集落単位」で記録集がつくられた背景には、被災した集落同士の相互作用が多分にあり、中越地震の復興が災害復興というよりは、地域復興という言葉の方がしっくりくるといわれる所以の一つとなっている。ちなみに、地震から一〇年目の二〇一四年一〇月には、木沢集落で震災からの一〇年を振り返る復興記念誌が完成した。この復興記念誌も、準備段階から地元の新聞で報道され、他集落に影響を与えた。このような集落間の相互交流は、震災から一〇年経った今もこの地域に息づいているのである。

近隣連携から新たな自治主体の誕生へ

互いに刺激を与え合い交流してきた中越地域では、地区・集落を越えた、より広い範囲にひろがるガバナンス（統治を意味し、ガバメントによる統治と対比して位置づけられる。）の主体の萌芽といえるような動きがボトムアップで生まれつつある。ここでは、その一つの例として「二十村郷盆踊り」を紹介したい。二十村郷盆踊りは、これまで紹介してきた旧川口町の木沢集落、荒谷集落、小千谷市塩谷集落、旧山古志村の梶金集落の四集落で、二〇〇八年八月から毎年行われるようになった合同盆踊り大会のことである。きっかけは、二〇〇八年七月に木沢で開催された「二十村郷集落交流会」であった。木沢集落では、外部の人たちとの交流を通して村を活性化しようという動きが続いていた。それはこれら三集落も同様だった。交流会の開催に至ったきっかけは、「外の人たちとの付き合いも大切だけれど、身近な隣村の人たちとの付き合いも大事ではないか」、「おたがいにどんなことをやってるのか、紹介し合う機会があってもいいのではないか」という声が各集落から出たことだった。これらの集落はかつて「二十村郷」と呼ばれた地域に含まれ、一つの文化圏に属していた。かつては、それぞれの盆踊りの日付をわざとずらすことで、互いの盆踊りに行き来し、盛り上げ合い、時にそのような場で男女が出会い婚姻関係が広がった。青年期だけでなく、出稼ぎ先が同じだった縁で集落を越えて付き合っていた世代もある。時代が進み出稼ぎがなくなり、過疎・高齢化も進行し、限られた人が交流するのみで、近隣集落との付き合いは減っていった。もともとは同じ文化圏を形成していたとはいえ、川口町、小千谷市、山古志村と行政区が別になったことも心理的距離を遠くしていた。そんななか、震災がこれらの村々を同じ課題を抱える仲間として再び浮かび上がらせた結果、「身近な人たちとの付き合いも」という声があがってきたのである。この声を具体的な交流会開催に結びつけたのが、当時活動を本格化させつつあった地域復興支援員であった。七月の集落交流会は大変盛り上がり、その場で翌月に合同盆踊りを木沢で開催することが決められた。

たかが合同盆踊りの開催が、どうして広域ガバナンス主体の萌芽とまでいえるのか。ここで、もう一度この地域の事情に立ち返って合同盆踊りの意義を考えてみる。自治をつかさどる総代組織は、行政の下部組織に位置づけられ、役場からの意思伝達と、役場への陳情機能を果たしていた。短期間で役員が交代し、義務感・負担感が強く、主体的に長期的復興に取り組むのは困難だった。そのため、多くの地域では総代組織と別に、自主的に地域づくりグループを立ち上げ、それが主体となって復興活動を進めていた。当初、こうした地域づくりグループは、自らの地域内においてさえ認知度や信用度が低く、総代組織と対立することもあった。復興の目標を模索している段階では、何をしようとしているグループなのかすら、参加していない人たちには理解されなかった。しかし、これらのグループの活動が着実に積み上げられ、そして復興の目標ともいうべき活動理念が生まれて、地域内で信用や期待を得られるようになってきていた。それがちょうど二十村郷盆踊りの第一回が開催された二〇〇八年ごろのことだったのである。

これらの地域において、「盆踊り」は集落の通常行事であり、当然、総代組織が担う行事であった。本質的に、総代組織は新しいことはやりたがらない。そんな状況で、合同という新しい形で二十村郷盆踊りが開催されたことには、大きな意味がある。実は、二十村郷盆踊りは、地域づくりグループと各総代組織が協力し合いながら開催した初めての取組みだったのである。このことは、地震後に活動を本格化させた地域づくりグループが、それだけこれらの地域に根づいたことを示す証であり、これらのグループが地域のガバナンスに切り込み始めたのだと見ることができる。そもそも、こうした地域にとってのガバナンスとは何なのか。それは、自分たちが暮らす生活圏の営みについて、自分たちで話し合い、決定し、実行していくその仕組みを自ら整えることではないか。その意味で、総代組織が担うべき「通常行事」に対して、新たな枠組みで動き出した人々が主体的に関わり始めたことは、単に合同盆踊りにすぎないように見えても、新たな地域自治の枠組みの成立に向けて大きく羽ばたく可能性を秘めているのである。さらに、このガバナンスの萌芽は、地域の未来に地域の一人ひとりの行動が力をもつのだという効力感につながっているのかどうかという点で、次稿以降の復興熟度にも関係する視点となる。

4　地域復興のプロセスと復興熟度の評価

新潟県中越大震災復興基金の施策動向、申請件数、助成金額を見ると、被災地の復興プロセスは、①住宅再建、②農地復旧、③地域コミュニティの再建（地域維持、活性化）の順に進んでいたことが読み取れた。住宅再建と農地復旧はおおむね二〇〇六年度をもって一段落し、二〇〇七年度以降は、地域コミュニティの再建に移行していた。震災によって過疎化・高齢化が急速に進んだ地域では、コミュニティ再建が大きな課題であり、③地域コミュニティの再建は、ⓐ地域コミュニティが管理する道路や公共施設などの共用施設の復旧、ⓑ地域コミュニティの拠り所である神社や集会所の再建、ⓒ地域コミュニティの活性化イベント、ⓓ地域の自立的復興のためのプラン作成、ⓔプランにもとづく地域復興活動、という五段階があった。

復興支援の考え方（地域づくりの足し算と掛け算）

木沢集落を例にみてきたように、地域復興は決して一本調子で進むのではなく、段階があるということがわかってきていた。地域の復興の段階（これを復興の熟度と呼ぶことにした。）に応じて、適切な支援を行わなければ、かえって地域の主体的復興を阻害することさえあるということも復興の現場で強く感じていた。

木沢集落で、大学生とのやりとりを通じて、住民が自分たちのアイデンティティや価値観を再認識した「すごす」プロセス。幾度もの議論を繰り返して目標（総論）を設定しその実現のために復興活動を展開した「めざす」プロセス。おそらくは丁寧な「すごす」プロセスを経たからこそ、専門家の助言や復興基金による財政的支援を得て「水がない問題」に対して水源確保ができても、再び依存体質に戻ることはなかった。

この「すごす」プロセスと「めざす」プロセスにおける支援を次のように二つの復興段階として再度整理した。それは、①寄り添い型支援と②事業導入型支援である。前者は住民の主体的意識を醸成するための支援であり、後者は地域の将来ビジョン（プラン）をつくり実践するための支援である。寄り添い型支援では、住民の不安や悩みに寄り添う（ともに考え、行動する）ことを基本とし、依存的、閉鎖的でかつ諦め感に支配された住民に対して、外部人材（よそ者）との関係づくりの機会をつくり、よそ者の目を通して地域の魅力や資源に気づきを与え、その魅力や資源を生かした小さな活動を行う。多くの住民を巻き込みながら小さな成功体験を共有し積み重ねるなかで、「やればできる」と思える自信を住民へ与え、主体的で開放的な地域へと転換させていく支援となる。先に紹介した木沢集落の「目標」が生まれるまでの大学生らによる「すごす」関わりを思い返せば理解しやすいだろう。事業導入型支援は、寄り添い型支援が求められる段階が終わり、主体性を獲得した住民が地域のビジョンを設定し、そのビジョン実現に向けて復興活動を進めていく時の専門的支援である。木沢集落における体験交流宿泊施設「朝霧の宿　やまぼうし」の改修工事や事業計画づくりなどへの専門家の支援がこれにあたる。

復興段階に応じた支援という考え方は、算数（足し算・掛け算）をイメージするとわかりやすい。仮に依存的で諦め感をもつ地域住民の状態を「マイナス二」、寄り添い型支援を「プラス〇・五」、事業導入型サポートを「かける二」とする。こうした地域にいきなり事業導入型支援をする場合を数式で表すと「－２×２＝－４」となり、かえってマイナスが大きくなる。実際、住民の主体性の醸成がなされないうちに、専門家と呼ばれる外部支援者が他地域の成功事例を持ち出し、適合する保証のない「答」を与えてしまったがために、その後の復興がうまくいかなかった事例は少なからず耳にする。これは「Xがない問題」に対する「めざす」関わり方の典型例といえるだろう。

一方、寄り添い型支援によって着実にプラスを足し合わせていく支援を数式で表現すると「(－２＋0.5＋0.5＋0.5＋0.5＋0.5)×２＝＋0.5×２＝１」となる。寄り添い型支援（プラス〇・五）が五回繰り返されると、プラス値（〇・五）となり、こうなってから事業導入型支援（かける二）が導入されれば、負が増すことなく、専門家による支援も効果的に作用する。そうなってしまえば、次なる掛け算を繰り返しても再びマイナスに戻ることはない。この数式による地域住民の状態（仮に地域力と呼ぶ。）の変化をグラフにすると図２-32のような成長曲線を描くことになる。図を見ると明らかなように、地域力がマイナスの地域にいきなり事業導入型支援（掛け算のサポート）をしても、マイナスを大きくするだけであるから、

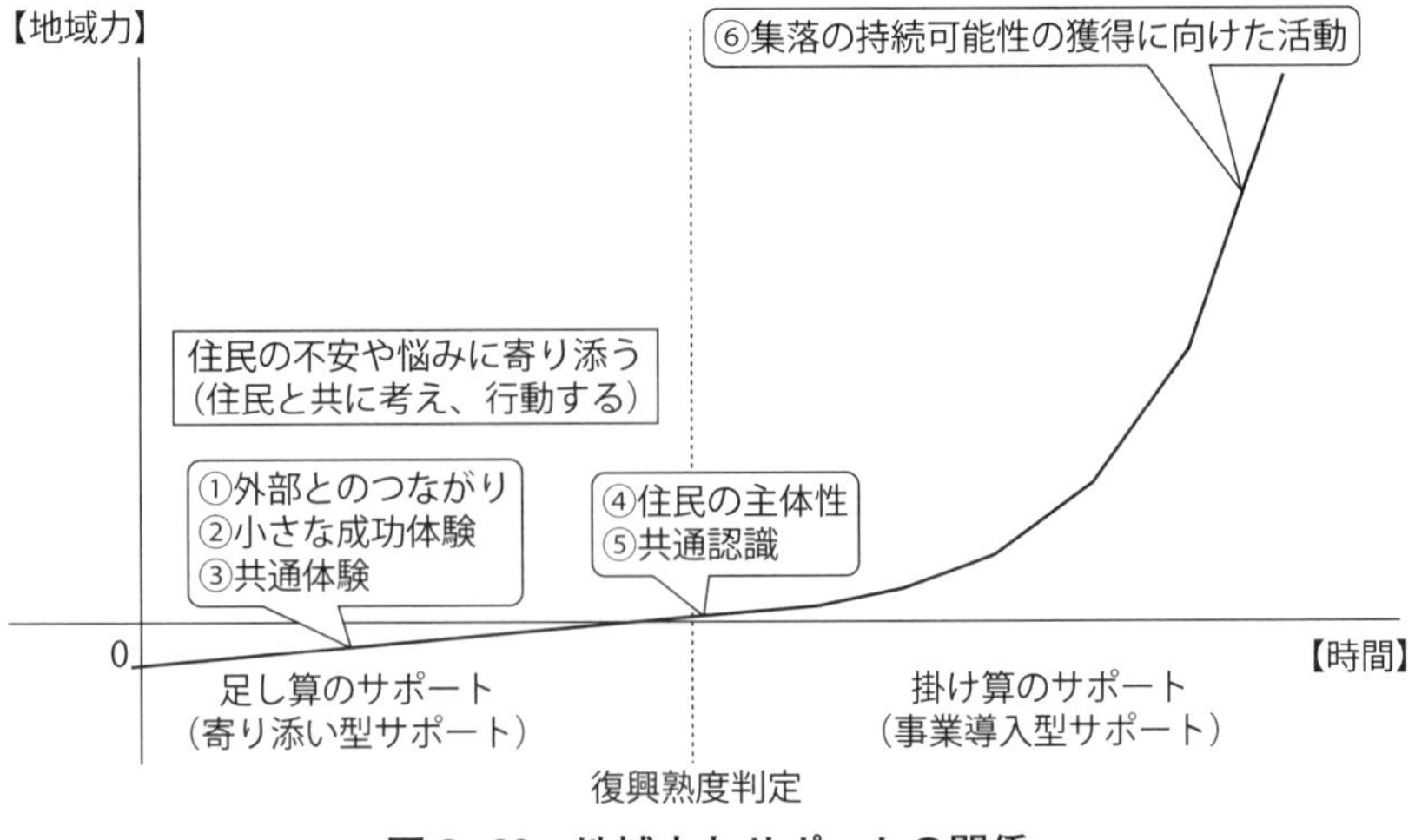

図２-32　地域力とサポートの関係

まずは寄り添い型支援（足し算のサポート）を地道に行い、地域力がプラスになったことを見極めて事業導入型支援を行い、効果を生み出す。これが「地域づくりの足し算と掛け算」という考え方になる。さらに、横軸の値が今どこにあるのか、それを判定するための概念が復興熟度ということになる。

集落ごとの「夢づくり」＝地域復興デザイン策定

寄り添い型支援によって地域の主体性が醸成され、仮に地域力と呼んだ地域の状態がプラスに転じたならば、次にやるべき作業が「目標（総論）」の設定ということになる。「目標（総論）の設定」は災害復興においてきわめて重要な作業である。そして設定された目標は当事者である被災者の心に響くものでなければならないし、関係者のなかで共有されなければならない。新潟県がつくった「中越大震災復興計画」、それを礎として策定された各市町村の復興計画は、確かに一つの目標の具体的設定である。しかし、行政のつくる復興計画は概して個人や個別集落の目標とは一致しない。大きな単位で平均される以上やむを得ないこととはいえ、中越地域が抱えた本質的課題の解決のためには、やはり個別集落（もしくは集落群）の地域復興ビジョンが必須であると考えられていた。目標（総論）は一般には夢と表現する方が受け入れられやすい。「夢づくり」と言葉でいうのは容易だが、依存性が蔓延した地域において「自分ごと」として復興をとらえる段階にまで至っているのか、それとも前節で見たように「人任せ」で復興しようとしている（つまり持病が治っていない）のか、それを見きわめないまま支援（特に金銭的な）を行えば、よりいっそう依存心を強めることになる。

中越地震から三年あまりが経過した二〇〇七年、「地域復興デザイン策定支援」、「地域復興デザイン先導事業支援」の二つの事業が中越大震災復興基金の事業に追加された。事業の目的は「中越大震災で被災した地域の自立的復興のため、地域特性を活かした復興事業プラン策定に取り組む集落や地域団体等に対して、コンサルタント等の導入によるプランのイメージングを支援し住民起業や地域連携への動きを加速させる」である。つまり「集落単位での夢づくり支援事業」であり、木沢集落のような復興のトップランナーをお手本にした好ましい復興過程の周囲への波及を狙ったものでもあった。その補助対象者の項目には「地域コミュニティの復興熟度が高く（地域住民等の合意による基本構想等を策定済み）、かつ市町村と協働で地域復興に取り組み、市町村長が推薦する集落及び地域団体等」という条件が明記された。行政文書には似つかわしくない「復興熟度」という抽象的な概念が導入された背景には、行政依存症を乗り越えた集落のみを対象とするという強い意図が込められていた。

手探りで地域復興のための支援がなされてきて、木沢集落のようなトップランナーも生まれつつあったが、それを他地域・集落へと波及させることはそれほど容易なことではない。案の定、六〇あまりの集落が地域復興デザイン策定事業に取り組んだが、明らかにその後に控える地域復興デザイン先導事業（デザイン策定を受けて最初の取組みに対して上限一、〇〇〇万円の補助事業が受けられる）を狙っての、いわば「下心」をもった集落が少なからずあったことも事実である。繰り返し述べている集落の依存性、保守性、閉鎖性という三つの慢性病を克服しつつ、人口急減という環境の激変に適応するというきわめて難しい課題であり、「下心」をもって参画することも無理もないことだった。持病の治療とリハビリテーションという難しい二つの治療。手順を誤ることなく、回復の段階をとらえながら、その段階に適合する治療（支援）をすることができるのか。「地域の健康」の回復に向けた進捗の度合い、これを「復興熟度」と呼ぶことにした。健全な災害復興を成し遂げるのに必要な条件は何か。目標（総論）の設定、外部支援者の役割など、本稿で論じてきた復興の本質的要素をとらえつつも、できあがる形は千差万別であるという復興の多様性を阻害しないように配慮した熟度とはどんなものが含まれるのか。中越なりに定義をした復興熟度指標の策定の経緯と、地域復興の現場へのフィードバックと検証過程を、具体例と突き合わせながら述べていく。

復興熟度六指標の定義とチャートによる表現

地域復興デザイン策定事業の補助対象者の条件に明記された「復興の熟度」をいかにして計測するのか。基金事務局の担当者も頭を抱えていた。中越地震被災地における若手研究者と中越防災安全推進機構の職員を中心に開かれていた復興プロセス研究会が、復興熟度指標とその計測方法の議論を進める場となった。サンタクルーズでの物語復興調査や台湾の集集地震（一九九九年、中山間地）被災地の調査から、①目標（総論）あるいはビジョン、②ステークホルダーの対等な関係と自由で活発な議論の場、③地域の伝統・文化・価値観（アイデンティティ）の再認識、④地域住民の主体性・自立心、⑤友好的な外部支援者の存在、⑥小さな成功体験の積み上げによる自信などが、健全な復興を進展させるのに重要な要素であろうと考えた。もちろん復興基金のような柔軟な資金や中間支援組織の存在なども重要な要素ととらえられるが、必須なもののみに絞り込んでいった結果が、上記の六項目であった。これらを、対をなすものとして整理した上で、三本の軸上においてレーダーチャートで表現したのが、図2-33である。以降で一つひとつの指標の意味付けを解説していく。

六角形のチャートのまず下には「『こう在りたい』の共有」を置いた。これは意思決定をする上での「判断のよりどころ」が共有できているか、ということである。地域のアイデンティティが自覚・認識され共有されているか、といっても良い。地域の伝統・文化・資源（山古志でいえば闘牛、錦鯉など）を認識しそれを守るという共通認識を持っている場合などもこれに含まれる。次に、左下においた「主体性・自立心」は「依存心」の裏返しである。人任せではなく自分ごととして復興をとらえているかが評価軸となるし、健全な保守性（地域の安定性を担保する秩序）もこれに含まれる。左上においた「自由で活発な発想・議論の雰囲気」は、サンタクルーズで学んだ「自由な発想」と「対等な関係」であり、老若男女、多様な主体が対等な立場で会合に集まり、そして自由な雰囲気のなかで活発な議論ができているかどうかを表している。右上の「やれるという自信」は小さな成功体験の積み上げによって生まれた次に向かう原動力であり、「諦め感」の裏返しである。右下の「友好的な外部者の存在」は、地域の好ましい変化に対してよそ者の存在が非常に大きかったとの認識に立っている（むしろいないと新たな展開が起こらない。）。復興熟度という観点で見るならば、その時点

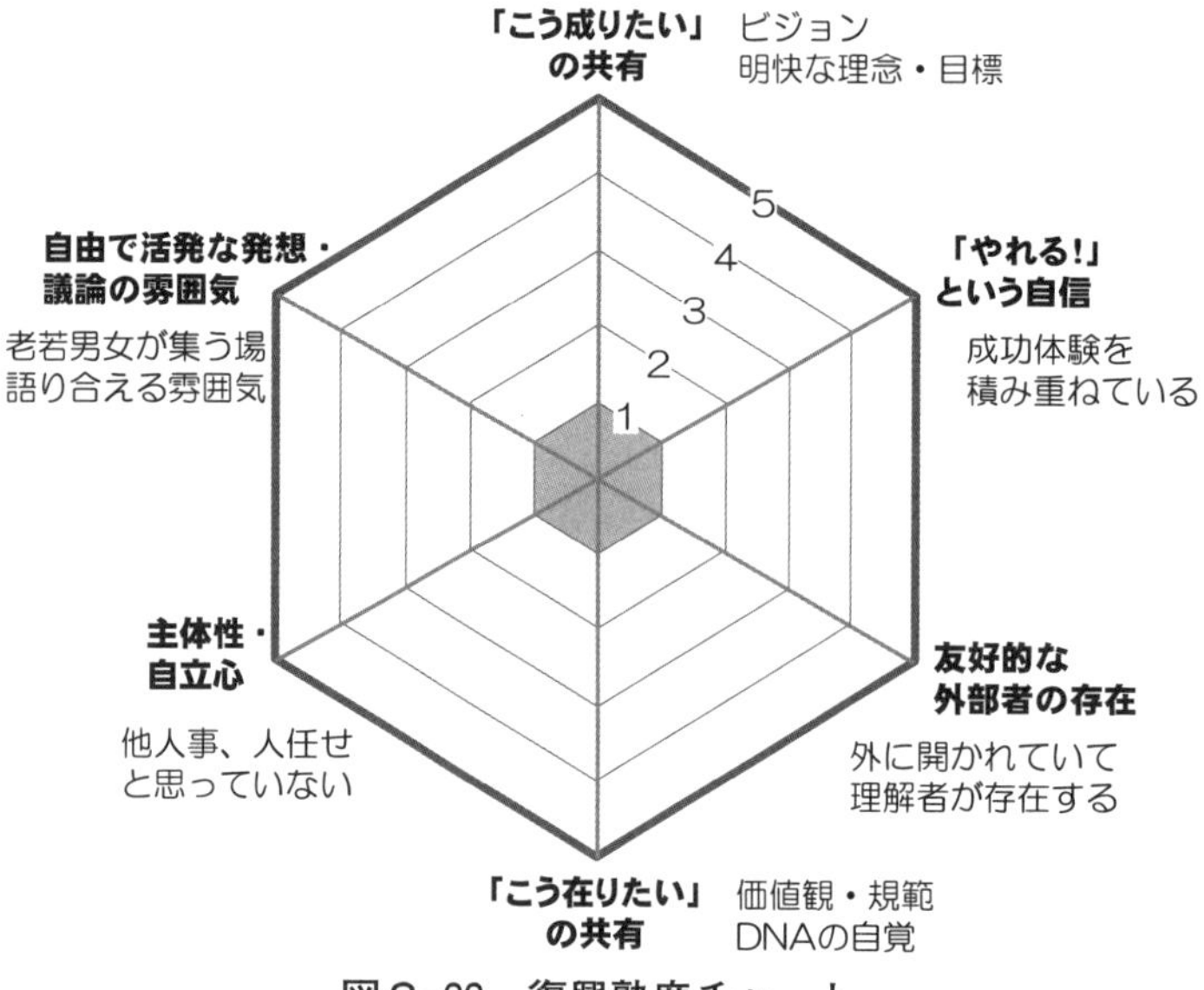

図2-33　復興熟度チャート

でよそ者を受け入れているかではなく、それができる雰囲気があるかが観点となる。これは地域の「閉鎖性」の裏返しでもある。上においた「『こう成りたい』の共有」は、前述の目標（総論）あるいは将来ビジョンである。サンタクルーズにおける「Civic Living Room」のように、誰にでもわかる言葉で、誰もがイメージでき賛同し共有できるものが理想である。だらだら長く、どこにでも通用するような汎用性の高い言葉の羅列では残念ながら人々の心に刻まれることはない（残念ながら、多くの市町村の復興計画や総合計画のキャッチフレーズにはこういうものが多い。）。木沢集落でフレンドシップの活動理念として設定された「体験交流を通した定住促進と永住促進」が、ここでいう「こう成りたい」＝共有ビジョンということになる。隣の荒谷地区における共有ビジョンは「本気でつきあえる仲間づくり」であった。震災後に東京都狛江市との交流が始まり、顔の見える外部者との交流に手応えを感じた結果として設定されたものだった。これも単純で明快で誰もが賛同できる共有ビジョンのお手本ともいえるだろう。加えて言うならば、木沢集落でつくられた復興七か条は、「こう在りたい」＝共有規範の一つのお手本である。文化・伝統・価値観に立脚した規範を共有できるように実に見事に言葉にしている。「こう在りたい」が明文化された好例であろう。

地域復興デザイン策定の発表会

「地域復興デザイン策定事業」に申請してくる集落（群）と（その実質的な作業を受注するコンサルタントもいる場合が多い。）に対して、より良いデザインの策定をしてもらえるように、二〇〇九年五月から発表会を始めた。入口（申請時）、中間、最終の三段階で一〇分程度のプレゼンをしてもらう。発表することで自分たちが考えている問題意識や、目指そうとする方向性を強く認識し「自分事」として定着させる狙いもあるが、参加集落（団体）同士の交流会でもある。これは前節で述べた「地域復興交流会議」の成功に立脚した企画であった。最低二名のアドバイザー（主に復興プロセス研究会のメンバー）が、発表内容に対して助言もするのだが、それ以上に重要なのはデザイン策定に取り組むコミュニティ間の相互刺激であった。六〇集落あまりがデザイン策定事業に取り組んでいたので、一回の発表会では二〇件程度が限界であったが、入口、中間、最終の発表が混在した発表会では、追いかける集落が先行する集落をお手本としてヒントを得たり、その後の相互交流のきっかけとなったりと、期待していた「創発」現象も多数見られた。

発表者に対しては、事前に復興熟度評価＝六つの指標とその意味を解説した文書を配布し、発表会終了後に、アドバイザーである学識者二名、地域に密着して支援する復興デザインセンター職員二〜三名、復興基金事務局（県職員）が集まり、発表会の内容、地域における活動の様子、事業申請時のやりとりなどの情報を共有しながら、六つの指標について五段階で採点をした。結果にはコメントをつけ各集落へとフィードバックした。自分たちの活動に対する通信簿をもらうのはやはり抵抗があったようだが、それでも地域の住民は、客観的に数値化された地域の弱み強みを自覚し、次回にはより評価を高めようと努力していた。有効なインセンティブとなったようである。

それでは具体的な復興熟度評価とコメントシートを見ていこう。木沢集落が、地域復興デザイン策定に取り組んでいた時期は二〇〇九年度から三か年であった。二〇〇九年五月に活動計画発表、二〇一〇年二月に中間報告、そして二〇一一年三月に最終報告をしている。図2-34は、中間発表におけるコメントシートである。これを見ると「集落が目指す目標がまだ住民の共通認識となっていない」ことを、フレンドシップ木沢の中心

団体名	フレンドシップ木沢					
発表者	ポスターセッション				市町村名	川口町
発表日	2010年2月28日	会場	クロス10	段階	中間報告	
アドバイザー	田口太郎（新潟工科大学）、土屋哲（長岡技術科学大学）					

所見

集落のなかでの温度差の解消をしなければいけないことを自覚していて、それを改善しようとしていることは素晴らしいと思います。そのために、「木沢の元気」とは何かというのをみんなで共有しておく必要があると思いますし、それを地域のなかにわかりやすく伝えていくというのが大事だと思います。つまり、星野さんがおっしゃられた「木沢の元気とは、孤独じゃないということ」というのは非常にリアリティのある言葉で、こういう言葉を皆で共有していくことがこれから何より大事だと思います。

地域の熟度

「こう成りたい」の共有　3

地域の幸せな将来像を具体的に持ち始めているので、それをわかりやすく、集落の皆さんに伝えていくことが大事だと思います。

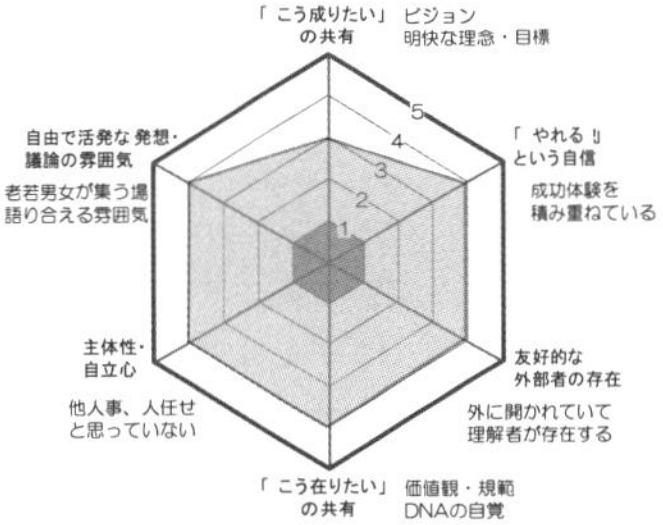

「やれる！」という自信　4

これまでの活動の積み重ねが皆さんの自信を作っていると感じました。

友好的な外部者の存在　4

目指す地域の将来像に向けて、コンサルタントをうまく使ってほしいと思います。

こう在りたいの共有　4

木沢として大事にしていきたい価値観を皆さんで共有していくことが大事だと思います。

主体性・自立心　4

皆さんの主体的な取り組みや熱意が強く感じられました。

自由で活発な発想・議論　4

皆さんで活発な議論が行われていると思いますが、将来のイメージについてもこれから、活発なやりとりをしてほしいと思います。

アドバイス

「木沢の元気とは、孤独じゃないということ」こういう地域の幸せな将来像を具現化した言葉を皆で共有してほしいと思います。「元気な木沢」というキーワードは簡単な反面、漠然としていてなかなか本質が伝わらないことがあります。「孤独ではないこと」というのは具体的で非常にわかりやすく、「孤独を解消した」盆踊りなど、具体の活動との繋がりもわかりやすくなります。そうすれば、今まで積極的でない方々にも、活動の趣旨が伝わり、温度差も解消していくのではないでしょうか。

図2-34　地域復興デザイン策定発表会　コメントシート

メンバーがこの時点で自覚していたことがわかる。中間報告でのアドバイスを受け、フレンドシップ木沢では、その後住民の共通認識をつくり出すことを意識して活動を展開した。デザイン策定報告会では毎回アピールシートを住民から作成して提出してもらっていたが、最終報告の際のアピールシートには以下のことが書かれていた。

【フレンドシップ木沢の活動目的を集落全体で共有することが大切】
集落の人たちにイベントへの積極的な参加や「やまぼうし」に足を運んでもらい、それを通じて活動の内容や何を目指すかについて共有しながら、プランづくりを進めました。

アピールシートの内容から、復興熟度判定の結果は、単に地域の復興の進捗度合いを判定するだけではなく、「足りないところ」、すなわち「伸びしろのあるところ」を指摘することで、その後の復興活動のステップアップに寄与していた。

同じころ、二〇一〇年一一月から一二月にかけて川口町全町民に対するアンケート調査が実施されていた。その集計結果を見ると、木沢・峠地区は「地域を離れた方が増えた」九〇%、「若者子どもが減った」七一%と、全七地区中、ダントツで一位であった（二位の田麦山地区でもそれぞれ一〇%以上少ない。）。その一方で、「活気がなくなった」と答える人は最も少なく一六%で、「訪れる人が多くなった」と答える人が二九%と最も多かった（二位の田麦山地区より一〇%以上多い。）。さらに「人間関係が希薄である」、「行政や人任せである」、「住民同士で話し合う場がない」の設問すべてが五%以下で、「他地域との交流連携がない」については

○％であった。すなわち、「住民同士で話し合う場があり、行政や人任せではなく、他の地域との交流連携があり、閉鎖的ではない」という状態にまで復興の熟度が高まっていたことがわかる。丁寧な足し算のサポート（「すごす」関わり）が功を奏し、一部住民だけでなく集落住民大半の意識変化につながっていた。

復興熟度の評価をフィードバックして成長した事例

震災を契機に地域づくりに目覚めた集落の事例を紹介したい。旧小国町下村《しもむら》集落である。現在の総代と振興協議会事務局長に一〇年を振り返ってお話を聞いた。以降、あえて、できるかぎり生の声を記述する。震災での被害は、全壊五、六軒、半壊数十軒。ほぼ新築、改修でその場に再建した。世帯数は震災前の約七〇世帯を現在もほぼ維持。震災を契機に流出したのは一軒だけで、自然減は、空き家入居、借家入居数世帯で埋まった。公民館修理の一部や神社修理の大半に、復興基金（コミュニティ施設再建）を活用。その後、総代会での困りごと相談や地域復興支援員からの情報を受けて、デザイン策定事業の存在を知り、取り組むことを決めた。

地震前、「十五日会」など地域行事は活発に開かれていたが、震災を機に途絶えていた。盆踊りなど地震前に止めていたものもあった。振り返ると、行事が不活発化していたことに対して、ある種の「飢餓感」があったことがデザイン策定事業に取り組む原動力だったのではないか。二〇一〇年、デザイン策定事業が始まると、「ない物ねだりではなく、あるものを活かせ」というアドバイスもあって、まち歩きなどの活動が始まった。ワークショップやファシリテーションなどさまざまな話し合いの手法も学んだ。当初の検討委員会は、組代表七名、各会（踊り、カラオケ、老人など）の代表とその他推薦者の合わせて十数名で立ち上げた。その後、新旧交代の時期に、旧も残ってもらって仲間を増やし、最終的には二〇数人になった。女性も参画していた。「あるもの探し」の結果、八石山の遊歩道やその途中に薬湯や清水などが発掘された。長岡大学の学生たちがやってきて、田んぼを貸して欲しいという要請があり、これがその後の活動の出発点となった。学生たちの関与によって明らかに活動の「空気感が変わった」という。

デザイン策定を始めた頃、あからさまな否定の声はなかったが、「（この動きは）一時のことだろう」と冷めた目で見ていた住民も少なからずいた。登山道整備については、将来の管理への懸念など反対の声もあった。しかし、学生たちがきて、看板を作る活動などを目の当たりにして、見る目が変わってきた（最近新潟日報に載って訪問者が急増したことに対する住民の反響も大きかった。）。さらにはサンカヨウ、シラネアオイなど珍しい山野草の自生群落が貴重なものであるとの専門家のアドバイスもあり、その価値に気づくことができた。

デザイン策定のなかでは、「小水力発電を入れて、電気代タダの村を作れないか」などさまざまな妄想も出た。二年間のデザイン策定を通じて一六回の検討会を開き、集落は明らかに活性化した。住民の地域活動への参加も明らかに活性化した。盆踊りは復活したし、スポーツ大会や賽の神など行事は間違いなく増え、そのための話し合いも増えた。踊りの会やカラオケの会の主婦が会合に出る機会が増えたし、小学生と年寄りが一緒になる機会が増えた。それも無理なく増えたと思う。先導事業で、集落センターの玄関先に「いっぷく処」を作った。トイレがついていて、鍵がかかっておらず誰でもいつでも入れるので、結構利用されている。ふらっと寄る人もいるし、卓球台もあるので子どもも集まる。壁は子どもの落書きもOKになっている。支援員は、「住民から出てきたアイディア」のサポートに徹してくれた。長岡大学のサークル「びゅう」の五人（のちに名誉村民を授与）を中心に、「若い人が来る」ことの刺激が大きかった。彼らはOBになった今もイベントには駆け付けてくれる。集落は明らかに変わった。

一〇年目のヒアリングで、復興熟度評価チャートをあらためて見ていただいたところ、妥当な評価（計画段階で２が多かった。）で、確かに当初評価の低かった項目が、中間、最終で伸びた実感があるという。足りない部分の認識に役だったということだろう。コメントシートを見ても、当初は主体性・やる気はあるが、それ以外が不足しているという記述があり、中間報告では大学生の関与が始まったことなどが評価され、最終報告では集落内の老若男女の参画や未来への方向性が明確になったことがコメントでもチャートでも読み取ることができた。

復興熟度チャートの再定義と各指標と軸の意味付け

依存性、保守性、閉鎖性という三つの慢性病の克服と人口急減という環境激変への適応。この健全性の回復のプロセスは、自然界においては当たり前のように日常的に起こっている出来事である。多数の細胞で形成された生物、多数の個体（アリなど）で構成されたコロニー、多数の人々で構成されたコミュニ

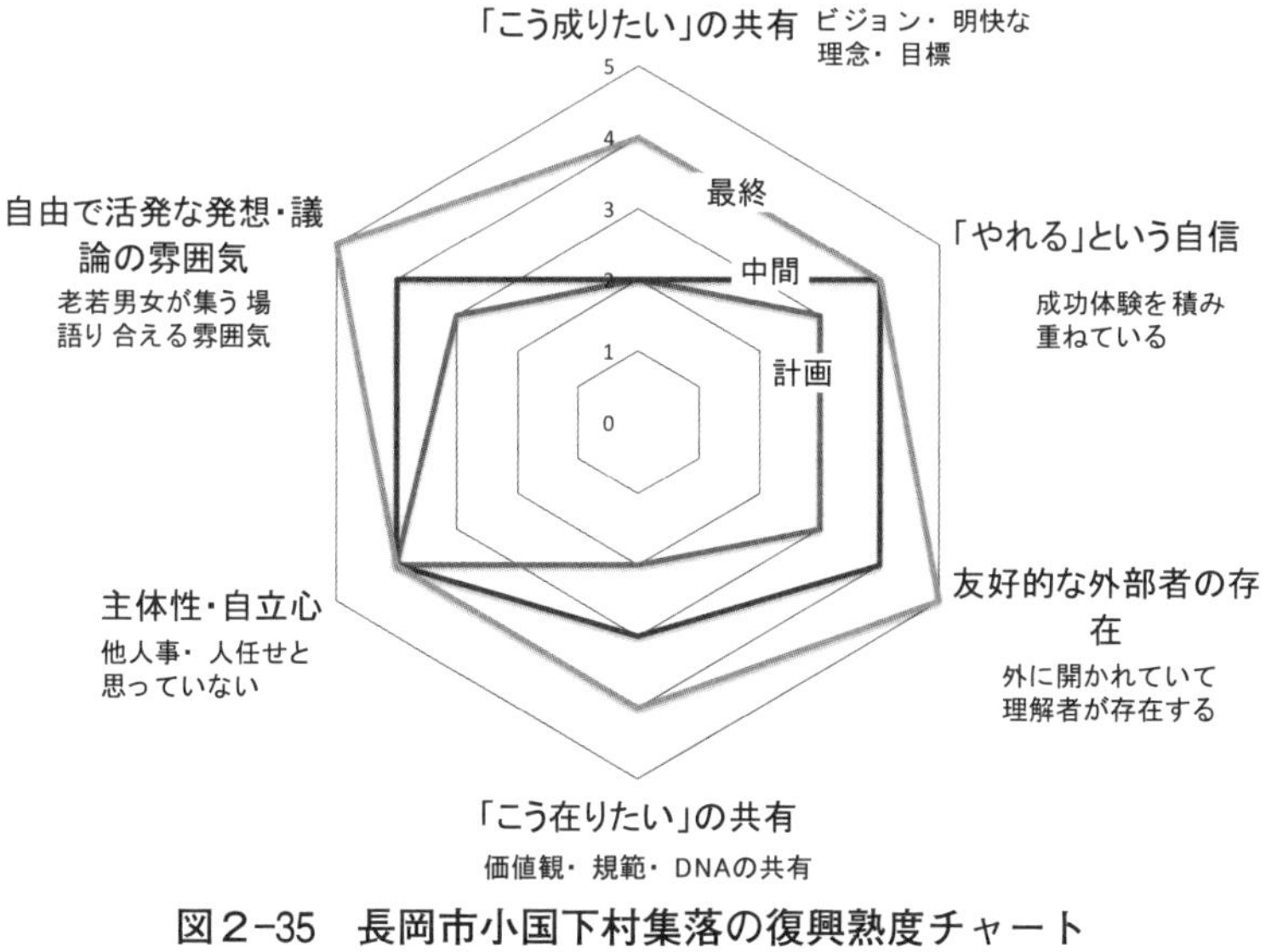

図２−35　長岡市小国下村集落の復興熟度チャート

ティ（証券取引所）など、多様な多数の相互接続された要素からなる系（複雑系）が、個々の要素の性質から想像できない全体の秩序を生み、環境の変化に適応する現象は、「創発」と呼ばれ広く知られている（その系は複雑適応系）。この知見を踏まえて、復興熟度指標の再定義とそれぞれの意味付けを再考する。

まず、六つの指標を三つの対に整理し、その対を三つの軸、すなわち（A）物語軸、（B）相互作用軸、（C）帰還軸として整理した。（A）物語軸の両端には（A－1）文化・伝統と（A－2）ビジョン・夢が置かれ、（B）相互作用軸の両端には（B－1）内部の関係性と（B－2）外部との関係性、（C）帰還軸の両端に（C－1）規範（負の帰還）と（C－2）発展・挑戦（正帰還）が置かれる。こうした場合、前述の復興熟度チャート上で右下に置いた「友好的な外部者の存在」と左上「自由で活発な発想・議論の雰囲気」が入れ替わる。記号は軸A、B、Cと、六角形の下半分にあるか上半分にあるかで、それぞれ1、2とし、たとえば「アイデンティティの共有」ならばA1と

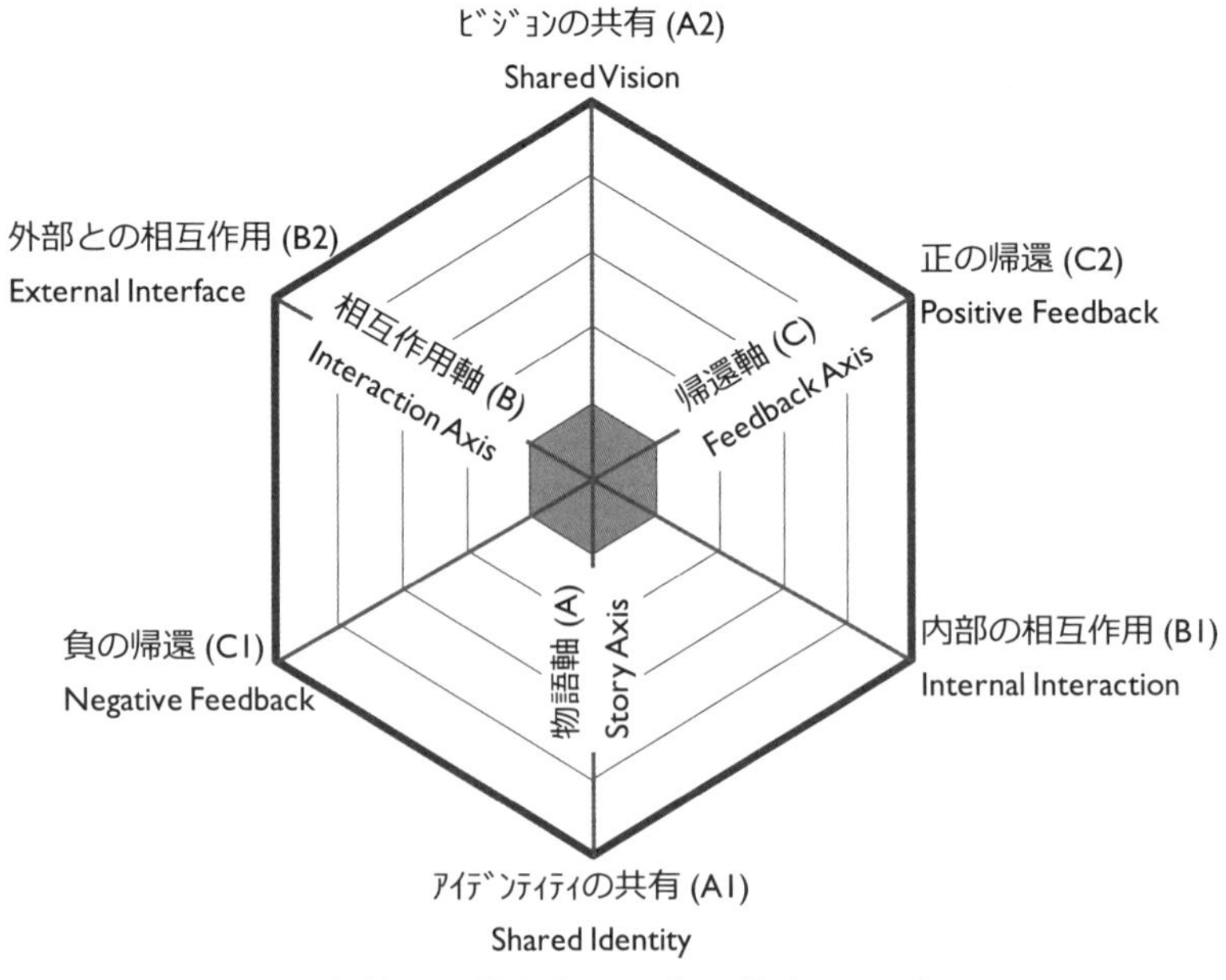

図2−36　再定義して抽象化した復興熟度レーダーチャート

呼ぶことにした。それぞれの項目について意味付けを説明する。

【A1　アイデンティティの共有】「『こう在りたい』の共有」と呼んでいたもの。コミュニティ・グループの共有規範である。そのグループの個性、自我でありDNAである。

【A2　ビジョンの共有】「『こう成りたい』の共有」と呼んでいたもの。自然界における複雑適応系が「環境変化への適応」という追従であるのに対して、人間しか持ち合わせない能力が「未来への意識」である。架空の好ましい状態を想定して、それを文章や絵（Vision）にして共有することである。

【B1　内部の相互作用】「自由で活発な発想・議論の雰囲気」と表現していたもの。そのコミュニティ・グループの内部の相互作用の活発さを示すもので、多様で多数の個が活発に相互作用することによって創発的秩序を生み出す。老若男女の関わり合いの頻度の多さが秩序形成につながる。

【B2　外部との相互作用】「友好的な外部者の存在」と表現していたもの。友好的な外部者の関与は、グループの活性化、進化に重要な役割を果たす。さらに展開が停滞している時、敵対的な外部者の存在が打開に寄与することもある。

入力に応じて処理した結果を再び入力して処理系に戻す操作を帰還（Feedback）という。前の状態よりも次の状態が大きくなり、繰り返しによって発散していく場合が正の帰還（Positive Feedback）であり、発散を抑えて一定範囲に収束させようとする帰還が負の帰還（Negative Feedback）である。これらの概念を導入してC1とC2を再定義する。

【C1　負の帰還】「主体性・自立心」と読んでいた項目。ここでは「健全な保守性」と言い換える。人間が体温を適正範囲に調整するように、破滅的状況を生み出さないように内部から調整する機能（恒常性）である。

【C2　正の帰還】「『やれる！』という自信」と呼んでいた項目。小さな成功体験が次の活動につながり、次々と展開、活発化する状態を表す。

次に各軸の意味を説明する。物語軸（A軸）は、アイデンティティ（A1）とビジョン（A2）をつなぐ。物語には古今東西慣れ親しんだパターンがある。冒険物語、探偵物語、ロマンスなど、お馴染みの規則に従いつつも、見知らぬ驚きが組み合わされて初めて魅力的な物語となる。前者が強すぎればありきたりで、後者が強すぎれば違和感だけが強くなる。せめぎ合いとバランスによって復興物語が成立する。典型的な復興計画がつまらなく思えるのはA1が強すぎるのであろう。ビジョンは違和感のある、そして驚きをもって迎えられるものであり、ワクワクさせる力も不安にさせる力もある。相互作用軸（B軸）は、内部の相互作用（B1）と外部との相互作用（B2）をつなぐ。コミュニティ内部の多数回の相互作用が創発のためには不可欠である。「地域復興デザイン策定事業」に取り組んだ関係者へのインタビューからしばしば聞かれるのは、「デザイン策定をするためにコミュニティ内の話し合いが活発化し、当初懐疑的であった住民にも明らかに意識の変化が起こった」ということである。この内部の相互作用の活性化を誘発したのは、このデザイン策定という外部的な刺激であり、そこには地域復興支援員という外部者の関与が効果的に寄与したという声も多い。内部の相互作用の活性化と外部や外的刺激の両方がコミュニティの創発性に寄与する。帰還軸（C軸）は、負の帰還（C1）と正の帰還（C2）をつなぐ軸である。自然界において、出力結果が次の入力となるのはきわめて自然なことである。復興の事例に置き換えれば、正の帰還は、コミュニティ・グループの活性化にきわめて重要な要素である。しかし次から次へと展開し活発化する結果として、いわば「イベント疲れ」を生み、極端な場合には破綻に至るおそれもある。破綻させることなく着実な展開をするためには、負の帰還(健全な保守性)とセットであることが必須となる。

上半分にあるか、下半分にあるかの意味付けも考えてみる。下半分の領域（1）は、「健全な存在」を保証する項目で構成される。規範・価値観が共有され（A1）、刺激し合う場があり（B1）、さらにそれを守る仕組み（C1）がある。上半分の領域（2）は「健全な発展」につながる項目で構成される。ビジョンが共有され（A2）、新たな刺激が流れ込む外部への接続があり（B2）、具体的に活動を展開させる原動力（C2）がある。時間の経過によって領域2の項目（上）は領域1の項目（下）に吸収されていくと考えられる。ひとたび実現したビジョンは守るべきアイデンティティになる。関わり続けた外部者や外部からの情報は、内部者として扱われるようになったり内部の情報として吸収される。過去に成功した体験が当たり前となって守るべき事項に吸収される場合もありうる。いわば重力のように、上から下への力場が存在する。そうとらえると、健全な発展を続けるためには、次々と新たな関係性を構築し新たな刺激を得て新たな目標設定をし続けることが、持続可能性につながることになるのではないか。

5　被災地における一〇年目のコミュニティ復興感

復旧と復興、安全と安心など、近いが異なる概念を表現する言葉の対がある。同じように震災によって人々が失った何かを表す用語に「損失」と「喪失」がある。損失（建物、道路など）は、お金をかけて復旧すれば元に戻るが、喪失（人命、人口、地域のにぎわいなど）は、お金をかけても元には戻らない。復旧・復興と損失・喪失の二つの用語の対には密接な関係があり、個人の生活基盤や地域の社会基盤の損失を復旧することは復興の必要条件となる。しかし損失したモノの復旧が復興の十分条件とはならない。復興を満たすカギとなるのは喪失の回復にある。ただし喪失は復興や安心と同様に客観的に計量できるものではなく、「感」を語尾に付けて使われることからわかるように、人々の主観に基づくものである（復旧、安全、損失に感を付けることはない。）。喪失（感）は果たして回復できるものなのか。原状回復できないとすれば、他の何かで補えるものなのか。そこで、地域は何を喪失し、その喪失感をどのように補おうとした（あるいはしなかった）かを見ることで、コミュニティ復興感について考えてみる。

人口減少集落におけるヒアリング調査

中越地震では六〇集落余が被災したとされる。一方、地域復興デザイン策定事業に取り組んだ集落（群）数もおおむね六〇集落である。しかしこれらはすべて重なるわけではなく、被災はしたがデザイン策定には取り組んでいない、被災の度合いは小さいがデザイン策定に取り組んだ、という集落も相当数ある。木沢集落のような復興のトップランナーのような集落が中越地震被災地の典型ということでは決してなく、デザイン策定に取り組めるだけの「復興熟度」に至らなかった集落も多数ある。ここではそういった集落も含めて一〇年目の復興の現状を見ていきたいと思う。

中越地震被災地における典型的な「喪失」は人口減少である。そこで、被災していて（仮設住宅が設置されたかどうかで判断）かつ二〇〇五年から二〇〇九年の間に人口が二〇%以上減少（国勢調査）した地区・集落を二〇程度に絞り込みその中から被災状況と地域特性が特徴的と思われる代表地区・集落を六つ選び地域リーダーと性別・世代別の代表者にヒアリング調査を実施した。そのうちの四つを選んで表2-10に整理して示す。表中の「復興したか」は、二〇一二年に行ったアンケート調査の設問Q1-11「皆さまの地区・集落は復興したと感じていますか」の回答である。

A、C集落は「復興した」と答えていて、復興活動に関するヒアリング結果を見ても、前向きな変化が読み取れる。D集落は「復興していない」と答えていて喪失を補えていない現状がわかる。特に注目すべきはC集落で、アンケートには「復興した」と回答しているが、リーダーへのヒアリングでは「何があっても中央（市の中心部）に近くなければと思う。奥地は青色吐息だ」といった復興したとは思えない消極的な言葉が語られ、住民ヒアリングでも復興したと感じられる言葉は聞けなかった。

A集落では、区長がリーダーシップを発揮し、地域の機構改革を進めるとともに、復興支援員に代表される「伴走型支援者」（専門的な知識をもたない、集落に寄り添うサポートを長期間する支援者）が、住民をサポートし続けた。B集落では、区長がリーダーシップを発揮して外部との交流を進め、伴走型支援者はその活動をサポートしてきた。C、D

表2-10　2割以上の人口が減少した代表集落の10年目の復興の状況

集落	復興したか	人口減少	リーダーシップ	伴走型支援者	復興の指向
A	した	中間層	区長	ボランティア ⇒生活支援相談員 ⇒地域復興支援員	自治組織の改革
B	した	高齢層	区長	中間支援組織 地域復興支援員	外部との交流
C	した	中間層	特になし	なし	なし
D	してない	全層	特になし	なし	自治組織の簡素化

集落では、コミュニティ復興に対する積極的リーダーシップが見られず、伴走型支援者の関与もあまりなかった。ただしD集落が属する地区（集落をまとめる単位）では、震災後早くから集落連合を形成しようとする動きあった。そのため、集落単体での取組みよりも集落連携での取組みを優先しようとする意向があり、伴走型支援者はこの取組みをサポートしていた。二〇一四年現在、当初イメージしたような集落連合は形成されていないが、集落連携の取組みは継続して行われている。

自治改革指向と外部との交流指向

どの年齢層が人口減少したのかによって集落の復興活動の志向性に違いがあるのではないか。その視点から見直すと、中間層が減少した集落（A、C）では、集落の機構改革を進めていた。中間層（五〇～六〇歳代）は、震災前に役員等を務めて集落を支えていた七〇歳代の次の世代である。つまりその層が減少するということは集落を未来につなぐバトンの渡し先を失ったことを意味する。そこでA集落では中間層のさらに次の世代（四〇～五〇歳代）が集落を担う仕組みづくりを進めた。その成果をもって集落リーダーは復興感を感じていたのである。住民もこの取組みを良く理解しており、取組みの進捗を通じて復興感を感じていた。ここで伴走型支援者は、住民の各層に寄り添いさまざまなサポートをしていた。

同様に中間層が減少したC集落では、中間層が減少したことを嘆くのみで、積極的な取組みまでは至らなかった。伴走型支援者はいるものの、リーダーへのアプローチしかできておらず、他の住民は伴走型支援者をほとんど認識していなかった。全体的に人口減少したD集落では、中間層が減少した集落に比べ集落存続に対する危機感が強く、集落単独の機構改革でなく、より大きな単位（地区）での機構改革を志向していた。しかし地区の機構改革を成し遂げるには、志向の異なる集落間の合意形成が必要で時間がかかる。現状ではまだ住民の共通理解も進んでおらず、多くの住民が復興感を感じるまでには至っていない。伴走型支援者は、地区の機構改革のサポートをしているため、住民による認知度は低かった。高齢層が減少したB集落では、外部との交流を進めていた。高齢層（七〇～八〇歳代）は減少したが、地域を支える役割を担う中間層（五〇～六〇歳代）がほぼ集落に残ったため、中間層が減少した集落に比べ危機感が低い。機会を得て始めた外部との交流と活性化を目的に、活動団体を発足させ、外部との交流を集落事業化し、住民も外部との交流への関わりを経験して前向きな発言をしている。そして伴走型支援者は、住民に寄り添い、住民の各年齢層をさまざまなかたちでサポートしていた。

中間層減少集落と全層減少集落は自治改革を志向し、高齢層減少集落は外部との交流を志向していた。この結果から集落が何を喪失していたのかを推測すると、前者は「集落の存続可能性」であり、後者は「かつてのにぎわい」である。この喪失感を補うために、前者は自治改革を進め、後者は外部との交流を進め、その成果を実感して復興感を感じていた。

A集落で「次の世代が地域を担うといってくれたことが復興のあかし」といっているが、同じように中間層が減少したC集落では「中間層が少なくなったので、地域にあった取組みを行政が指導してくれればと思う」という言葉が聞かれた。この違いはいったいどこにあるのだろうか。この違いは「ガバナンス」にあるといえる。「ガバナンス」とは統治を意味し、「ガバメント」による統治と対比して位置づけられる。後者が政府によって上の立場から行う法的拘束力のある統治システムであるのに対し、前者は組織や社会に属するメンバーが主体的に関与して意思決定、合意形成するシステムである。震災前の地域の姿は、「ガバメント」に依存するのみで「ガバナンス」意識は希薄であった。震災をきっかけに、住民に危機感が生まれ、リーダーシップが生まれた。さらに伴走型支援者のサポートも受けるなかで「ガバナンス」意識が芽生えていった。言い換えれば、「行政の対応が悪いから我々は何もできない」から「我々が頑張れば行政が支えてくれる」へと住民意識が変化した。このことから、集落の喪失感を補っているのは「喪失感を自分たちで補おうとする住民の主体的な意識」といえるだろう。このように考えるならば、復興熟度判定は、喪失感を自らが主体的に補おうとしているのか補おうとしていないのかを判定し、補おうとしている集落には足りない箇所を指摘し、補おうとしていない集落には、住民の意識変革の重要性を訴えることで、集落の「ガバナンス」意識の萌芽と「ガバナンス」意識が持続する集落の仕組みづくりを促してきたといえるのではないだろうか。

復興は何をもって計測し、いかに成否を判定するか

昨年一〇月、震災から一〇年が経過し、旧山古志村でいえば人口は文字通り半減した。ある意味「予定通り」といってもいいだろう。新聞を中心にメディアの報道も、おおむね「人口半減、復興道半ば」という論調が大勢を占めた。しかし筆者ら現場に近い支援者の見立て、地域住民の復興感は、総じて「復興した」という意識が強い。阪神で使った人口や経済という物差しを当てれば間違いなく復興していないことになるが、先に述べたように、復興とはあくまで個人の主観である以上、どちらが正解かは自明である。

関西学院大学の岡田憲男教授は、「人口（人の数）」と「人効（主体的に生きる人の数）」という言葉でこの

ことを見事に説明している。人口は半減した。しかし地域の問題に主体的に向き合ってその解決のために行動する人々は間違いなく増えている。旧山古志村でいえば、人口は半減したが、行事は倍増したし、農家民宿も農家レストランも生まれた。交流人口は倍どころか桁違いに増えている。復興の「興」の字は、神輿を意味する。複数の人が同じものを担いで、力を合わせて同じ方向に向かっているのである。そしてそれは大変な作業かも知れないが、参加すると純粋に楽しい。もしかしたら「復興」というのはそれぐらいシンプルにとらえた方が良いのかもしれないのではないか。中越地震から一〇年、目覚ましい地域の活力を目にするにつけ、その意を強くしている。

第3部

中越から東日本へ、全国へ

1章　中越が学んだ復興への取組み

地震災害に対応し、復旧そして復興に向かう取組みは、既往の災害の経験や教訓が反映されてより効果的な取組みとなっていく。災害への取組みはこれまでも過去に学び、次に伝えられてきた。新潟県中越地震の復旧、復興の取組みも、阪神・淡路大震災（一九九五年）の取組み、それらを学んでいた台湾九二一大震災（集集地震（一九九九年））に学び、展開されていた。

1　阪神に学んだ中越の避難所・応急仮設住宅

阪神・淡路大震災では、地域の復興の基盤であるコミュニティの絆が二度にわたり破壊されたとして、復興過程における地域の絆の維持の重要性が教訓として示されていた。早朝の地震災害でもあり直後の避難所では地域のつながりが維持されていたが、避難所から応急仮設住宅に移行する段階で、過酷な避難所の生活環境から、高齢者など災害弱者（災害時要配慮者）に対して、その優先入居を進めた。その結果、地域を基盤とする生活を支え合ってきた人々の関係（地域の絆）が破壊され、応急仮設住宅での孤独死が大きな問題となった。そのため、さまざまな支援体制や被災者が交流する場として集会施設が追加的に整備されるなど、新たな近隣関係づくりが取り組まれた。二度目の危機は、応急仮設住宅から災害復興公営住宅への入居時であった。高齢者の優先入居や個々の希望を尊重した抽選ではあったものの、応急仮設住宅で新たに形成された近隣関係のつながりは再び切り離され、公営住宅等での孤独化が問題となった。復興基金による生活支援員（ＬＳＡ）制度が構築されて、サポートされたのである。

このような阪神・淡路大震災での取組みに学び、新潟県中越地震の初動期の対応がなされていた。

山古志村の全村避難と避難所でのコミュニティの堅持

新潟県中越地震の主たる被災地は、人口が減少し、高齢化が進展していた中山間地域である。その被害は揺れによる建物被害とともに、斜面地の崩壊にともなう建物や基盤施設の被害が顕著であった。山間の斜面地崩壊は、住家や棚田の被害を引き起こしただけではなく、集落をつないで生活を支えている道路網を寸断させてしまったのである。晩秋の被災で、間もなく積雪期を迎える中越地域では、道路の寸断は積雪期の安全な生活を支える基盤の喪失となった。最も被害が集中した旧山古志村（現長岡市山古志地区）では、そのような状況での越冬生活は不可能との判断から、長岡市への全村避難を決定した。

ヘリコプターで、高齢者を優先して避難を開始し、長岡市では避難所として使われていなかった高等学校等へ緊急避難した。避難直後は、避難者はばらばらに避難所に入居するしかなかったが、避難生活でも地域のつながりが不可欠との阪神・淡路大震災の教訓における指摘とともに、村役場からの情報提供等も従来と同じように区長経由で村民全員に伝えられる必要があるとの判断から、避難所の入れ替えを断行して、集落ごとにまとまって避難所生活を送ることにした。こうしたコミュニティとしての地域のまとまりを前提とした対応は、被災者の不安を軽減し、人々が復興に向かうモチベーションを高め、避難所が復興への第一歩となり、「帰ろう、山古志へ」の復興原点となった。

集落単位の復興拠点としての応急仮設住宅

被災から二か月後、旧山古志村の人々は、避難所から長岡市の長岡ニュータウン用地内に建設された応急仮設住宅に転居した。応急仮設住宅の計画でも、積雪対応のために構造強化された応急仮設住宅を、入居者の出会いの機会を増やすために並列型配置ではなく通常の市街地のような相対型配置とした。阪神・淡路大震災における入居者の孤独化防止の教訓を反映して、玄関が向かい合う住戸配置で、向こう三軒両隣の近隣関係の形成を配慮したのである。

その応急仮設住宅への入居は、避難所での生活単位とした集落ごとの入居とし、コミュニティを維持した応急仮設住宅団地での生活となった。阪神・淡路大震災で基準化された五〇世帯ごとの集会施設の設置が、各集落が応急仮設住宅での集会所を確保することにもなった。全集落の応急仮設住宅への入居を待っていたように雪が降り始め、それは十数年ぶりの大雪となったものの、その積雪の中で、ボランティアによる被災者へのさまざまな支援活動を継続する拠点が確保されるとともに、集落ごとに人々が交流でき、いつでも復興に向けて話し合うことのできる場が確保された。

旧山古志村は震災の翌年の四月に長岡市と合併することが決定していた。そのため、合併前に山古志村としての復興への思いをビジョンとしてまとめておこうと、応急仮設住宅で活発に議論するための場が確保され、そうした取組みがコミュニティの維持にもつながっていった。

これまでの集落での人々の生活を応急仮設住宅でも継続しようと、仮設住宅団地に交番も設置され、被災者が村で営んでいたたばこ販売や理容室、美容室などの仕事も継続したいとの要望に応えて、応急仮設住宅は生業の場として切り離すことはできないと利用された。翌春になると、隣接の市有地である空地を家庭菜園として活用しようとの取組みがはじまり、畑仕事のある生活は被災者を戸外に誘い、元気づけた。

応急仮設住宅とは、単に災害救助として被災者に仮住まいの場を提供することではない。その仮住まいの時期は、被災者の復興準備期であり、被災地の生活基盤の復興を待つ時期である。応急仮設住宅とは、災害復興に向かう被災者の重要な復興拠点なのである。中越の応急仮設住宅での生活は、積雪期には復興工事が進捗しないこともあって、当初予定よりも延長して二年半に及んだが、それは被災者が復興に向かう充電期としての重要な時期となった。被災者の「帰ろう、山古志へ」の意欲を維持し、復興の夢を描く、中越復興の原点となったのである。

2　台湾からも学んだ中越の復興

中越地震の前に発生していた震災復興の取組みとして、阪神・淡路大震災と台湾九二一大震災があった。台湾九二一大震災とは、一九九九年九月二一日に台湾中部の内陸直下で発生した集集地震（マグニチュード七・七）によって死者二、四〇〇人、全壊住家四万七、九〇〇戸余りの被害となった震災である。

新潟県中越地震の直後期は、新潟県をはじめ災害対策本部対応に阪神・淡路大震災の経験と教訓が活かされていた。しかし、新潟県中越地震における被災地は中山間地域であり、その復興には、大都市の被災市街地の復興に取り組んでいる阪神・淡路大震災よりも、むしろ震源直上が中山間地域で、人口の高齢化や流出という地域課題に直面していた地域を襲った台湾九二一大震災の復興からさまざまな教訓を学ぶべきと紹介した。

台湾九二一大震災の復興（中国語では「重建」）で特に注目されたのが、中山間地域の集落における復興の取組みであった。それは、農村観光（グリーンツーリズム）を基調に、地域の資源や産物を活用して〝ふるさと再生を目指した村おこし復興〟の取組みであった。最も注目された復興事例として、桃米（タオミィ）社区の復興がある。村の自然環境が育んできた、台湾で最も生息種類が多いというトンボや蛙を観光資源に、村の自然環境の再生に取組み、来客を郷土料理でもてなし、農家民宿に宿泊して豊かな自然と戯れる、農村観光を復興の基盤とした取組みであった。流出していた若者も帰村して民宿の経営を始めたり、植生や昆虫、蛙の生態の解説ができるようにエコガイドの資格を村民が取得したり、民宿での料理作りや宿泊業務の手伝いは村民の新しい雇用の場となっていった。各々の観光関連の収入から仕事ごとに応分の額を供託して積み立てる「公基金」の仕組みを工夫し、散歩道の修理などの作業を分担した高齢者にも手間賃として収入が再配分される、そんな〝村ぐるみ復興〟が展開していたのである。桃米社区以外にも多くの集落（社区：コミュニティ）で、各々の資源や産物を活用した〝村おこし復興〟が台湾九二一大震災で展開されていた。

その復興には、ＮＰＯとしての中間支援組織が立ち上げられ、また日本の修復型まちづくりに学んでコミュニティの活性化を目指して震災直前に設立されていた社区営造学会（まちづくり学会）を起点として、大学生をはじめとする若者が被災集落における被災者主体の復興計画づくりやその実践活動を支援する復興支援員として地域に入り込んで活動していた。その活動は、世界からの義援金をファンドとして設立された民間組織が運営していた復興基金による支援を受けて、復興村づくりの取組みを支えた（中林二〇〇五）。

台湾におけるこのような震災復興の取組み「社区重建営造（復興まちづくり）」とは、日本の密集市街地で進められていた「住民主体の地域の修復型まちづくり活動」に学び、それを背景に阪神・淡路大震災で取り組まれていた復興まちづくり活動を学んでの取組みであったのである。つまり、中越が学んだ復興への取組みの原点とは、日本でのまちづくりの取組み、阪神・淡路大震災での復興まちづくりの取組みが台湾に伝えられ、その理念と復興の取組みの「こころ」が新潟県中越地震に伝えられたところにある。

中越からも長岡市長をはじめ多くの復興にかかわる人や被災者が、台湾の復興現場に足を運び、中山間地域の復興の取組みを学んだのである。

3 阪神と台湾に学んだ「復興基金」

このような地域復興の取組みを支えた仕組みとして、「復興基金」は台湾において重要な役割を果たした。雲仙普賢岳災害に始まった復興基金は、阪神・淡路大震災でも、復興法制度の隙間を埋め、被災者や被災地の復興の取組みを臨機応変に支えた。

地域としての復興まちづくりの取組みへの専門家派遣、被災者の生活再建を支援する生活支援員（ＬＳＡ）の派遣をはじめ、多様に復興事業を支え、補強した。阪神・淡路大震災復興基金は、地方公共団体が借入した九、〇〇〇億円を「復興基金」運営組織に無利子貸付し、その一〇年間の金利相当三、〇〇〇億円を復興基金として生み出し、元金は地方交付税で補塡して、国の復興法制度では対応できない多様な復興支援活動にきめ細かに対応し、運用された。この復興基金は現在でも残金が運用されており、東日本大震災における復興支援のための専門家派遣の支援にも運用されている。

こうした基金の意義と、住民主体のまちづくり（社区営造）の取組みを学んでいた台湾では、九二一大震災後に華僑を中心とする世界から寄せられた義援金を集約し、復興を支援する基金として民間で管理し、運用することを考えた。ノーベル賞受賞者である李遠哲氏を代表とする全国民間災後重建連盟（全盟）を設立し、さまざまな被災地での復興への取組みを公開の場で審査し、支援していった。政権交代後には組織を改編して九二一重建基金会を設置し、台湾大学教授を会長とする復興まちづくりの中間支援組織として、マンション再建支援（築巣専案―臨門方案（集合住宅再建計画支援））をはじめ地域での復興計画づくり支援（災区社区重建調査計画補助）など、多様に復興事業の取組みを支援した。

新潟県中越地震の復興における復興支援基盤であり、最も特徴的な取組みとなっている復興基金とは、これらの先進的な取組みに学び、新潟県が中心となって設立し、その理念を最大限に発展させて運用された。中越の復興基金は、阪神・淡路大震災よりも多彩な復興の取組みを支援し、実現している。

2章　東日本へ、全国へ、何を伝えるのか

1　災害と復興が地域のトレンドを加速する

経験則的には、災害は地域トレンドを加速する。被災前の地域のトレンドを災害が、その復興過程を通して、加速するのである。

九〇年前の関東大震災では東京も横浜も壊滅的に被災し、復興に取り組んだ。当時の、産業の近代化を背景とする急激な人口増加と都市への人口流入のトレンドは、後藤新平の指揮のもと震災復興の基本方向を、近代日本にふさわしい最新の都市計画技術による都市空間の形成を目標とし、生活の場であり経済活動の場である都市空間の近代化から日本社会の近代化を促すというものといえる。そして東京は帝都復興事業をきっかけに急速に成長していった。

二一世紀になり、国土の七割を占める中山間地域は人口減少にともなう急速な高齢化が進行している。若中年層の都市域への流出は、就業の場を求めての止むを得ない選択であった。中山間地域としては都市部に近接している中越地域でも、その傾向は否定できなかった。しかし、自動車での通勤圏に中心都市があるという立

地性が、人口流出の一定の歯止めにはなっていた。しかし、人口減少と高齢化の進展というトレンドにあった地域を震度七の地震が襲ったのである。震災は中越の何を加速したのだろうか。

2　災害復興の四次元構造

災害で発生する被害は四次元に分類できる。災害による被害は、都市や集落の基盤施設が集約している市街地や地域を襲い、生活や活動の基盤を破壊する基盤被害、そこに存在している人々の生活や活動を相互に支えるサービスネットワークとしての社会を破壊する社会被害、人々の就業の場であり地域の財政を支えている経済活動を破壊する経済被害、そして社会の構成単位である家族地域の構成単位である住宅を破壊する家族被害の四次元である。そして、震災復興も、基盤復興、社会復興、経済復興、家族復興の四次元の有機的な復興の取組みが求められる（図3-1）。

そして、災害は復興過程を通して地域のトレンドを加速するのである。このことは二つの側面を示している。災害は発災前にあった地域のトレンドを加速するということに加え、その復興の取組みの目標を地域のトレンドを修正する方向で適切に的確に設定し、取組みを工夫することで、「復興において地域のトレンドを修正することもできる」はずであるということである。

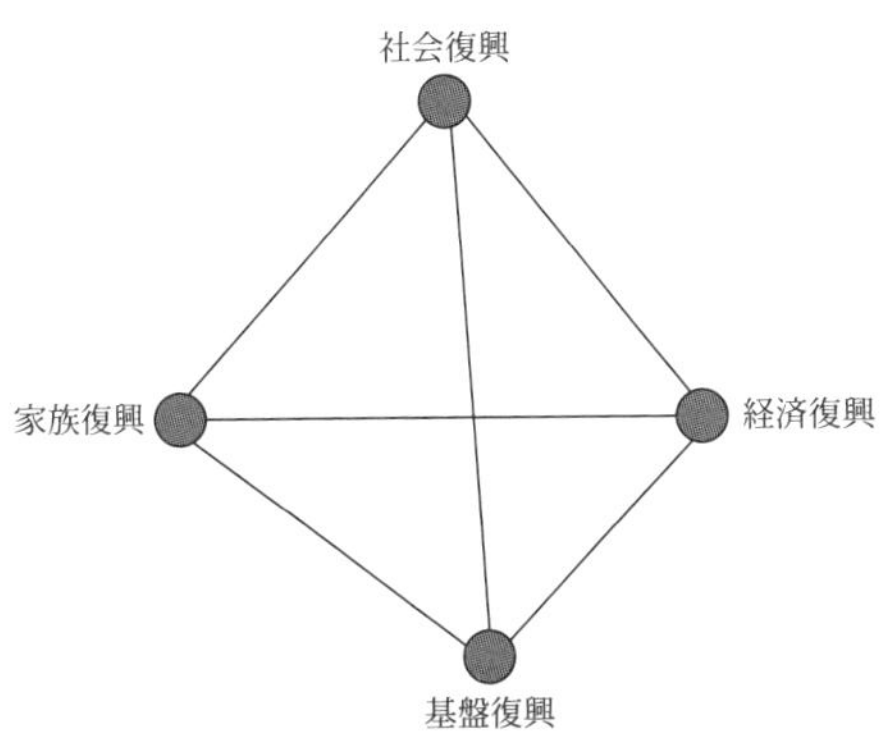

図3-1　災害復興の四次元構造

近年の日本における震災復興として特徴的な取組みを挙げれば、以下の四点となる。第一は、阪神・淡路大震災の最も特徴的な被害は都市基盤の破壊であり、最も特徴的な復興は、被災地の基盤として全域の活動を支える都市基盤施設の再建とともに、最も被害が集中した地区の安全性の向上と快適な環境を支える市街地整備としての「基盤復興」である。第二は、人口減少と高齢化が進んでいた中山間地域が被災した新潟県中越地震であり、人口減少する高齢社会における災害復興に取り組んだ「社会復興」である。第三は、新潟県中越沖地震（二〇〇七年）で、被災地に立地している全国の自動車エンジンのピストンリングを製造していた企業が被災して生産が中断し、全国の自動車産業のラインが止まる事態に直面し、企業の防災とともに迅速な経済活動の復興につなげるＢＣＰ（事業継続計画）の重要性が認識された「経済復興」である。

そして、第四が東日本大震災（二〇一一年）である。津波による沿岸地域の地域基盤も社会も産業も、そして多くの犠牲者とともに生活と住家も奪った。津波は原子力発電所も破壊し、広域にわたる放射能汚染をもたらした。このような被災状況の中で、放射能汚染からの復興という未体験の事態に直面している。それはまた、今までに経験したことのない社会形成の基礎単位である「家族の生活」に対する破壊的な被災となっている。汚染地域のみならず、津波被災地域においても、住まいも職も失った多くの若い被災家族は、住み慣れた地域に残る親と別れて被災地を離れ、借り上げ仮設住宅を活用して内陸の都市部に住まいと職を求めて移動している。放射能の汚染は、先の見えない状況の中で、若い被災者を中心に、子育て環境を求めて家族が分離し、あるいは遠隔地に広域避難して生活することを余儀なくしている。それは多様な震災被害が「家族」に集約している状況であり、その復興の最も重要な課題として「家族復興」の取組みがあるのである。

３　中越地震における四次元復興

晩秋に被災し、集落単位で避難所そして応急仮設住宅に生活の場を移し、コミュニティを基盤とする社会の活性化に取り組み、人口減少が加速したものの活力を高めている社会復興を実践してきた中越の〝輝く復興〟ではあるが、それだけではない。旧山古志村に代表される中越の中山間地域の復興にも、基盤復興、社会復興、経済復興、家族復興の四次元構造で総合的有機的に復興が推進されてきた。それは、災害復興は四次元の総合復興として取り組むべきである、ことを示しているに他ならない。

中山間地域の安全よりも安心を支えるインフラ再生～基盤復興～

人口減少を止めようもなく高齢化が急進してしまうであろう中山間地域に、巨額の復興費を投じて集落を結び、外部から地域に物資や人を運びこむ道路ネットワークを復興することは〝無駄な投資〟ではないか、という議論が新潟県中越地震でもあった。しかし、地域を守り、下流域の都市地域の環境を維持し自然災害を防ぐためにも、山を手入れし、田畑を耕作する人々の生活や活動を確保し、人々が安心して中山間地域に住むには、地域性に対応した適切な基盤復興は不可欠である。被災した公共施設は原則として原状復旧であり、よりレベルの高い復興は許されないが、原状復旧が困難で費用負担が高まったり、再度被災の可能性が高い場合には、原状ではなくより安全が担保される復興が実施される。中越では、斜面崩壊によって寸断された幹線道路の復興にあたって、雪深い積雪地域での冬季の交通確保の必要性も踏まえ、トンネルの新設をともなう道路ネットワークの再建が進められた。被災後に廃村になるのではなく、被災した中山間地域に〝安心して住み続ける〟ことを願う人がいることは、山間地の荒廃を防ぎ、自然災害にも耐える強靭な地域づくり、国づくりに不可欠な取組みである。

新潟県中越地震では、市町村合併で広域化した長岡市が基金を設立して（公財）山の暮らし再生機構を開設し、被災者や被災地域のみならず中山間地域の活性化を実現する取組みを継続している。山の暮らしが再生し、活性化し、持続可能となるには、中山間地域にも適切に基盤整備がすすめられ、地域で安心して生活できることは不可欠である。

コミュニティ単位での復興と外部との交流による地域活性化～社会復興～

人口減少と高齢化がトレンドである中山間地域において最も重点的な復興課題は、地域社会の活性化であった。新潟県中越地震の復興では、復興基金を活用して、被災した人々が地域の復興の主役として復興計画づくりに参加し、それを実施し、そして震災後の日常生活を維持して、全員で村に帰ることを目標とした。しかし、人口の高齢化は確実に進み、人口減少のトレンドを食い止めることはできず、二年半後に旧山古志村に戻った人口は七割にとどまった。若い世代が都市地域に留まることになった結果として、高齢化も加速した。

一方、阪神・淡路大震災に始まった市民による災害ボランティア活動は、新潟県中越地震では災害直後のみならず、応急仮設住宅で復興に向かって待機している時期にも、さまざまな被災者支援として多様な活動となって継続された。同時に、台湾をはじめ世界からの復興支援も継続して、被災地での活動は震災以前よりも活発化した。そこに、大学卒業後間もない若い人たちが、災害ボランティア活動の延長として、復興基金によって制度化された「復興支援員」として集落での新たな復興村おこしに参画していった。

村の居住人口は減少しても、外部からの交流人口が増え、帰村後もさまざまに支える関係が継続することとなった。グリーンツーリズムでの地場の農作物を活用した山古志弁当などの食のもてなし、アメリカからの復興支援として贈られたアルパカを養育した「アルパカ牧場」観光やイベントへのアルパカ貸出し事業、従来の伝統である闘牛〝角突き〟の再開、日本各地の被災地からの復興視察や被災地間交流、都市地域から防災と復興を学ぶ防災ツアー、棚田のコメづくりなど、新たな防災とグリーンツーリズムによる来村者の増加が継続している。

地震から一〇年後、旧山古志村の居住人口は一、二〇〇〇人足らずに半減したが、四月から一一月までの雪のない季節には毎月三、〇〇〇人の来村者が訪れる。地域は人口減少しても社会は活性化しているのである。そして、若い転入者も現れるようになってきた。

さらに積雪期にも、雪を活用して新しいイベントの〝雪とうろう〟や〝雪降ろし道場〟と雪かきボランティア、またナイタースキーが可能なスキー場として長岡市から近い立地条件を活かしたアフターファイブのスキー客が冬期の賑わいを取り戻しつつある。

村に活気を取り戻した村おこし～経済復興～

村の活性化を促進している交流人口の継続的な増大が、地域の新たな経済を立ち上げ、人々に活気をもたらしている。村の集会所が来村者との交流拠点として活用され、自家用であった農作物が来村者に販売できることに気が付いたり、さらに震災記念として学びと交流の場としてのメモリアル施設が地域の活動の拠点としても機能し、それを運営する非営利活動法人（ＮＰＯ）としての組織設立など、災害前にはなかった雇用の場が、集落内に増えてきている。生きがいを感じつつ、年齢を超えて自分の得意な仕事、楽しい仕事を発見し、取り組む場ができてきている。

成熟時代の就業形態のひとつとしてコミュニティビジネスが阪神・淡路大震災の復興過程で注目されたが、これは大都市のコミュニティに内在するニーズに対するビジネスである。新潟県中越地震での経済復興は、小規模な集落が地域外のニーズに対応して新たにビジネスを創出している経済復興となっている。

家族の絆を支える祭りと行事～家族復興～

しかし、山間集落の居住人口はこの一〇年間で確実に減少し、高齢化している。震災を契機に都市部にとどまった若い世帯と、故郷に戻った高齢者世帯とに、多くの世帯が分離された。しかしながら、車で三〇分あまりの近接関係にある都市部と山間部という地理関係が、農繁期の農業への家族支援や祭りや、地域行事に帰村して参加することで、世帯分離しても世代を超えて家族の絆を確かめ合う機会が減っているわけではない。

孫の喜びのための〝小さな仕事による小さな収入〟が、改めて家族の絆を確かめ、絆を強化し、同居していなくても家族としてのつながりを継続し、復興している。そうした家族の絆が地域の絆の再生となり、地域のアイデンティティと誇りを取り戻していく、そんな家族復興が、中越の復興の基底にある。

中越の四次元復興を支えた復興基金

このような中越の復興を支えた重要な仕組みとして「新潟県中越大震災復興基金」の意義は大きいものがある。地域の復興ニーズに合わせて、迅速に対応し、従来には宗教施設として公的支援の対象とはならなかった村の神社も祭りという地域コミュニティ活動のための施設として再建を支援したり、被災した農道や畦道も村民が自ら補修する取組みを復興業務として支援したり、帰村後の復興の進捗に合わせて、多様な取組みに迅速かつ機動的に運用された。最も特徴的な活動といえる復興支援員の活動は、一〇年後でも継続的に集落の活動活性化への支援として継続している。被災者の生活再建支援のみならず、地域の社会復興、経済復興の取組みを支援する活動への人的支援として、地域再生の〝バネ〟となっている。

こうした地方交付税の支援を基礎とする復興基金の仕組みは、一九九一年の雲仙普賢岳災害の復興対策として初めて設置され、阪神・淡路大震災で復興基金の有効性が確認され、新潟県中越地震で、その可能性が広げられたといえる。低金利時代の東日本大震災では、金利で基金調達が難しいため、交付金として調達された取り崩し型の基金となっているが、基金としての可能性は変わるものではない。

3章　東日本へ、全国へ、伝えたいこと

先人の取組みに学び、直面する課題への対応をより適切なものとする、災害対応にも災害復興にも、先人の教訓に学び、自ら工夫することが不可欠である。しかし、先人の教訓に学ぶべきは、取組みの「かたち」ではなく「こころ」でなければならない。

「かたち」は伝わりやすいが、「こころ」は伝わり難いものである。新潟県中越地震からの復興の「かたち」も伝わりやすいが、その「こころ」は伝わり難いのではないか。それは伝えなければ伝わらないのかもしれない。どのようにして、中越の復興で地域社会を活性化したのか、その復興を支えた復興基金はどのようなこころで運用されたのか、復興支援員とは、中越の復興プロセスでどのような役割を担ったのか。復興の「かたち」ではなく復興の「こころ」を、今、復興に取り組んでいる東日本へ、さらに必ず発生する南海トラフ地震や首都直下地震で未来において震災復興に取り組む西日本や首都圏へ伝えることが、全国から物的、人的、経済的支援をいただいて復興に取り組むことができてきた中越からのお礼であると、我々は考えている。

しかし、復興が問題となるのは、切迫する広域巨大災害である南海トラフ地震や首都直下地震だけではない。今世紀の日本では、全国すべての地域でマグニチュード七クラスの地震が発生する可能性があると認識し、備える必要がある。たとえ巨大地震災害ではなくても、被災者、被災地にとっては、私の家が、仕事が、私の住

んでいる地域が被災してしまうことは大震災なのである。すべての被災者、すべての被災地が、そこからいかに復旧し復興するのか。被災者にとって、復興に終わりはない。復興とは、平時への帰着であり、次の災害への備えである。そこにつながるのは、復興で目指す地域づくりの「かたち」ではなく「こころ」なのである。平時に地域づくりで、どのようなトレンドを創り出しておくのか。それは、どのような先人の復興も超えた復興を実現する、最大の取組みとなるであろう。復興しない被災地はないのである。

巻末資料

【中越地震の概要】

「暮らしの基盤」を奪い去った地盤災害

二〇〇四年一〇月二三日（土）一七時五六分発生。震源地は旧川口町（現在は長岡市に合併）、震源の深さはわずか一三キロメートル、マグニチュードは六・八である。当時の川口町役場に設置されていた震度計は、観測史上初めて震度七を観測しているが、川口町役場の送信装置は停電のためにデータが送信されることはなかった。同時に、最大加速度も当時観測史上最大を記録。阪神・淡路大震災の最大加速度八四八ガルの約三倍にあたる二、五一五ガルという数字が記録され、上越新

妙見の大崩落現場

木籠《こごも》の水没家屋現場（旧山古志村）

幹線下り「とき三二五号」は、長岡駅を目前にした約七kmの地点で、新幹線開業以来初めてといわれる脱線事故を起こした。また、震源地となった旧川口町は越後平野が広がる扇の要に位置することもあり、高速交通網・幹線国道網はこの地で寸断され、影響範囲は新潟県下全般に及んだ。特に県都・新潟市と関東圏との陸路による連絡は、福島回りか長野経由を余儀なくされ、廃止されていた新潟・羽田線を再開させて対応している。

日本でも有数の地すべり地帯を抱える中越地域では、各地で土砂崩落により道路が寸断され、中越地域の七市町村において六一集落が孤立した。旧山古志村は、村外へ

上越新幹線の脱線現場

関越自動車道の道路崩壊現場

被害状況（中越地震被災地全域）

	人的被害				住家被害						非住家被害	建物火災
	死者	行方不明	重傷	軽傷	全壊		半壊		一部損壊		公共建物＋その他	
単位	人	人	人	人	棟	世帯	棟	世帯	棟	世帯	棟	件
計	68	0	633	4, 172	3, 175	3, 138	13, 810	14, 089	105, 682	112, 856	41, 737	10

消防庁「平成16年（2004年）新潟県中越地震（確定報）」より作成

孤立集落箇所数（中越地震被災地全域）

	集落名	世帯数		集落名	世帯数
旧山古志村	種苧原	191	小千谷市	小土山	2
	池谷	35		外ノ沢	9
	大久保	20		若栃	42
	楢木	29		山新田	12
	桂谷	39		市之沢	27
	油夫	20		芹久保	6
	虫亀	145		孫四郎	1
	山中	12		北山	13
	間内平	26	計	27	591
	竹沢	77	旧川口町	木沢	64
	菖蒲	8		峠	11
	木籠	25		荒谷	16
	小松倉	25	計	3	91
	梶金	29	長岡市	蓬平	135
計	14	681		竹之高地町	16
小千谷市	冬井	24		鶴ヶ丘町	47
	戸屋	13		濁沢	97
	大崩	26	計	4	295
	池ノ平	7	旧栃尾市	栗山沢	33
	塩谷	52		半蔵金	83
	桜町	2		田代	4
	十二平	11	計	3	120
	荷頃	43	旧小国町	法末	53
	蘭木	34	計	1	53
	首沢	18	十日町市	二子	20
	浦柄	72		漉野	22
	寺沢	25		平	13
	朝日	41		仙之山	17
	小栗山	36		慶地	3
	中山	14		願入	6
	岩間木	39		塩野	13
	岩山	16		菅沼	1
	池ノ又	4		大池	2
	田代	2	計	9	97

仮設住宅整備戸数（中越地震被災地全域）

市町村	長岡市	うち旧山古志村	見附市	小千谷市	川口町	魚沼市	十日町市	柏崎市	刈羽村	合計
建設戸数	1,809	632	103	870	412	30	153	44	39	3,460

新潟県庁「応急仮設住宅入居者の推移（平成17年３月～平成19年12月）」より作成

とつながる道がすべて不通となり、村内にある一四集落をつなぐ道も断たれ「陸の孤島」となった。旧山古志村は全村避難を余儀なくされ、二、〇〇〇人を越える住民が自衛隊・警察のヘリコプターで合併を目の前にした長岡市へと避難した。

強い余震が続き人々の間に恐怖と不安が

中越地震は震源が浅く、最大加速度も観測史上最大を記録したに留まらず、強い余震が幾度となく被災地を襲ったことも特徴である。震度六強から震度五弱という強い余震の数は一九回を数えた。そのため、避難者はピーク時に一〇万三、〇〇〇人を数え、公共施設への避難者もさることながら、マイカーやビニールハウスに避難した人も多かった。排尿・排便の困難さを予測した避難者は、水分摂取を控え、長期間にわたる避難生活を強いられたため、肺血栓塞栓症（エコノミークラス症候群）で命を落とす人々もいた。死者

各地の避難所で避難を続ける人々

ビニールハウスに避難する人々

数は全体で六八名であるが、うち直接死が一六名であるという記録からすると、救える命があったことがうかがえる。また、火災件数は一〇件と夕食時の割には少なかったと記録されているが、これは阪神・淡路大震災を教訓とした電気やガス機器の安全対策の向上によるものだった。

余震

○余震発生状況

日時		最大震度	マグニチュード
2004/10/23	17：56	7	6.8
2004/10/23	17：59	5強	5.3
2004/10/23	18：03	5強	6.3
2004/10/23	18：07	5強	5.7
2004/10/23	18：11	6強	6.0
2004/10/23	18：34	6強	6.5
2004/10/23	18：36	5弱	5.1
2004/10/23	18：57	5強	5.3
2004/10/23	19：36	5弱	5.3
2004/10/23	19：45	6弱	5.7
2004/10/23	19：48	5弱	4.4
2004/10/24	14：21	5強	5.0
2004/10/25	00：28	5弱	5.3
2004/10/25	06：04	5強	5.8
2004/10/27	10：40	6弱	6.1
2004/11/04	08：57	5強	5.2
2004/11/08	11：15	5強	5.9
2004/11/10	03：43	5弱	5.3
2004/12/28	18：30	5弱	5.0

○震度5以上の地震発生回数

震度7	1回（本震）
震度6強	2回
震度6弱	2回
震度5強	8回
震度5弱	6回
合計	19回

気象庁「新潟中越地震の余震回数表」より作成

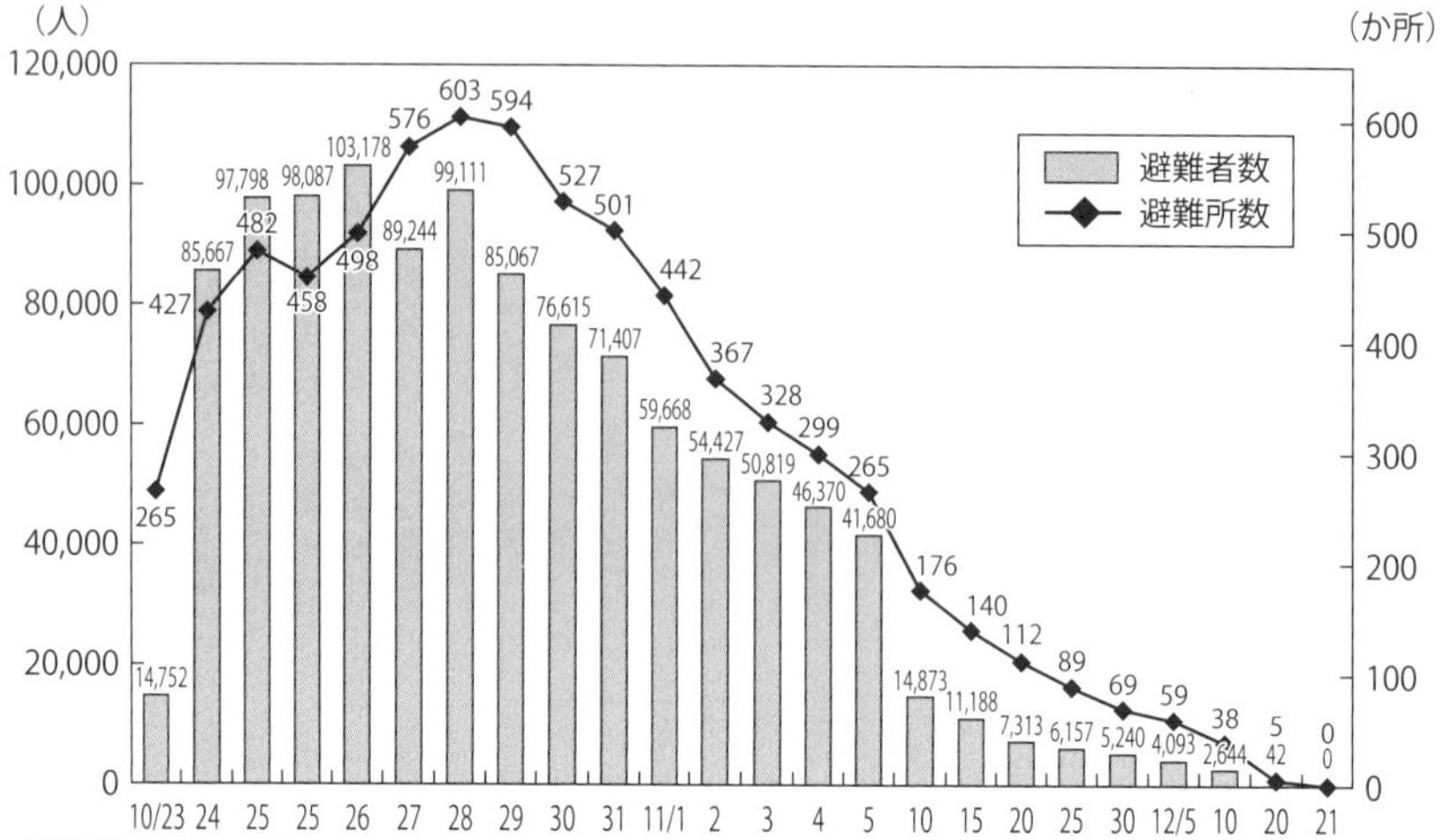

新潟県中越大震災記録誌編集委員会「中越大震災（前編）」より

避難所および避難者数の推移

雪の重みで倒壊する家屋

降雪期を目前に、懸念された二次災害・複合災害

避難所生活から自宅を補修する、あるいは建て替えるなどして、自立再建の道を歩む人たち、一方では、住み慣れた土地を後にして集団移転する集落の人たちもいた。

全村離村を余儀なくされた旧山古志村民が、避難所から一人残らず仮設住宅に移り住んだのは、二〇〇四年の年末、それも一二月二二日のことである。中越地震発生からこの間、日本雪工学会・日本雪氷学会は本格的な降積雪を目の前にして、「雪が降る前に」全力でインフラ・ライフラインを復旧させる必要性を強く警告した。一〇月二三日の地震発生から降雪まで残された時間は、わずか二か月。被災地である山古志村をはじめ、栃尾市、川口町、小国町は、毎年の積雪量が二～三ｍに達する。震災で傷んだ家屋は雪の重さに耐えられず倒壊し、復旧が遅れた道路は、機械除雪作業を困難にするばかりか、積雪のために孤立集落化することも懸念された。地震後に起こるだろう二次災害の重大さが警告されたのである。

現に、二〇〇五年一月上旬から降り続けた雪は、中越地震被災地を雪で覆いつくし、各地で甚大な被害をもたらす結果となった。全村避難を余儀なくされた山古志住民は、山に残された自宅の屋根雪処理もできないままに、仮設住宅の屋根雪処理に追われ、ところによっては自衛隊に出動要請せざるを得ない状況に追い込まれた。この一九年ぶりの豪雪は、二年連続（二〇〇六年は「豪雪」認定）して被災地を苦しめた。

仮設住宅の屋根雪処理（自衛隊動員）

仮設住宅でのぜんまいもみ

また、仮設住宅生活が長期化することが予想され、集会所を整備するなど、コミュニティを維持するための工夫や、空きスペースを畑として使い野菜づくりができるようにするなど、高齢者の生きがいの場を確保するなどの配慮がなされた。

【中越地震復興年表】

年	月	日	事項
平成一六（二〇〇四）年	一〇月	二三	中越地震発生（一七時五六分、M六・八）
		二五	山古志村が全村避難
		二六	避難者（避難所）は一〇万人を超える
		二七	妙見土砂崩れ現場より皆川優太君救出
		二九	山古志村への一時帰村随時開始
	一一月	一	小出町、堀之内町、守門村、広神村、入広瀬村、湯之谷村が合併して魚沼市が誕生
		五	関越自動車道全線開通
		二四	仮設住宅への入居開始
		二六	激甚災害に指定
	一二月	八	全国初、仮設住宅敷地内に在宅介護サービス施設「サポートセンター千歳」開設
		二三	山古志村の仮設住宅入村式
		二八	上越新幹線全線で運転再開
平成一七（二〇〇五）年	一月	二二	仮設住宅に除雪ボランティア初出動
	二月	一	一九年ぶりの大雪（川口町が五日に自衛隊に排雪活動を要請）
		一	新潟県が中越大震災復興基金を設立
	三月	一	中越大震災復興ビジョン公表
	四月	一	長岡市と中之島町、越路町、三島町、山古志村、小国町が合併
		一	十日町市と松代町、松之山町、中里村が合併

第１期・復旧期（2005～2007年度）

	六月	二二	山古志で一部地域を除き帰村開始
	一〇月	二三	中越地震から一年
	一一月	一〇	長岡市が中山間地型復興モデル住宅建設の説明会を開催
	一二月	二二	長岡市が関連死を判定する委員会を設置
平成一八（二〇〇六）年	一月	一	長岡市と栃尾市、与板町、寺泊町、和島村が合併
	四月	一〇	復興公営住宅への入居開始
		二四	長岡市、小千谷市、川口町が災害メモリアル拠点整備に関する要望を新潟県に提出
	九月	一	山古志地域を通る国道二九一号全線開通
		五	社団法人　中越防災安全推進機構が設立
	一〇月	二三	中越地震から二年
平成一九（二〇〇七）年	三月	二四	妙見土砂崩れ現場の県道開通
	四月	一	山古志の避難指示を全面解除。被災地の避難指示・避難勧告はすべて解除される
		一	財団法人 山の暮らし再生機構が設立
	五月	一七	新潟県中越大震災復興基金が地域復興支援員の配置を決定
	七月	二	川口町で町営バス運行開始
		一六	新潟県中越沖地震（M六・八）発生
	八月	一五	二年一〇か月ぶりに山古志で牛の角突き
		二三	新潟県が中越地震で六八人目の死者を発表
	一〇月	二三	中越地震から三年
		三一	小千谷市が中越地震災害対策本部を解散
	一二月	三一	仮設住宅からの退去完了

年	月	日	事項
第２期・再生期（2008～2010年度）			
平成二〇（二〇〇八）年	三月	三一	長岡市と川口町が中越地震災害対策本部を解散
	四月	四	新潟県が中越地震災害対策本部を解散
	七月	一	山古志地域のＮＰＯ法人中越防災フロンティアが会員制のコミュニティバス運行開始
	一〇月	二三	中越地震から四年
平成二一（二〇〇九）年	一〇月	一一	山古志闘牛場が新装オープン
		一五	新潟県が中越地震の被害状況の最終取りまとめを公表
		二三	中越地震から五年
平成二二（二〇一〇）年	三月	三一	長岡市が川口町と合併
	一〇月	二三	中越地震から六年
第３期・発展期（2011～2014年度）			
平成二三（二〇一一）年	三月	一一	東日本大震災（Ｍ九・〇）発生
		一二	新潟・長野県境地震（Ｍ六・七）発生
	一〇月	二三	中越地震から七年
			「長岡震災アーカイブセンターきおくみらい」「川口きずな館」「おぢや震災ミュージアムそなえ館」「妙見メモリアルパーク」「木籠メモリアルパーク」「震央メモリアルパーク」の中越メモリアル回廊三施設三公園がオープン（きおくみらいは二二日）
平成二四（二〇一二）年	四月	一	「アオーレ長岡」がオープン
	一〇月	二	小国地域でＮＰＯ法人ＭＴＮサポートがコミュニティバス運行開始
		二三	中越地震から八年
		二三	中越防災安全推進機構、アンケート調査結果公表（被災地の八六％が復興を実感）
平成二五	四月	一	川口地域でＮＰＯ法人くらしサポート越後川口がコミュニティバス運行開始

（二〇一三）年	七月	一	小千谷市復興推進委員会が発足
	九月	三	新潟県中越大震災復興検証調査会が発足
	一〇月	二三	中越地震から九年
			「やまこし復興交流館おらたる」がオープンし中越メモリアル回廊が完成
	一二月	二四	長岡市復興推進地域づくり委員会が発足
平成二六（二〇一四）年	四月	一	山古志地域のコミュニティバスが会員制から利用者登録制に
	六月	一	「全国植樹祭」で中越から復興を発信。天皇皇后両陛下がお手播き、お手植え。
	七月	一三	七・一三水害から一〇年
	九月	二二	小千谷市が一〇月二三日を「中越大震災の日」に制定
	一〇月	一四	新潟県中越大震災復興検証調査会が中間報告。復興の歩みを総括
		二三	中越地震から一〇年

【本文注】

(注1) 中越地震では柏崎刈羽原発は通常運転を続けた。ほぼ無被害であった。しかし、中越地震から二年九か月後に起こった新潟県中越沖地震では、震源が日本海であったために震度六強の激しい揺れに襲われ、柏崎刈羽原発は緊急に自動停止した。原子炉の「止める」、「冷やす」、「閉じ込める」という機能は正常に働いた。しかし、変圧器の火災が発生して黒煙が立ち上り、地元のみならず全国的に大きな不安を引き起こした。中越沖地震で大きな津波が発生しなかったことは幸いであったが、東京電力が津波を重視しなかったことは、地震後の対策の一つとして消火配管を地上化したことを強調していたことにも示されている。津波軽視は二〇一一年三月の東日本大震災の原発被災にもつながったといえる。

(注2) 足や手などの静脈に血の固まり(血栓)ができ、これが血流に乗って肺に流れ、肺動脈に詰まると肺塞栓症となる。呼吸困難に陥り最悪の場合は死に至る。長時間同じ姿勢でいると発症しやすく、飛行機のエコノミークラスで発症しやすいことからこの名前がついた。

(注3) 身体の一部、特に四肢が長時間圧迫を受けると筋肉が損傷を受け、一部が壊死する。その後、圧迫がなくなると壊死した筋細胞からカリウムなどが血液中に大量に漏出して意識混濁などが起こり腎不全等を引き起こす。倒壊家屋などから救出された時には意識がはっきりしているために軽症とみなされるが、短時間のうちに重篤となり死に至ることも少なくない。早急な人工透析が必要であるが、阪神・淡路大震災時には医療関係者の間にもクラッシュ症候群のことはほとんど知られていなかった。このために多数の死者が出たといわれているが実態は明らかではない。

(注4) 中越地震発生は二〇〇四年であったが、二〇〇五年には福岡県西方沖地震(玄海島被災)、二〇〇七年には能登半島地震、新潟県中越沖地震(柏崎市被災と原発事故)、二〇〇八年には岩手・宮城内陸地震、そして二〇一一年には東日本大震災が発生し、地方を襲う地震が続いている。

(注5) 復興基金は中越地震以後、二〇〇七年の能登半島地震と新潟県中越沖地震の復興でも設置された。しかし、二〇一一年の東日本大震災の復

興では、低金利時代を反映して、「取り崩し型復興基金」が創設された。

（注6）中越復興市民会議の取組みについては『震災復興が語る農山村再生』稲垣文彦ほかコモンズ（二〇一四）を参照。

（注7）復興基金は行政が直接使用することができないため、復興支援員についても行政が雇用することはできない。実際には行政が深く関わることから行政と近しい関係にある公的な団体が雇用することとなった。

（注8）川口町は二〇一〇年に長岡市に合併されるまでは独自で復興支援員を配置しており、川口町観光協会が雇用していた。

（注9）中越大震災復興基金へ提出された申請書を見ると「設置目的」の欄は空欄となっている。

（注10）旧小国町では民間オフィスの建物に、積極的な連携を図ることになると想定されたＮＰＯ事務所と同居するかたちで事務所が構えられ、南魚沼市は農協の建物に事務所を構えている。

（注11）ＬＩＭＯは復興支援員の雇用や労務管理以外にも、さまざまな都市農村交流事業を独自事業として実施していたこともあり、復興支援員についても雇用している長岡市、十日町市、南魚沼市の復興支援員との情報交換会などを定期的に開催していた。しかし雇用関係にない小千谷市、魚沼市の復興支援員との関わりはあまり持っていなかった。

（注12）Ｃ団地の入居者によると、当時の行政が高齢者に比較的交通などの利便性が高い団地への入居を促進した結果、若年層は市街地周辺部の団地へ入居する割合が高くなったという。

（注13）ただし、一部の集落では、集落で現地再建した住民と離村者の間で感情のわだかまりが解消していないとうかがわれる事例もある。

（注14）中越地震で設けられた復興基金（中越大震災復興基金）では、被災者個人への直接的な生活再建支援事業（例えば震災に起因する住宅再建の借入金への利子補給など）だけでなく、地域への支援事業が複数作られた。とりわけ地域コミュニティ施設等再建支援事業では、集会所だけでなく、地域で長年利用されてきた鎮守、祠なども、地区・集落のコミュニティの場として再建補助対象になった。

【参考文献】

【第2部】

『小規模・高齢化する集落の将来を考える　ヒント集』国土交通省国土政策局（二〇一二）
『住民主体の都市計画』より「震災復興における中山間地集落再生の試み」澤田雅浩　学芸出版社（二〇〇九）
『震災復興が語る農山村再生』稲垣文彦ほか　コモンズ（二〇一四）
『２００９年度日本災害復興学会大会講演論文集』より「中山間地域に災害における「支援員」の活動」阿部巧、田口太郎（二〇〇九）
『日本建築学会技術報告集』Vol.19、42より「地域における人的支援の人材育成プログラムの開発」田口太郎（二〇一三）
『日本災害復興学会２０１４長岡大会講演論文集』より「新潟県中越大震災復興まちづくりにおける「地域復興支援員」の取組み」田口太郎、阿部巧、金子知也（二〇一四）
『過疎地域等の集落対策についての提言』総務省過疎問題懇談会　総務省（二〇〇八）
『災害復興研究』（3）より「被災者支援にかかる災害復興基金と義援金の役割に関する考察」青田良介　関西学院大学災害復興制度研究所（二〇一一）
『日本災害復興学会２０１４長岡大会講演論文集』より「新潟県中越地震における転居者の暮らしの再構築に関する考察」福留邦洋、長聡子、黒木宏一、宇田優子、山崎麻里子（二〇一四）
『田中角栄の昭和』保阪正康　朝日新書（二〇一〇）
『人間科学における研究者の役割―アクションリサーチにおける「巫女の視点」』宮本匠・渥美公秀・矢守克也　実験社会心理学研究（二〇一二）
『ザ・越山会』新潟日報社編　新潟日報社（一九八三）
『小千谷市史　下巻』小千谷市史編修委員会（一九六七）
『山古志村史　通史』山古志村（一九八五）

『通じ合うことの心理臨床：保育・教育のための臨床コミュニケーション論』肥後功一　同成社（二〇〇三）
『災害復興における物語と外部支援者の役割について〜新潟県中越地震の事例から〜』宮本匠、渥美公秀　実験社会心理学研究（二〇〇九）
『物語復興〜中越の復興を描く〜』室﨑益輝　復興デザイン研究（二〇〇七）
『創発』Steven Johnson　ソフトバンククリエイティブ（二〇〇四）
『日本災害復興学会大会（二〇一〇長岡）講演論文集』より「地域復興における熟度評価の試み」上村靖司ほか（二〇〇九）
『日本災害復興学会大会（二〇一一神戸）講演論文集』より「創発を生み出す健全性としての復興熟度指標の意味づけ」上村靖司、稲垣文彦
『下村集落地域復興デザイン総合計画報告書』下村集落（二〇一二）
『日本災害復興学会論文集』No.４より「被災した地域社会が災害復興を通して生活の安心感を形成するプロセスの要因　２００４年新潟県中越地震被災地における復興プロセスの分析」から　稲垣文彦ほか（二〇一三）
『日本災害復興学会２０１４長岡大会講演論文集』より「新潟県中越地震被災地における10年目のコミュニティ復興感　区長、住民を対象としたヒアリング調査から」稲垣文彦ほか（二〇一四）
『災害復興研究』Vol.６より「日常性に隠れた「もうひとつの災害」に重なる大自然災害からの地域復興―小さな事起こしの可能性と課題」岡田憲夫（二〇一四）

【第３部】

『総合都市研究』第八〇号より「阪神・トルコ・台湾における住宅と都市の復興過程に関する比較研究」中林一樹　東京都立大学都市研究所（二〇〇三）
『地域安全学会梗概集』No.16より「新潟県中越地震の災害特性と復興課題」中林一樹・澤田雅浩・市古太郎（二〇〇五）
『BIOCity』No.31より「台湾の自然を生かし共生をめざす復興村おこし―９２１台湾大震災からの復興まちづくり「社区重建営造」に学ぶこと―」中林一樹（二〇〇五）
『伝える―阪神・淡路大震災の教訓―』阪神・淡路大震災復興フォローアップ委員会　兵庫県　ぎょうせい（二〇〇九）

おわりに

本書からは、中越地震の被災地に向き合い、被災地住民とともに復興を考えてきた若い学者の息遣いが随所に感じられる。それは災害被災地にありがちな重苦しい息遣いなどではなく、むしろ力強い息遣いである。支援者とともに被災地を歩き回り、住民の声に耳を傾け、行政職員と熱く議論する彼らは、時間と共に大きな存在となり、やがて住民だけでなく、被災地に関わる多くの人々の意識までも変えてきた。その様は、今にして思えば、大河の最初の一滴が自噴する湧水であるかの如くであった。やがて小さな流れは下流に向かいながら、幾つもの別の小さな流れと出会い、合流していった。そして、一〇年という歳月を経て、確かに河と呼ぶに相応しい姿を現した。今では、この河を船が行き交い、地域内外の人々が生き生きと交流している。閉鎖的になりがちな地域が徐々に外に開かれ、多くの知恵が中越に集まった。

この流れを確かなものとしたのが「復興プロセス研究会」だった。復興の実践活動に理論的根拠を与え、普遍性のある知見を見出し、それを中越の復興にフィードバックすることを目的とし、平成二〇（二〇〇八）年に設立された。（公社）中越防災安全推進機構の客員研究員である県内外の若手研究者と、復興支援に関わる実務者をメンバーとして、二か月に一回程度の頻度で開催してきた。被災地の中に生まれた若い研究会に過去の災害経験に裏付けられた「知」を投入したのが「復興評価・支援アドバイザリー会議」であった。中越地震被災地の復興プロセスと成果を外部の目で客観的に評価すること、内外の災害被災地と相対化すること、そして中越地震被災地の「活力に満ちた新たな持続可能性獲得」というビジョンの実現に向けた復興支援のあり方に対して、年に一度、助言を頂いてきた。

例年一〇月二三日（中越地震発災日）前後に開催していた復興評価・支援アドバイザリー会議は、昨年は中越地震発災から一〇年目の節目を迎えることもあり、前倒しして六月二日に開催した。会議の一員であった黒田裕子先生は、九月二四日、帰らぬ人となった。あらゆる被災地に入り、行政の手が届かない在宅障害者や高齢者の見回り活動などを展開してこられた先生である。中越もどれほどお世話になったことか。感謝の言葉も見つからない。合掌。

発刊にあたり、多くの方にお世話になった。㈱ぎょうせいの担当者の皆さん、アンケート調査の窓口を務めて頂いた被災市の担当部署の皆さん、アンケートに、ヒヤリング調査にと住民の皆さんにも多大なご協力をいただいた。この場をお借りして厚く御礼を申し上げたい。

二〇一五年三月

公益社団法人中越防災安全推進機構　編集事務局

「復興プロセス研究会」構成員

（2014年６月当時）

客員研究員	
上　村　靖　司	長岡技術科学大学　教授
澤　田　雅　浩	長岡造形大学　准教授／研究会座長
福　留　邦　洋	東北工業大学　准教授
田　口　太　郎	徳島大学　准教授
宇　田　優　子	新潟医療福祉大学　准教授
長　　　聡　子	新潟工科大学　准教授
黒　木　宏　一	新潟工科大学　准教授
宮　本　　　匠	京都大学防災研究所　特定研究員
中越防災安全推進機構職員	
稲　垣　文　彦	復興デザインセンター長
諸　橋　和　行	地域防災力センター長
河　内　　　毅	チーフコーディネーター
阿　部　　　巧	チーフコーディネーター
金　子　知　也	チーフコーディネーター／研究会事務局
石　塚　直　樹	チーフコーディネーター
山　崎　麻里子	チーフコーディネーター
日　野　正　基	コーディネーター
松　井　千　明	コーディネーター／研究会事務局

【オブザーバー】新潟県県民生活・環境部震災復興支援課
長岡市地域振興戦略部

「復興評価・支援アドバイザリー会議」構成員

（2014年６月現在）

	氏名	所　　属	役　職
顧 問	伊藤　滋	東京大学	名誉教授
顧 問	河田惠昭	人と防災未来センター	所長
座 長	中林一樹	明治大学危機管理研究センター	特任教授
委 員	伊藤忠雄	放送大学	特任教授
委 員	木村拓郎	日本災害復興学会	理事
委 員	黒田裕子	NPO法人　阪神高齢者・障害者支援ネットワーク	理事長
委 員	小林郁雄	阪神大震災復興市民まちづくり支援ネットワーク	世話人
委 員	仙石正和	新潟大学	名誉教授
委 員	田中　淳	東京大学　総合防災情報研究センター	センター長
委 員	中出文平	長岡技術科学大学	副学長
委 員	平井邦彦	公益社団法人　中越防災安全推進機構	顧問
委 員	室崎益輝	公益財団法人　ひょうご震災記念21世紀研究機構	副理事長
委 員	渡辺　隆	新潟日報社	常務
幹事長	上村靖司	長岡技術科学大学	教授
幹 事	稲垣文彦	公益社団法人　中越防災安全推進機構　復興デザインセンター	センター長
幹 事	木村拓郎	前掲	前掲
幹 事	澤田雅浩	長岡造形大学	准教授
幹 事	田村圭子	新潟大学　危機管理室	教授
幹 事	福留邦洋	東北工業大学	准教授
幹 事	諸橋和行	公益社団法人　中越防災安全推進機構　地域防災力センター	センター長

執筆者一覧

●伊藤　滋（いとう・しげる）
一九三一年生まれ。工学博士。東京大学名誉教授、早稲田大学特命教授、（公社）中越防災安全推進機構特別顧問。阪神・淡路大震災復興計画検討会委員。二〇〇六年から二〇一三年まで同機構理事長。

担当＝はじめに

●平井邦彦（ひらい・くにひこ）
一九四四年生まれ。工学博士。長岡造形大学名誉教授、同機構顧問。震災復興ビジョン策定懇話会委員として「中越大震災復興ビジョン」を起草。同機構設立の立役者。

担当＝第１部

●中林一樹（なかばやし・いつき）
一九四七年生まれ。工学博士。首都大学東京名誉教授、明治大学大学院特任教授。人と防災未来センター上級研究員。日本災害復興学会会長、同機構理事長。台湾の地震復興の取組みに学べと提唱。

担当＝第３部

●上村靖司（かみむら・せいじ）
一九六六年生まれ。博士（工学）。長岡技術科学大学教授。雪氷工学の専門家の立場から、中越地震発災から二か月後に降りだす雪による二次災害を警告。旧川口町、旧山古志村の復興計画・ビジョン策定に参画。

担当＝第2部5章4・5

●稲垣文彦（いながき・ふみひこ）
一九六七年生まれ。同機構復興デザインセンター長。地域復興のための中間支援組織「中越復興市民会議」を設立。二〇一二年、ながおか市民協働センター長に就任（兼務）。東日本大震災の復興施策の総務省復興支援員制度設置に尽力。

担当＝第2部5章4・5

●澤田雅浩（さわだ・まさひろ）
一九七二年生まれ。博士（政策・メディア）。長岡造形大学准教授、同機構理事。復興プロセス研究会座長。中越地震発災から今日まで被災地と向き合い、さまざまな局面でアドバイス。長岡震災アーカイブセンター長を務め、東日本大震災被災地など全国からの視察者を受け入れる。

担当＝第2部1章・2章

●田口太郎（たぐち・たろう）
一九七六年生まれ。博士（工学）。徳島大学准教授。中越地震、中越沖地震の復興に尽力。「地域復興支援員」の研修など、人的支援の人材育成に関わる。特に中越沖地震発災時には新潟工科大学に籍を置き、えんま通り商店街の復興を下支え。

担当＝第2部3章

●福留邦洋（ふくとめ・くにひろ）
一九七〇年生まれ。博士（都市科学）。東北工業大学准教授。中越地震発災時、人と防災未来センター研究員として、県災害対策本部派遣。震災復興ビジョン策定専門家作業グループメンバー。新潟大学災害復興科学センター特任准教授となり、被災地復興に関わる。

担当＝第2部4章

●宮本　匠（みやもと・たくみ）
一九八四年生まれ。博士（人間科学）。京都大学防災研究所特定研究員。中越地震発災時から被災地に入り、被災地と向き合い活動。特に旧川口町（現長岡市）の木沢集落には、現在も定期的に通っている。

担当＝第2部5章1・2・3

中越地震から3800日
～復興しない被災地はない～

平成27年３月11日　　第１刷発行

著　者　　公益社団法人中越防災安全推進機構
　　　　　復興プロセス研究会

発　行　　株式会社ぎょうせい

〒136-8575　東京都江東区新木場１-18-11
電話　編集　03-6892-6508
営業　03-6892-6666
フリーコール　0120-953-431

〈検印省略〉

URL：http://gyosei.jp

印刷　ぎょうせいデジタル株式会社

ISBN978-4-324-09958-2
(5108136-00-000)
［略号：中越地震］